– Gute Wissenschaftlichkeit bei Überheblichkeit
und Blindheit für eigene Fehler
– viel Grundlagen Maßen f. Literaturstudium
entnommen
– Doch fehlt
– viel Wissen – wenig [illegible]
– I Th – PTh stelle Gesetzmäßigkeiten ?
S. 78
→ Verkehrung der Beweisführung S. 80/81
Transferproblem löst, indem es gar nicht aufstellt
→ zum 20igsten Mal / Vorwurf: keiner will meine Theorie S. 81

wk

Verhaltensmodifikation

Diagnostik · Beratung · Therapie

herausgegeben von

Hanko Bommert
Stefan Schmidtchen

Anna Auckenthaler

Klientenzentrierte Psychotherapie mit Paaren

Verlag W. Kohlhammer
Stuttgart Berlin Köln Mainz

»Pourquoi pas!«

CIP-Kurztitelaufnahme der Deutschen Bibliothek

Auckenthaler, Anna:
Klientenzentrierte Psychotherapie mit Paaren / Anna Auckenthaler. –
Stuttgart ; Berlin ; Köln ; Mainz : Kohlhammer, 1983.
(Verhaltensmodifikation)
ISBN 3-17-007939-5

Verlagsort: Stuttgart
Umschlag: hace
Gesamtherstellung:
W. Kohlhammer Druckerei GmbH + Co. Stuttgart
Printed in Germany

Inhalt

Vorwort

Dieses Buch soll Motivation und Anleitung zu theoriegeleitetem Handeln in der Partnertherapie geben.
Üblicherweise wäre dieser Satz in der Psychologie etwa so zu lesen: Grundlagenforschung – und d. h. Theorienentwicklung – ist nicht nur logisch der praktischen Anwendung von theoretischen Modellen vorgeordnet, sondern auch in der Reihenfolge der Ausarbeitung. Das bedeutet: Theoretische Modelle werden relativ anwendungsfern entwickelt, in abstrakter Komplexität und z. T. Kompliziertheit ausgearbeitet und dann – vielleicht – für praktische Anwendungsbereiche spezifiziert, konkretisiert, vereinfacht. Darin zeigt sich die Dichotomie von Grundlagen- und Anwendungsforschung, die Zweiteilung in Theorie und Praxis, die Kategorisierung in »Theoretiker« und »Praktiker«.
In Glücksstunden der Wissenschaftsentwicklung werden theoretische Modelle aus praktischen Bedürfnissen heraus, immer verschränkt mit der Entwicklung der entsprechenden Praxis ausgearbeitet. Das heißt: Die Theorie wird in unmittelbarem Bezug zur, ja für die Praxis entwikkelt; die Praxis verändert sich dadurch, stellt neue Probleme, die zu neuen theoretischen Ausarbeitungen anregen. Diese wechselseitige Verschränkung von z. B. Theorie- und Therapieentwicklung ist das, was etwa an der Psychoanalyse so bestechend ist; sie ist auch kennzeichnend für die klientenzentrierte Psychotherapie von Rogers. Seit meiner Hinwendung zu diesem Therapiemodell weiß ich, daß wissenschaftliches Arbeiten für mich dann am befriedigendsten ist, wenn theoretische Reflexion und praktisches Handeln aufeinander bezogen sind, wenn ich Theoretikerin *und* Praktikerin bin. Daher möchte ich auch in diesem Buch zur klientenzentrierten Partnertherapie das theorie-praxis-integrierende Merkmal des Ansatzes von Rogers dezidiert aufrechterhalten und zu verwirklichen versuchen: indem ich eine von der Praxis ausgehende theoretische Reflexion und Modellierung entwickle und ihre unmittelbare Bedeutung für die therapeutische Praxis herausarbeite.
Notwendigerweise wird ein Text dann, wenn er Praxis abbilden und beeinflussen soll, so problemhaltig wie das praktische Handeln selbst; die Komplexität der Realität kann nicht durch möglichst einfache, rezeptartige Darstellungen bewältigt werden. Mein Bemühen um eine Theorie-Praxis-Integration geht aus vom Bild des Praktikers, der weiß, daß er bereit sein muß zu theoretischer Reflexion; es stellt auch Anforderungen an den Leser. Ich verstehe das vorliegende Buch als *Arbeits*-buch, als ein Buch, das beim Lesen auch Arbeit macht – dies aber vor allem durch einen gleichzeitigen Bezug zu theoretischer Reflexion und therapeutischer Praxis, so daß dadurch letztlich die konkrete therapeuti-

sche Arbeit nachhaltig erleichtert wird. Die letzte Aussage hätte ich nicht gewagt, wenn sie nicht abgeleitet wäre aus meinen eigenen Erfahrungen in Therapie und Supervision. Ich hoffe, ich bleibe mit meinen positiven Erfahrungen kein »Einzelfall«.

Innsbruck, Frühjahr 1983 *Anna Auckenthaler*

Einleitung

Die Entwicklung der klientenzentrierten Psychotherapie mit Paaren fällt in eine Zeit, in der die Gefahr für die klientenzentrierte Psychotherapie gerade darin liegt, daß sie auf *zu* viele Bereiche menschlichen Lebens ausgedehnt wird (Gilles 1980, 77). Hoffnungen auf Allzuständigkeit tauchen (wieder) auf, mit der Erweiterung der klientenzentrierten Psychotherapie zum »personenzentrierten Ansatz« wird der Anspruch verbunden, einen Beitrag zu leisten für »ein hilfreiches humanes Zusammenleben von Menschen« (Tausch & Tausch 1979, 8; vgl. Rogers 1981; 1982).

Bei dieser Ausweitung der klientenzentrierten Psychotherapie mitzuhelfen, ist *nicht* meine Absicht. Es geht mir auch nicht darum, einen Beleg zu liefern für die »bunte Palette von Anwendungsmöglichkeiten gesprächspsychotherapeutischen Verhaltens« (Minsel 1974, 103), sondern darum, auf »bisher nicht erkannte und überprüfte Möglichkeiten« der klientenzentrierten Psychotherapie aufmerksam zu machen (Minsel & Langer 1974, 233). Dieses Anliegen entwickelte sich aufgrund von Beobachtungen in der Praxis: Klientenzentrierte Psychotherapeuten kommen in bestimmten Arbeitsfeldern um die Durchführung von Partnertherapien nicht herum, sind jedoch in den meisten Fällen überzeugt davon, daß dafür der klientenzentrierte Ansatz nicht ausreicht.

Zum Teil hängt diese Überzeugung sicher damit zusammen, daß die klientenzentrierte Psychotherapie primär für die Situation der Einzeltherapie entwickelt und erforscht wurde (Franke 1978, 11; Helm 1978, 189; Minsel 1974, 102). Andererseits gibt es inzwischen eine ganze Reihe von Veröffentlichungen zur klientenzentrierten *Gruppen*psychotherapie (z. B. Beck 1974; Mente & Spittler 1980; Pavel & Sander 1976; Rogers 1970a; Speierer 1975; 1976), so daß die Zurückhaltung im Bereich der *Partner*therapie doch erstaunt. Nur selten wird in Einführungsbüchern auf die Möglichkeit einer klientenzentrierten Partnertherapie hingewiesen (Bommert 1977, 150; Pavel 1978). Veröffentlichungen, die sich ausdrücklich mit einer klientenzentrierten Partnertherapie befassen, gibt es bisher nur wenige (Auckenthaler 1980a; Henning 1981; Pavel 1978, 123ff.; Plog 1975; Schall 1981).

Die Unterschiede in der Hinwendung zur Gruppenpsychotherapie einerseits, zur Partnertherapie andererseits sind erst dann zu verstehen, wenn man zusätzlich zum Selbstverständnis der klientenzentrierten Psychotherapie auch noch andere Faktoren berücksichtigt:

– Unter den partnertherapeutischen Ansätzen gelten vor allem jene als »fortschrittlich«, die ihr Schwergewicht auf die *Beziehung* der beiden Partner legen (Auckenthaler 1982a); Richtungen, die am einzelnen

Individuum ansetzen, werden häufig als »rückständig« abqualifiziert (Buchholz 1981, 49).
– Die »herrschenden« Beziehungsvorstellungen bauen darauf auf, daß »die beste aller Welten« eine Welt ist, die in Paare eingeteilt ist (Jervis 1978, 94; Kellerhals 1979, 58ff.; Ottomeyer 1977, 141; Schmidt-Relenberg et al. 1976, 105f.; Sigusch & Schmidt 1972, 53f.); der Fortbestand der »Verbindung« ist daher wichtiger als die Entwicklung jedes der beiden Partner für sich (Gurman 1978, 503; Willi 1978, 154).

Mit der Durchführung von klientenzentrierten Partnertherapien würden Therapeuten demnach ein doppeltes Risiko eingehen: das Risiko, als »rückständig« eingestuft zu werden, und das Risiko, an ein Tabu zu rühren; denn der klientenzentrierte Ansatz stellt die Entwicklung des einzelnen Individuums vor die Erhaltung der »Verbindung«. Daß *trotzdem* auch eine klientenzentrierte Partnertherapie möglich ist, soll in diesem Buch aufgezeigt werden.

Da ich von der Situation des Therapeuten ausgehe, der in klientenzentrierter *Einzel*therapie ausgebildet ist, der aber auch *Partner*therapien durchführen will bzw. muß, setze ich die Kenntnis des klientenzentrierten Ansatzes für die Lektüre dieses Buches voraus. Da jedoch in Ausbildungen zur klientenzentrierten Psychotherapie sehr Unterschiedliches vermittelt wird, möchte ich – zur Erleichterung des Nachvollziehens meiner Ausführungen – eine gemeinsame Ausgangsbasis schaffen: Bei meiner Definition von »klientenzentriert« halte ich mich an einige wenige grundlegende Veröffentlichungen von Rogers (1951 [dt. 1976a]; 1957; 1958; 1959; 1963). Das bedeutet zwar keine Mißachtung der Entwicklung der klientenzentrierten Psychotherapie in den letzten beiden Jahrzehnten, aber doch eine eindeutige Abwendung von jenen Auffassungen, die klientenzentrierte Psychotherapie reduzieren auf »Gesprächs(psycho)therapie« (»GT«) – womöglich auf die »Verbalisierung emotionaler Erlebnisinhalte« (kritisch dazu: Binder & Binder 1979, 119; Binder et al. 1979, 18; Kwiatkowski 1980, 71ff.; Wiltschko 1981, 5).

Unterschiede im Verständnis von klientenzentrierter Psychotherapie lassen sich vor allem hinsichtlich jener Aspekte feststellen, wo es um die konkreten praktischen Entscheidungen geht: Wann bzw. mit wem führe ich eine klientenzentrierte Psychotherapie durch? Wie? Welche Veränderungen kann, darf und soll ich erwarten? Deshalb wird im folgenden nur das *Veränderungskonzept* des klientenzentrierten Ansatzes dargestellt. Dieses Veränderungskonzept hat Rogers in komprimierter Form in seiner Theorie der Therapie (1959), in seiner Persönlichkeitstheorie (1951; 1959) und in seinem Modell der *fully functioning person* (1959; 1963) ausformuliert sowie in seinem Aufsatz über die »notwendigen und hinreichenden Bedingungen konstruktiver Persönlichkeitsveränderungen durch Psychotherapie« (1957).

Die »notwendigen und hinreichenden Bedingungen konstruktiver Persönlichkeitsveränderungen durch Psychotherapie«

Damit konstruktive Persönlichkeitsveränderungen möglich werden, müssen folgende Bedingungen gegeben sein und über eine gewisse Zeitspanne Bestand haben:

1. Zwei Menschen sind in »psychologischem Kontakt« zueinander[1]; d. h.: sie müssen sich ihres Kontakts zueinander in irgendeiner Art bewußt sein, ohne sich unbedingt der Bedeutung dieses Kontakts bewußt sein zu müssen. (Mit dieser Bedingung will Rogers betonen, daß konstruktive Persönlichkeitsveränderungen nur in Beziehungen möglich sind.)
2. Der eine Mensch (der Klient) ist in einem Zustand der »Inkongruenz«, »verletzbar« (wenn er sich der Inkongruenz nicht bewußt ist) oder »ängstlich« (wenn sich die »Inkongruenz« der »Symbolisierung im Bewußtsein« nähert).
3. Der andere Mensch (der Therapeut) ist »kongruent«, er ist in dieser Beziehung zum anderen mit sich selbst eins. Das heißt, daß er in dieser Beziehung ganz er selbst ist, mit seinem gegenwärtigen »Erleben«, das übereinstimmt mit seinem »Selbst-Bewußtsein«. (Das Gegenteil wäre eine – bewußte oder unbewußte – Fassade.) Dabei genügt es, daß er zum konkreten Zeitpunkt des Kontakts mit dem anderen Menschen (dem Klienten) er selbst ist – er muß es nicht dauernd sein. Die Bedingung gilt dann als erfüllt, wenn sich der Therapeut seiner Gefühle *bewußt* ist, sich nicht selbst (und dem Klienten) etwas vormacht; er wird diese Gefühle aber dem Klienten nur in seltenen Fällen mitteilen.
4. Der Therapeut erlebt dem Klienten gegenüber »bedingungslose Wertschätzung«, eine Wertschätzung also, die an keine spezifischen Bedingungen oder Forderungen gebunden ist. Bedingungslose Wertschätzung bedeutet ein Sich-Sorgen um den Klienten auf eine Weise, die diesen eine eigenständige Person sein läßt, mit eigenen Gefühlen und eigenen Erfahrungen. Diese bedingungslose Wertschätzung ist ein Ziel, das nur in der Theorie vollständig erreichbar ist; in der Praxis ist sie immer nur zeitweise, in bestimmten Momenten des Kontakts mit einer anderen Person, gegeben – in diesem Sinn aber nicht nur in der therapeutischen Beziehung, sondern – wenigstens in Ansätzen – in jeder Beziehung.
5. Durch sein »einfühlendes Verstehen« erfährt der Therapeut den »inneren Bezugsrahmen« des Klienten (= die subjektive Welt des Individuums, die nur das Individuum selbst vollständig kennt – Rogers 1959, 210) und er teilt ihm diese Erfahrung mit. »Einfühlendes Verstehen« (»empathic understanding«, »Empathie«) bedeutet, den inneren Bezugsrahmen des anderen genau wahrzunehmen, einschließlich der dazugehörigen gefühlsmäßigen Komponenten und Bedeutungen, so als ob man selbst die andere Person wäre, aber ohne je die Als-ob-Bedingung zu verlieren. Wenn nämlich diese Als-ob-Qualität verlorengeht, handelt es sich nicht mehr um Einfühlung, sondern um Identifikation (Rogers 1959, 210f.; vgl. auch Rogers 1976b).
6. Die Mitteilung des »einfühlenden Verstehens« und der »bedingungslosen Wertschätzung« des Therapeuten muß beim Klienten zumindest in Ansätzen ankommen. Solange der Klient nicht merkt, daß der Therapeut ihn versteht und bedingungslos wertschätzt, so lange bleibt die Verwirklichung der drei therapeutischen Bedingungen »Empathie«, »Kongruenz« und »bedingungslose

Wertschätzung« nur ein Beziehungs*angebot* des Therapeuten. Wird dieses Angebot vom Klienten nicht angenommen, sind die Bedingungen nicht in der *Beziehung* zwischen Therapeut und Klient gegeben und können daher auch nicht wirksam werden.

Wenn Rogers diese sechs Bedingungen als die notwendigen *und* hinreichenden Bedingungen konstruktiver Persönlichkeitsveränderungen bezeichnet, so heißt das, daß klientenzentrierte Psychotherapie *ausschließlich auf der Beziehungsebene* definiert ist; der Klient verändert sich, wenn der Therapeut ihm eine bestimmte Art der Beziehung anbietet und wenn er (der Klient) sie annehmen kann. Dabei »ist nicht so sehr das Gelingen der therapeutischen Beziehung das therapeutische Agens von seiten des Therapeuten, sondern das ständige aktive Bemühen des Therapeuten um diese therapeutische Beziehung« (Biermann-Ratjen et al. 1972, 12).
Die Konzeptualisierung von klientenzentrierter Psychotherapie als *Beziehungstherapie* (Patterson 1969; Rogers 1962; 1965) läßt dem Therapeuten »eine Fülle individueller Verwirklichungsweisen« offen (Binder & Binder 1979, 203). Das heißt aber auch: Der Therapeut kann sich vom klientenzentrierten Ansatz keine Tips erwarten, wie er konkret vorzugehen hat, da er für die Beziehung, die er zum Klienten herzustellen hat, selbst die Verantwortung trägt (Bauriedl 1980, 138; Binder & Binder 1979, 197). Das heißt weiter: Er muß bereit sein, ein Beziehungsrisiko einzugehen, muß Unsicherheiten und unerwartete Entwicklungen in der Therapie ertragen können, muß sich »im Zweifelsfalle nach seinem eigenen Erleben in der Situation richten« (Binder & Binder 1979, 199; vgl. auch Auckenthaler 1983 a). Klientenzentrierte Psychotherapie als Beziehungstherapie bedeutet nicht nur, daß es kein »richtiges« oder »falsches« Therapeutenverhalten gibt – was der Therapeut im einzelnen »macht«, ist gleichgültig, solange er sich um Kongruenz, bindungslose Wertschätzung und Empathie gegenüber dem Klienten bemüht –[2], es bedeutet auch, daß das Therapieziel nicht in bestimmten *Verhaltens*änderungen des Klienten besteht, sondern in Veränderungen der Beziehung des Klienten zu sich selbst.

Die »konstruktiven Persönlichkeitsveränderungen«

Das Ziel, das ein Klient durch eine klientenzentrierte Psychotherapie – allerdings nur annäherungsweise – erreichen kann, läßt sich anhand der sieben Funktionsbereiche der »Prozeßskala« (Pfeiffer 1975; Rogers 1958; 1970 b) folgendermaßen beschreiben: Der Klient kann jetzt seine Gefühle erfahren, akzeptieren und ausdrücken, er kann sich auf sein unmittelbar gegenwärtiges Erleben beziehen, ist weniger und seltener inkongruent, ist sich seines Selbst bewußt und kann darüber reden, empfindet persönliche Konstrukte als variabel und testet sie an weiteren Erfahrungen, übernimmt zunehmend die Verantwortung für seine Probleme und kann offene und freie Beziehungen zu anderen eingehen.

Ziel der klientenzentrierten Psychotherapie ist also eine Veränderung der Beziehung des Klienten zu sich selbst. In der Formulierung von Biermann-Ratjen et al.: Am Ende der Therapie soll der Klient selbst-empathisch, selbstwertschätzend und kongruent sein (Biermann-Ratjen et al. 1979, 9ff.). Klientenzentrierte Psychotherapie wird zwar auch Veränderungen im *Verhalten* des Klienten zur Folge haben (Rogers 1959, 218), sie sind aber nur *Konsequenzen* der veränderten Beziehung des Klienten zu sich selbst.

Klientenzentrierte Psychotherapie als *Beziehungs*therapie läßt keine inhaltlichen Aussagen darüber zu, welches Verhalten ein Klient nach einer »erfolgreichen« klientenzentrierten Psychotherapie im einzelnen zeigen wird bzw. zeigen soll. »Richtiges« oder »falsches« Verhalten gibt es dann, wenn Psychotherapie auf der Beziehungsebene abläuft, weder für den Therapeuten noch für den Klienten. In dem Moment aber, wo der Therapeut darauf verzichtet, auf das Verhalten des Klienten einzuwirken, und sich stattdessen dem Risiko einer Beziehung mit dem Klienten aussetzt, verzichtet er auch darauf, den Klienten zu manipulieren (Bauriedl 1980, 86ff., 247ff.).
Nun scheint jedoch vielen Therapeuten der Verzicht auf eine Manipulation des Klienten gerade im Bereich von Partner- und Familientherapie besonders schwer zu fallen (Bauriedl 1980, 88, 202ff.; Levant 1978); Partnertherapie *verlange* geradezu ein größeres Ausmaß an (manipulativer) Aktivität (Becker 1978; Gurman & Kniskern 1973 a, 875; Gurman & Kniskern 1978 b, 13). Demnach müßte eine Psychotherapie, in welcher dem Therapeuten nur Beziehungsvorschriften gemacht werden, keine Verhaltensvorschriften, ausgerechnet an den Beziehungsproblemen der Klienten scheitern – jedenfalls dann, wenn die Klienten an diesen Beziehungsproblemen *gemeinsam* arbeiten wollen.
Für die Überzeugung, daß der klientenzentrierte Ansatz zur Durchführung von Partnertherapien nicht ausreiche, können also zumindest folgende Argumente angeführt werden:
– Klientenzentrierte Psychotherapie ist vorwiegend auf die einzeltherapeutische Situation zugeschnitten.
– Bei der Durchführung von Partnertherapien sind beziehungszentrierte therapeutische Ansätze individuumszentrierten Ansätzen überlegen.
– Die Durchführung von Partnertherapien verlangt therapeutische Ansätze, die Veränderungen auf der Verhaltensebene intendieren; Ziel der klientenzentrierten Psychotherapie aber ist eine Veränderung der Beziehung des Klienten zu sich selbst.
Den letzten beiden Argumenten ist eines gemeinsam: Klientenzentrierte Psychotherapie wird gemessen an bestehenden Auffassungen von Partnertherapie, die nicht in Frage gestellt werden. Da der klientenzentrierte Ansatz dieser *Auffassung* von Partnertherapie nicht genügt, wird seine Brauchbarkeit für den Bereich der Partnertherapie *generell* angezweifelt. Das wird begünstigt durch das erste Argument;

wenn klientenzentrierte Psychotherapie auf Einzeltherapie ausgerichtet ist, muß man sich auch nicht darüber wundern, daß sie für die Partnertherapie nicht in Frage kommt.
Diesen – z. T. konstruierten – Argumenten gegen eine klientenzentrierte Partnertherapie soll die wirkliche Haltung von Praktikern gegenüber der Brauchbarkeit des klientenzentrierten Ansatzes für die Situation der Partnertherapie gegenübergestellt werden: Wie geht es klientenzentrierten Therapeuten, die plötzlich vor der praktischen Notwendigkeit stehen, Partnertherapien durchzuführen? (Kapitel 1.) Und finden die klientenzentrierten Therapeuten vielleicht die Antworten, die sie bei der Durchführung von Partnertherapien brauchen, eher in anderen therapeutischen Richtungen als innerhalb der eigenen Richtung? (Kapitel 2.) – Während in den ersten beiden Kapiteln nachgezeichnet wird, wie klientenzentrierte Therapeuten *derzeit* mit der Situation der Partnertherapie umgehen, werden im 3. Kapitel durch die Entwicklung eines eigenständigen klientenzentrierten Ansatzes von Partnertherapie Möglichkeiten für eine *Veränderung* der derzeitigen Praxis aufgezeigt. Die Realisierung dieser Möglichkeiten wird in zwei Schritten verdeutlicht: Im 4. Kapitel wird versucht, aus dem theoretischen Modell heraus die Fragen der Praktiker zu beantworten; im 5. Kapitel wird an zwei konkreten Beispielen demonstriert, wie sich die derzeitige Praxis der (klientenzentrierten) Partnertherapie durch eine Orientierung an diesem Modell verbessern ließe. Abschließend werden Probleme der klientenzentrierten Therapie-Theorie aufgewiesen und damit gleichzeitig Ansatzpunkte für eine Weiterentwicklung dieser Theorie benannt.

1. Zwischen Fragen und Selbstverständlichkeiten: Die Praxis der (klientenzentrierten) Partnertherapie

Klientenzentrierte Therapeuten scheinen den Einstieg in die Partnertherapie nach geradezu typischem Muster zu finden: Ausgebildet in Einzeltherapie, stehen viele von ihnen eines Tages vor der praktischen Notwendigkeit, Partnertherapien durchzuführen. Die dabei auftauchenden Inkompetenzgefühle versuchen sie durch Literaturstudium und Fortbildungsveranstaltungen zu bewältigen. Teils wegen des Mangels an einschlägigen Angeboten innerhalb des klientenzentrierten Ansatzes, teils aus der Überzeugung heraus, daß der klientenzentrierte Ansatz für die Psychotherapie mit Paaren nicht ausreiche, nehmen sie dabei in erster Linie Anleihen bei jenen psychotherapeutischen Richtungen, die sich explizit zum Thema »Partnertherapie« äußern. Dort bekommen sie auf ihre Fragen zum Teil scheinbar klare und sichere Antworten. Werden diese Antworten zu schnell und zu unüberlegt in den eigenen Ansatz übernommen, resultiert aus dieser Verbindung verschiedener (oft im Grunde gar nicht zu vereinbarender) psychotherapeutischer Ansätze ein recht fragwürdiges eklektisches Vorgehen. Wenn sich die Praktiker dieser Fragwürdigkeit selbst bewußt sind, erleben sie weitere Orientierungslosigkeit und Unsicherheit. Wenn sie zu diesem Eklektizismus stehen bzw. ihn gar nicht als solchen erkennen, wirken sie selbst dort schon sicher, wo sie besser weitere Fragen stellen sollten.

Dieses Nebeneinander von Fragen, Unsicherheit und Inkompetenzgefühlen einerseits (Beispiel: »Ich weiß eigentlich selbst nicht mehr genau, was ich da in meinen Partnertherapien mache.«), Selbstverständlichkeiten und – zumindest anzweifelbarer – Sicherheit andererseits (Beispiel: »Ist doch klar, daß Partnertherapiesitzungen länger dauern müssen als Einzeltherapiesitzungen.«) ist dann auch charakteristisch für Diskussionen, die klientenzentrierte Therapeuten zum Thema »Partnertherapie« führen.

Solche Diskussionen – auf mehreren Workshops geführt – bilden die Grundlage für den ersten Teil der Beschreibung derzeitiger Praxis von klientenzentrierter Partnertherapie. (Der zweite Teil – die Angabe der Quellen, aus denen die Praktiker ihre Antworten auf die spezifisch partnertherapeutischen Fragen beziehen – folgt im 2. Kapitel). Daß die Beschreibung derzeitiger Praxis an den Beginn dieses Buches gestellt wird, ist Hinweis auf das Anliegen einer sinnvollen Verbindung von Theorie und Praxis; die Entwicklung von Theorien, die praktisches Handeln leiten sollen, setzt das Wissen um die Probleme der Praktiker voraus. Gruppendiskussionen mit »gut informierten Teilnehmern« bieten eine Möglichkeit, zu diesem Wissen zu kommen (vgl. Blumer 1973, 122ff.).

In diesem Kapitel wird daher die Praxis der (klientenzentrierten) Partnertherapie anhand von zwei Workshops dargestellt, die als Gruppendiskussionen angelegt waren. (»Klientenzentriert« steht deshalb in Klammern, weil selbst dort, wo der Anspruch bestand, klientenzentrierte Partnertherapie in »reiner Form« durchzuführen, die Abweichungen vom klientenzentrierten Ansatz z. T. beträchtlich waren.) Alle Workshopteilnehmer waren in klientenzentrierter Psychotherapie ausgebildet und sahen in der klientenzentrierten Psychotherapie ihre Hauptausrichtung. Während die beiden Gruppen in ihrem Wissen über den klientenzentrierten Ansatz *im allgemeinen* vergleichbar waren, unterschieden sie sich ziemlich stark in Hinblick auf ihre Erfahrungen mit klientenzentrierter *Partner*therapie. Die 14 Teilnehmer an dem einen Workshop hatten entweder noch überhaupt keine eigenen Erfahrungen mit Partnertherapie oder befanden sich in einem Stadium von »Versuch und Irrtum«. Bei den neun Teilnehmern am anderen Workshop handelte es sich um eine »Arbeitsgruppe Partnertherapie«, deren Mitglieder seit mindestens einem Jahr (bis zu sechs Jahren) eigene Erfahrungen als Partnertherapeuten gesammelt und bereits zwischen drei und über vierzig Partnertherapien durchgeführt hatten. In dieser Arbeitsgruppe wurden auch außerhalb des Workshops theoretische Diskussionen über Partnertherapie geführt; die Gruppenmitglieder verstanden sich als *klientenzentrierte Partnertherapeuten.*

Der Workshop mit den erfahrenen Partnertherapeuten sollte ursprünglich durch die Beantwortung eines Fragebogens »zur Anregung der Reflexion über die Arbeit als Partnertherapeut(-in)« eingeleitet werden. Auf Wunsch der Teilnehmer wurde aber die zur Verfügung stehende Zeit (ca. fünf Stunden) für die mündliche Diskussion genützt. Die Fragebögen wurden *nach* dem Workshop von sechs der neun Teilnehmer ausgefüllt.

Der Fragebogen war zusammengestellt worden aufgrund der eigenen Erfahrungen mit Partnertherapien und aufgrund der Diskussionsbeiträge bei früheren Workshops; nur drei Items waren aus der Literatur übernommen worden (Gurman 1978, 540ff.; 1979, 10ff.). Durch diesen Fragebogen sollten die Probleme abgedeckt werden, vor denen ein Praktiker bei der Durchführung von Partnertherapien steht. Der Therapeut, der eine Partnertherapie durchführen will, muß wissen, ob er eine Partnertherapie beginnen, ob er sie fortführen und wie er sie durchführen soll. Anders ausgedrückt: Er muß wissen,

– wann eine Partnertherapie indiziert ist,
– welche Prozesse bzw. Veränderungen auf seiten der Klienten ihm Hinweis darauf sind, daß die Therapie beendet werden kann oder fortgesetzt werden muß,

– welche Forderungen die Durchführung einer Partnertherapie an den Therapeuten stellt und – damit in Zusammenhang –
– ob es bestimmte Regeln, Gesetzmäßigkeiten, Grundsätze etc. gibt, an die er sich bei der Durchführung von Partnertherapien halten kann.

Diese vier Problemdimensionen wurden im Fragebogen u. a. durch folgende Items konkretisiert und ausdifferenziert:

Indikation:
– Wann würden Sie klientenzentrierte Partnertherapie für indiziert halten?
– Empfehlen Sie von sich aus Partnertherapie?
– Wie treffen Sie die Entscheidung für das Durchführen einer Partnertherapie?
– Die Entscheidung für eine Partnertherapie sollte immer den Klienten überlassen werden.
– Klienten, mit denen man Partnertherapie durchführt, müssen zu Beginn der Therapie in ihrer persönlichen Entwicklung weiter sein als Klienten, mit denen man Einzeltherapie durchführt.
– Partnertherapie kann nur dann durchgeführt werden, wenn beide Partner in ihrer persönlichen Entwicklung ungefähr auf demselben Niveau sind.
– In der Partnertherapie kommt die Beziehung der Partner gleichsam als dritter Klient dazu.

Ziele/Evaluation:
– Was würden Sie als das Ziel *klientenzentrierter* Partnertherapie bezeichnen?
– Welche Veränderungen könnten Ihrer Meinung nach durch *klientenzentrierte* Partnertherapie erreicht werden?
– Welches Therapie»ergebnis« müßte Ihrer Meinung nach vorliegen, damit man von einer erfolgreichen Partnertherapie sprechen könnte?

Anforderungen an den Therapeuten:
– Worin würden Sie die wichtigste Funktion des *klientenzentrierten* Partnertherapeuten sehen?
– Partnertherapie ist für den Therapeuten schwieriger als Einzeltherapie.
– Haben Sie bzw. hatten Sie bei der Durchführung von Partnertherapien Ängste, die Sie von der Durchführung von Einzeltherapien her nicht kennen?
– Etwas vom Wichtigsten bei der Partnertherapie ist, daß der Therapeut unparteiisch ist.

Weitere Fragen:
– Partnertherapie sollte möglichst von zwei Therapeuten in Cotherapie durchgeführt werden.
– Partnertherapie-Sitzungen sollten länger dauern als Einzeltherapie-Sitzungen.
– Führen Sie zusätzlich zu den Paarsitzungen auch getrennte Einzelgespräche mit den Partnern?

Die genannten vier Problemdimensionen bestimmten sowohl die Konstruktion des Fragebogens als auch die Gliederung des 1., 2. und 4. Kapitels. Die Orientierung an diesen Dimensionen auch für die Gliederung der folgenden Kapitel basiert nicht nur auf dem Anspruch, von den Bedürfnissen der Praktiker auszugehen; vielmehr ermöglicht sie auch eine stringentere theoretische Strukturierung. Denn Veröffentlichungen zum Thema »Psychotherapie« beschäftigen sich bisher immer noch vorwiegend mit »Therapeutenvariablen«, »Klientenvariablen«, »Ergebnissen« von Psychotherapie, psychotherapeutischen »Techniken«; solche Darstellungen sind nicht geeignet, den Charakter von Psychotherapie – als prozeßhaftes, interaktionelles Geschehen – widerzuspiegeln. Außerdem bleiben bei der Konzentration auf die genannten Aspekte andere – z. T. wichtigere – Themen ausgeklammert; die Beiträge der Literatur zu praxisadäquaten Lösungen der Indikationsfrage etwa sind spärlich, und Diskussionen über Therapieziele sind im Rahmen der Psychotherapieforschung noch immer seltene Ausnahmen – was in der Literatur allerdings meistens nur festgestellt, kaum bedauert wird (Arend & Ludwig 1980, 41; Baumann & von Wedel 1981, 21; Lohmann 1980, 42; Minsel 1977, 238). Vor allem die fehlende Zielreflexion aber erscheint mir einer der gravierendsten Mängel traditioneller Psychotherapieforschung zu sein; denn therapeutisches Handeln *ist* zielorientiert (vgl. Groeben & Scheele 1977, 131 ff.), und Psychotherapie kann im Grunde nur verantwortet werden, wenn die angestrebten Ziele offengelegt werden. Trotzdem bleiben diese Ziele fast immer implizit (vgl. Toman 1978, 1821).

In diesem Buch sollen die Ziele von Partnertherapie nicht nur explizit gemacht werden – es soll auch deutlich werden, daß sie sowohl die Indikation als auch die Forderungen, die an den Therapeuten gestellt werden, (mit-)bestimmen; überhaupt sind alle im Verlauf einer Psychotherapie notwendigen Entscheidungen auf dem Hintergrund der in ihr verfolgten Ziele zu sehen. Daher wird die Zieldiskussion an den Beginn der hier gewählten Gliederung gestellt. Dementsprechend gilt folgende Gliederung:

1. Ziele von (klientenzentrierter) Partnertherapie/Evaluation;
2. Indikation zur (klientenzentrierten) Partnertherapie;
3. Forderungen an den (klientenzentrierten) Partnertherapeuten;
4. weitere Fragen. – Während diese Fragen in den Diskussionen mit den Praktikern sehr zentral waren und daher auch einen großen Teil der Fragebogen-Items ausmachen, wird im Verlauf des Buches deutlich werden, daß die Problematik dieser Fragen um so mehr abnimmt, je mehr das praktische Handeln theoriegeleitet ist.

In beiden Workshops legten wir unserer Diskussion eine »Minimaldefinition« von Partnertherapie zugrunde: *gleichzeitige* Anwesenheit beider Partner bei den Therapiesitzungen, Übereinstimmung aller Beteiligten in der Bezeichnung der Therapie als Partnertherapie.

Die Workshops wurden anhand von Tonbandaufzeichnungen bzw. anhand des Fragebogens ausgewertet. Aus Raumgründen und aufgrund der geringen N-Zahl (N = 6) werde ich die Ergebnisse des Fragebogens im folgenden nicht im einzelnen darstellen, sondern (narrativ) zusammenfassen. (Interessierte können den gesamten Fragebogen mit einer

integrierten Ergebnisdarstellung bei mir anfordern)*. Eingefügte Zitate sind den Tonbandtranskripten bzw. den Fragebögen entnommen.
Betrachtet man die Teilnahme an Fortbildungsveranstaltungen als Indikator für die Bereitschaft zur Reflexion über das eigene Handeln, so ergibt sich daraus eine gewisse Berechtigung, die Workshopergebnisse – soweit sie auf Beschränkungen der Praxis hinweisen – auf alle (vorwiegend praktisch arbeitenden) klientenzentrierten Therapeuten zu generalisieren; denn die Situation bei den anderen Praktikern ist sicher nicht besser als die Situation der Workshopteilnehmer.

1.1. Ziele und Evaluation von Partnertherapie: Kein Problem für Praktiker?

Bei der Evaluation einer Therapie geht es – grob gesprochen – um die Beantwortung der Frage, ob diese Therapie »etwas bringt« (Glass & Ellett 1980, 217; Oetting 1976; Wortman 1975). Im Idealfall findet dabei ein ständiger Feedbackprozeß statt, der nicht nur Aufschluß darüber gibt, was passiert ist, wem geholfen bzw. nicht geholfen wurde, sondern auch Änderungen und Verbesserungen möglich macht.[3] Evaluation einer Therapie ist prozeßhaft, nicht punktuell; sie setzt bereits zu Beginn der Therapie ein, nicht erst am Ende der Therapie.
Obwohl Evaluation die Indikationsklärung einschließt, wird der Begriff »Evaluation« hier nur in Zusammenhang mit der Diskussion des Erreichens bestimmter Ziele verwendet. Der dafür üblichere Begriff der »Veränderungsmessung« geht nämlich an dem vorbei, was in der Praxis möglich ist – der Praktiker wird Veränderungen kaum wirklich *messen* –, und der ebenfalls gebräuchliche Begriff der »Erfolgskontrolle« lenkt das Interesse zu sehr auf die Ergebnisse einer Therapie, ist daher zu statisch.[4]
Die Verwendung des Evaluations-Begriffs ist in diesem Kapitel allerdings eher Ausdruck eines Programms als Ausdruck realitätsgetreuer Praxisbeschreibung. Evaluation von Therapien verlangt, daß zusätzlich zur Feststellung von Veränderungen auch der Bezug zu expliziten Wertstandards (Orlinsky & Howard 1978, 320 f.) und damit generellen Zielsetzungen hergestellt wird. Es wäre erstaunlich, wenn Praktiker solche expliziten Wertstandards und Zielsetzungen zur Verfügung hätten; die Psychotherapieforschung läßt sie ja gerade in dieser Hinsicht im Stich.
Trotzdem werden die Praktiker die festgestellten Veränderungen mit *erwarteten* Veränderungen vergleichen. Solche Erwartungen hat der Therapeut aufgrund eigener Überlegungen bzw. persönlicher Orientierungen, aufgrund von Aussagen des Klienten und/oder aufgrund sei-

---

*Institut für Psychologie der Universität Innsbruck, Sonnenburgstraße 16, A-6020 Innsbruck

ner Kenntnis des Veränderungskonzepts der therapeutischen Richtung, die er vertritt (Lohmann 1980).
Die Äußerungen der Praktiker, mit denen ich auf den Workshops diskutierte, lassen vermuten, daß die Ziele einer Partnertherapie von den Therapeuten weniger aufgrund ihres aus dem klientenzentrierten Ansatz stammenden Veränderungswissens festgelegt werden als aufgrund persönlicher Zielorientierungen; z. T. versuchen die Therapeuten, sich aus der Zielfestlegung ganz herauszuhalten. So wird die Reflexion jener Ziele, die vom Veränderungskonzept der klientenzentrierten Psychotherapie vorgegeben sind, *in der Regel* auf zwei Arten *umgangen:*
– Die Therapeuten bringen in ihrem Ansatz so ziemlich alle für eine Partnertherapie denkbaren Ziele unter, ganz gleich, aus welcher therapeutischen Orientierung diese Ziele stammen. Als Ziel einer klientenzentrierten Partnertherapie scheinen dann z. B. auch Ziele auf, deren psychoanalytischer, systemtheoretischer und/oder lerntheoretischer Ursprung unschwer zu erkennen ist (wie »Erkennen und Ändern von Kommunikationsmustern«, »Interaktionseinsicht«, »kooperatives Problemlösen«, »Auflösen der Übertragung zwischen den Klienten und dem Therapeuten«, oder – als Endziele – »ausgeglichene Machtverhältnisse«, »Auflösung des neurotischen Konflikts« etc.; vgl. Gurman 1978, 543 ff.; 1979, 10 f.).
– Die Therapeuten überlassen den Klienten das Ziel. Sie beurteilen eine Partnertherapie dann als erfolgreich, »wenn die Partner ihr gesetztes Ziel erreicht haben«, »wenn beide zu einer für sie konstruktiven Lösung gefunden haben.« Die Einmischung des Therapeuten bei der Zielfestlegung gilt sogar eher als Gefahr, denn – wie eine Workshopteilnehmerin es ausdrückte:

> »Vielleicht ist es gar nicht wichtig, daß man überhaupt ein Ziel hat, vielleicht ist es nur so eine Kopffrage, die überhaupt sinnlos ist ... Ob das nicht ausreicht, daß man das, was der Klient macht, daß man das akzeptieren kann, ganz egal, was das nun ist.«

Mit diesem Abschieben der Zielbestimmung an die Klienten greifen die Therapeuten – wenn auch nur implizit – *das* Postulat aus Rogers' Persönlichkeitstheorie auf: die Tendenz des Individuums zur Selbstaktualisierung (Rogers 1959, 196 f.). Der klientenzentrierte Ansatz liefert demnach dem Therapeuten die Rechtfertigung der geringen Bereitschaft zur Zielreflexion geradezu mit; er ist »dem Anspruch nach offen für die selbstbestimmte Zielfindung des Klienten« (Vogel 1979, 261).
Klientenzentrierte Therapeuten sind aber bereit zur Reflexion *persönlicher* Zielorientierungen. So fordert z. B. ein Workshopteilnehmer, daß man sich darüber klar sein sollte, »ob man ein Therapeut ist, der gern kittet, oder ein Therapeut, der selber schon eine Beziehung hat, die auseinandergegangen ist, und das für das Beste ansieht.« Auch das hängt mit dem Selbstverständnis des klientenzentrierten Ansatzes zusammen;

die Reflexion persönlicher Zielvorstellungen fällt unter die Forderung nach dem Bemühen des Therapeuten um Kongruenz. Damit wird allerdings jene Form der Zielexplikation, wie sie für die Evaluation einer Therapie notwendig wäre, nicht erreicht. Die »Evaluation« der Therapien erschöpft sich hier in der Überprüfung der Frage, ob die Klienten der Meinung sind, ihr persönliches Ziel erreicht zu haben.
Daß von Rogers' Theorie der Therapie her bestimmte Ziele *vorgegeben* sind (Rogers 1959, 216ff.), klingt an manchen Stellen an (z. B. wenn als ein mögliches Ziel von Partnertherapie ein »tieferes und differenzierteres Verstehen der *eigenen* Gefühlswelt und der des anderen« angegeben wird); bei der Einschätzung des »Erfolgs« einer Partnertherapie scheinen aber diese Ziele keine Rolle zu spielen

1.2. Die »Lösung« der Indikationsfrage durch die Praktiker

Bei der Bestimmung möglicher Indikationskriterien scheinen die Unsicherheiten der Praktiker gegenüber den »Selbstverständlichkeiten« zu überwiegen. Das zeigt sich schon bei der Bestimmung des Gegenstands von Partnertherapie. Besonders schwierig scheint es dabei zu sein, sich für das Ansetzen an der Beziehung oder an zwei Einzelindividuen zu entscheiden. Bei Therapeuten, die in Partnertherapie (eher) unerfahren sind, fällt diese Entscheidung anscheinend klarer aus als bei den erfahrenen; sie meinen, daß in der Partnertherapie der wesentliche Konfliktbereich der Klienten »nicht in diesem – wie sonst – klientenzentrierten Selbstkonzept-Dings gründet, sondern genau, was zwischen denen abläuft, in deren Strukturen«. Bei erfahrenen Partnertherapeuten liegt zwar manchmal auch der Verdacht nahe, daß sie als Gegenstand der Partnertherapie »die Beziehung« sehen, aber insgesamt scheinen sie doch eher an zwei Einzelindividuen, nicht an der Beziehung selbst anzusetzen bzw. ansetzen zu wollen.
Die Unsicherheit der Praktiker äußert sich aber auch darin, daß sie die Indikationsfrage ähnlich »lösen« wie die Frage der Zielbestimmung:
– Soweit sie sich dem Indikationsproblem stellen und eine eigene Meinung dazu entwickeln, tendieren sie dazu, Indikation zur klientenzentrierten Partnertherapie bei fast allen Problemen anzunehmen, die im Beziehungsbereich auftreten können. Von einer Partnertherapie wird daher nur dann abgeraten, wenn »die Störung eindeutig bei einem der Partner liegt« oder »wenn die Partnertherapie Alibi ist, nichts zu verändern«. Es entsteht der Eindruck, daß den Praktikern die Festsetzung von Indikationskriterien – ähnlich wie die Festlegung von Therapiezielen – beinahe gefährlich erscheint; so stehen sie z. B. der Forderung nach einem bestimmten Ausgangsniveau der Klienten (wie sie in zwei Fragebogen-Items erhoben wird) u. a. deshalb ambivalent gegenüber, weil sie die damit verbundene Klienten-Selektion fürchten.[5]

– Sie verzichten auf eine Stellungnahme, indem sie den Klienten die Entscheidung über die Durchführung einer Partnertherapie überlassen. Auch hier ist der – implizite – Bezug zur Persönlichkeitstheorie von Rogers stärker als der Bezug zur »Theorie der Therapie«. Dieser Bezug zur Persönlichkeitstheorie scheint den Therapeuten in Zusammenhang mit der Indikationsklärung aber mehr Schwierigkeiten zu bereiten als bei der Überprüfung der Zielerreichung; er hindert sie nämlich daran, zu ihrem Wunsch nach der Durchführung von Partnertherapien zu stehen, obwohl sie bei »Beziehungsschwierigkeiten« eine gemeinsame Therapie beider Partner an sich wünschenswert finden. Diesen Wunsch decken sie mit der »Selbstverständlichkeit« zu, daß die Entscheidung über die Durchführung einer Partnertherapie natürlich den Klienten zu überlassen sei. Trotzdem gibt es nur wenige Therapeuten, die den Klienten bei Beziehungsproblemen nicht zumindest »ein Angebot« zur Durchführung einer Partnertherapie machen; nur »bei strikter Weigerung des einen Partners« sollte von einer gemeinsamen Therapie Abstand genommen werden.

Daß bei der Indikationsklärung die Unsicherheiten der Therapeuten gegenüber den Selbstverständlichkeiten überwiegen, darf allerdings nicht nur als symptomatisch für den klientenzentrierten Ansatz interpretiert werden; diese Unsicherheiten sind auch Ausdruck der Orientierungslosigkeit bei der Lösung der Indikationsfrage generell.

1.3. Die Forderungen an den Partnertherapeuten aus der Sicht der Praktiker

Auch in Hinblick auf die Forderungen an den Therapeuten fehlt ein expliziter Bezug auf Rogers Theorie der Therapie; die klientenzentrierten Therapeuten schwanken zwischen zwei Extremhaltungen:

– Sie meinen, eine ganze Reihe denkbarer Forderungen erfüllen zu müssen; so wollen sie z. B. »die gefühlsmäßigen und Beziehungsaspekte in der Kommunikation offen machen«, »die verfahrene Kommunikation wieder in Gang bringen«, »Modell (sein) für neue Arten zwischenmenschlichen Verhaltens« usw. Sie fordern damit von sich weit mehr, als sie effektiv leisten können. Deutlichstes Beispiel für eine solche unerfüllbare Forderung ist die Forderung nach möglichst gleichbleibender »Gerechtigkeit«; an dem »Gesetz«, daß der Partnertherapeut unparteiisch zu sein habe, wird festgehalten, obwohl die Praktiker selbst merken, daß ihnen die Bewältigung von Parteilichkeit häufig nur krampfhaft gelingt. Durch solche Überforderungen werden Versagensgefühle geradezu vorprogrammiert. Die Therapeuten fühlen sich dann auch nach Partnertherapien erschöpfter als nach Einzeltherapien. Partnertherapie ist daher »selbstverständlich« schwieriger als Einzeltherapie; sie »kostet mehr Kraft«, »erfordert höhere Wahrnehmungskapazität des Therapeuten«.

– Der doppelten Anstrengung auf der einen Seite steht auf der anderen Seite ein deutlicher Rückzug gegenüber. Partnertherapeuten ziehen sich dann aus dem Geschehen ganz zurück, lassen sich vor allem als »Telefonzentrale« benutzen. Auch wenn dieser Rückzug wieder durch den Bezug auf die Persönlichkeitstheorie von Rogers legitimierbar sein mag (die Klienten sollen sich schließlich selbst-verwirklichen), ist er z. T. auch Ausdruck des Bedürfnisses, auf die Klienten pädagogisch statt therapeutisch einzuwirken, d. h. die Klienten zu einem vom Therapeuten aufgrund »höheren Wissens« festgelegten Ziel zu bringen statt ihnen eine Entwicklung zu den für sie adäquaten Zielen zu ermöglichen.

Obwohl der Eindruck entsteht, daß die Therapeuten mit der Situation der Partnertherapie nur unter Aufbietung all ihrer Kräfte oder durch eine Art von »Aus-dem Feld-Gehen« zurechtkommen, betonen die Praktiker einhellig, daß eine spezielle Ausbildung für Partnertherapie nicht notwendig sei; wichtiger als eine theoretische Ausbildung seien Selbsterfahrung und Supervision. Da die Schwierigkeiten der Therapeuten mit der partnertherapeutischen Situation vor allem auf der Ebene des Erlebens angesiedelt werden, ist diese Einstellung zu Ausbildungsfragen nur konsequent. Es fällt auf, daß sich die Therapeuten von Beziehungsproblemen der Klienten anscheinend mehr tangieren lassen als von Problemen, mit denen sie sonst in Therapien konfrontiert werden; bei Paarproblemen sei ein Therapieabbruch von seiten des Therapeuten eher zu erwarten als bei anderen Problemen.

1.4. *Weitere Fragen*

In den beiden Workshops, auf die sich die Ausführungen dieses Kapitels beziehen, beschäftigte die Praktiker die Diskussion von zwei Fragen besonders stark: die Diskussion von Möglichkeiten der Kombination verschiedener therapeutischer Ansätze und die Diskussion des günstigsten Settings von Partnertherapie.

Fast alle klientenzentrierten Therapeuten haben *Zweifel an der Tragfähigkeit des klientenzentrierten Ansatzes* für die Psychotherapie mit Paaren. Diese Zweifel werden allerdings je nach Erfahrung mit Partnertherapie unterschiedlich geäußert:

– Die in Partnertherapie (eher) unerfahrenen Therapeuten gestehen sich ihre Zweifel zu; der klientenzentrierte Ansatz sage ja über Paarbeziehungen nichts aus. In ihren Partnertherapien kombinieren sie den klientenzentrierten Ansatz vor allem mit der Kommunikationstherapie. Mit ihren Kombinationen sind sie zwar z. T. unzufrieden, aber Unzufriedenheit und Unsicherheit werden mit Selbstironie bewältigt.[6]

– Die erfahrenen Partnertherapeuten betonen, daß der klientenzentrierte Ansatz auch für Partnertherapie ausreicht. Ihre Sicherheit dabei ist jedoch nur oberflächlich, und die »Überzeugung« vom Ausreichen des klientenzentrierten Ansatzes auch für die Situation der Partnertherapie scheint fast aus einer Art Verpflichtungsgefühl gegenüber dem eigenen Ansatz zu kommen. Denn Entwicklungsmöglichkeiten des klientenzentrierten Ansatzes sehen auch die erfahrenen Partnertherapeuten kaum konzeptimmanent, sondern vorwiegend in der Aneignung von Erkenntnissen aus anderen therapeutischen Richtungen, z. B. indem sie auf Watzlawick bzw. auf die Individualpsychologie zurückgreifen (um die Beziehungsklärung zu ermöglichen bzw. um Humor zu fördern). Im Zusammenhang mit der Durchführung von Partnertherapien irritiert die Betonung der Selbstverwirklichung des Individuums selbst jene Therapeuten, die sich ausdrücklich als *klientenzentrierte* Partnertherapeuten verstehen; es gehe hier ja wohl in erster Linie um die Beziehung, erst in zweiter Linie um die Selbstverwirklichung des einzelnen.

Auffallend ist, daß klientenzentrierte Therapeuten meist erst durch Anregung von außen auf die Idee kommen, über die Möglichkeiten des klientenzentrierten Ansatzes auch für die Situation der Partnertherapie nachzudenken. Dann aber beginnen sie auch, ihre Kombinations- und »Integrations«versuche zu problematisieren: Der Therapeut könnte *zu* aktiv werden, und die Klienten könnten sich dann zu sehr darauf verlassen, daß der Therapeut etwas mit ihnen »macht«.

Das *therapeutische Setting* gehört zu jenen Punkten, über die sich zumindest alle erfahrenen Partnertherapeuten einig sind. Das betrifft besonders die Frage der Cotherapie: Die Entscheidung für die Durchführung von Partnertherapien in Cotherapie wird zwar vorwiegend rational begründet (so enthalte z. B. die »Vierersituation« von vornherein bessere Möglichkeiten für zusätzliche Einzelsitzungen), dürfte aber doch vor allem im Zusammenhang mit den (Über-)Forderungen stehen, die sich die Partnertherapeuten zuschreiben; denn Cotherapie biete den Therapeuten »Entlastung« und »Distanzierungsmöglichkeit«. – Von den (eher) unerfahrenen Partnertherapeuten wird Cotherapie allerdings nicht immer als Erleichterung, z. T. sogar als zusätzliche Belastung erlebt.

Cotherapie ist möglicherweise auch Ausdruck einer bevorzugten Behandlung von Beziehungsproblemen: Weniger als sonst scheinen die Therapeuten es in der Partnertherapie riskieren zu wollen, die Klienten nicht zu verstehen; Cotherapie wird u. a. wegen der »Grenzen des Verständnisses bei Mann und Frau« gefordert.

Alle erfahrenen Partnertherapeuten führen manchmal zusätzlich zu den Paarsitzungen auch getrennte Einzelgespräche mit den Partnern. Das mag u. U. Hinweis darauf sein, daß sich die Therapeuten bestimmter Grenzen von Partnertherapie bewußt sind. Zusätzliche Einzelsitzungen werden z. B. dann eingeschoben, wenn die Klienten in der Situation der Partnertherapie nur wenig »selbstexplorativ« sind. Ein Kombinieren von Einzel- und Partnergesprächen scheint den erfahrenen Partnertherapeuten unproblematisch, die (eher) unerfahrenen Partnertherapeuten dagegen sind gegenüber einer Mischung von Einzel-und Partnergesprächen ähnlich ambivalent eingestellt wie gegenüber der Frage der Cotherapie.

Die größere Unsicherheit der wenig erfahrenen Partnertherapeuten kann auch als Vorteil gesehen werden. Erfahrene Partnertherapeuten erkaufen ihre Sicherheit z. T. mit dem Verzicht auf weitere Reflexion. So wird etwa die Bereitschaft, sich für die Partnertherapie Sonderarrangements einfallen zu lassen, mit zunehmender partnertherapeutischer Erfahrung immer weniger reflektiert; ähnlich wie die erfahrenen Partnertherapeuten von der Überlegenheit der Cotherapie »selbstverständlich« überzeugt sind, stellen sie auch die Notwendigkeit einer Verdoppelung der Sitzungsdauer auf 90–120 Minuten nicht (mehr) in Frage. Aus der Diskussion mit den (eher) unerfahrenen Partnertherapeuten geht dagegen hervor, daß die Überzeugung von der Notwendigkeit längerer Sitzungen bei Partnertherapien nicht unbedingt Ergebnis reiflicher Überlegung, sondern u. U. nur Zufallsprodukt ist; diese Therapeuten sind daher auch bereit, die Frage der Sitzungsdauer zu diskutieren (statt eine bestimmte Sitzungsdauer zu verteidigen).

In Anbetracht des großen Aufwands und der Anstrengungen, die mit der Durchführung von Partnertherapien verbunden sind, stellt sich die Frage, was Therapeuten überhaupt zur Durchführung von Partnertherapien motiviert:
Wie bereits zu Beginn dieses Kapitels erwähnt, erleben die meisten Partnertherapeuten ihren Einstieg in die Partnertherapie als praktische Notwendigkeit. Eine Hauptursache für die »Karriere« zum Partnertherapeuten scheint aber in persönlichen Vorlieben des Therapeuten zu liegen sowie in seiner Einstellung zu Beziehungen und Partnerschaft bzw. in seinen privaten Beziehungserfahrungen; einige Partnertherapeuten geben an, daß sie aufgrund des Scheiterns der eigenen Partnerschaft zur Partnertherapie gekommen sind, mehrfach wird betont, daß die Durchführung von Partnertherapien positive Einflüsse auf die eigene Partnerschaft ausübe.
Da Partnertherapie nach Meinung der Praktiker ein wichtiger Fortschritt gegenüber der Einzeltherapie sei (»So gibt es keinen Symptomträger mehr.«) und da sie bei Beziehungsschwierigkeiten einer Einzeltherapie fast durchwegs überlegen sei, wird Einzeltherapie bei Beziehungsproblemen gewissermaßen als Defizitärform von Therapie betrachtet und nur noch dann durchgeführt, wenn gegen die Durchführung einer Partnertherapie schwerwiegende Gründe sprechen.

1.5. *Die Verselbständigung praktischen Handelns: Hintergründe der Desintegration von Theorie und Praxis*

Klientenzentrierte Therapeuten äußern Zweifel an der Brauchbarkeit ihres Ansatzes für den Bereich der Partnertherapie nur z. T. in Form offener Unsicherheit. Häufig werden die Zweifel mit »Selbstverständlichkeiten« zugedeckt.

Unsicherheit *und* »Selbstverständlichkeiten« kommen aus *einer* Quelle: Die einzige »Hilfe«, die klientenzentrierte Therapeuten in ihrem Ansatz zu finden scheinen, ist das Wissen um die Selbstaktualisierungstendenz des Individuums (Rogers 1959, 196 f.). Der Wunsch, der Selbstaktualisierungstendenz gerecht zu werden, führt die Praktiker zu der Meinung, sie müßten für alles offen sein, was der Klient an sie heranträgt. Sie fühlen sich zuständig für alle Ziele, die der Klient erreichen will, für alle Probleme, mit denen ein Klient zu ihnen kommt, wollen alle Forderungen erfüllen, die ein Therapeut überhaupt erfüllen kann. Um diesen Anspruch einlösen zu können, nehmen sie Anleihen bei anderen therapeutischen Richtungen – und verletzen damit häufig das zentrale Prinzip ihres Verständnisses von klientenzentrischer Psychotherapie: Sie stellen die Fähigkeit des Klienten zur Selbstverwirklichung in Frage, indem sie – je nach Bedarf – Modell sind für neue Arten zwischenmenschlichen Verhaltens, das Ausdrücken von Gefühlen unterstützen und ermutigen, die Klienten mit ihren Kommunikationsmustern konfrontieren, Humor fördern etc. Sobald sie sich solche Funktionen zuschreiben, verfolgen sie Ziele, die sich mit den Zielen der klientenzentrierten Psychotherapie nicht vereinbaren lassen. Die Offenheit für das Wissen aus anderen therapeutischen Richtungen führt damit nicht zu einer sinnvollen Erweiterung des eigenen Ansatzes, sondern zu einem technisch-eklektischen Vorgehen, mit dem die Therapeuten z. T. selbst unzufrieden sind. Andererseits *brauchen* sie die Anhaltspunkte aus anderen therapeutischen Richtungen, solange sich klientenzentrierte Theorie für sie in der Selbstaktualisierungstendenz des Individuums erschöpft.

Die Tendenz klientenzentrierter Therapeuten, Anleihen bei anderen therapeutischen Richtungen zu nehmen, wird im Bereich der Partnertherapie dadurch verstärkt, daß sich die Therapeuten von einer Vertiefung in die Theorie des eigenen Ansatzes nicht viel erwarten; klientenzentrierte Psychotherapie gilt ja als eine Therapie, die auf die Situation der Einzeltherapie ausgerichtet ist. *Wenn* die Praktiker einen theoretischen Hintergrund vermissen, suchen sie ihn daher bei jenen therapeutischen Richtungen, die bereits explizite Modelle von Partnertherapie vorgelegt haben. Da sie dabei nicht darauf achten, ob die einzelnen therapeutischen Ansätze untereinander kohärent sind, resultiert daraus ein technisch-eklektisches Vorgehen, eine zunehmende Desintegration von Theorie und Praxis.

Diese Desintegration wird auf dem Hintergrund des klientenzentrierten Modells besonders darin manifest, daß die Praktiker im Rahmen ihrer Ausbildung zwar die Theorie von Rogers (teilweise) kennengelernt haben, dieses im Prinzip vorhandene Wissen aber für die Situation der Partnertherapie nicht aktualisieren. Die Aktualisierung dieses Wissens ließe die Praktiker die Antworten auf die zentralen Fragen therapeutischen Handelns (Ziele, Indikation, Forderungen an den Therapeuten) auch innerhalb des klientenzentrierten Ansatzes finden; ein nicht-eklektisches, kohärentes, theoriegleitetes Handeln wäre möglich.

Im 2. Kapitel werden nun jene anderen expliziten Modelle von Partnertherapie dargestellt, aus denen klientenzentrierte Therapeuten derzeit ihr theoretisches Wissen über Partnertherapie beziehen. Zusätzlich werden im 2. Kapitel die internen Kohärenzen/Inkohärenzen dieser partnertherapeutischen Richtungen thematisiert sowie die Kohärenzen/Inkohärenzen dieser Richtungen mit dem klientenzentrierten Ansatz. Der Überprüfung der Kohärenz zwischen den anderen (partner-)therapeutischen Ansätzen und dem klientenzentrierten Ansatz wird das Veränderungskonzept des klientenzentrierten Ansatzes zugrundegelegt; Rogers' Theorien werden hier also nicht mehr auf die Selbstaktualisierungstendenz des Individuums reduziert.

2. Vorschnelle Antworten? – Partnertherapie in der Literatur

Die Auseinandersetzung mit der zum Thema »Partnertherapie« vorliegenden Literatur ist noch Teil der Beschreibung der derzeitigen Praxis von (klientenzentrierter) Partnertherapie. Denn diese Literatur ist es, aus der sich die klientenzentrierten Therapeuten Hilfe zur Bewältigung der Situation »Partnertherapie« holen. Da die Brauchbarkeit des klientenzentrierten Ansatzes für die Partnertherapie zumindest angezweifelt wird, nehmen die – in klientenzentrierter Einzeltherapie ausgebildeten – Therapeuten Anleihen bei jenen therapeutischen Ansätzen, die sich explizit zum Thema »Partnertherapie« äußern. Dabei ergibt sich das Problem, daß diese Ansätze mit dem klientenzentrierten Ansatz schwer oder gar nicht zu vereinbaren sind (vgl. die Schlußfolgerungen zu den einzelnen Abschnitten dieses Kapitels); trotzdem ist der Versuch, sich für die Partnertherapie Hilfe aus anderen therapeutischen Richtungen zu holen, der für die klientenzentrierten Therapeuten derzeit (noch) typische Weg.
Alles, was außerhalb des klientenzentrierten Ansatzes zum Thema »Partnertherapie« geschrieben wurde, in einem Abschnitt zusammenfassen, ist insofern *problematisch,* als es »die« Partnertherapie eigentlich nicht gibt. Ähnlich wie »Familientherapie« sagt »Partnertherapie«, solange der Begriff als Sammelbegriff verwendet wird und zusätzliche Kennzeichnungen unterbleiben, wenig über den tatsächlichen Inhalt und den tatsächlichen Vorgang aus (Bowen 1969, 142; Reiter 1978). Die Zusammenfassung verschiedener Ansätze von Partnertherapie ist insofern *gerechtfertigt,* als die Absicht dieses Kapitels in erster Linie darin besteht, aufzuzeigen, in welchen Konflikt klientenzentrierte Therapeuten geraten (bzw. geraten müßten), wenn sie sich ihre Informationen über Partnertherapie aus fremden Ansätzen holen, und/oder warum sie in diesen Ansätzen nicht die Antworten finden, die sie brauchen würden; eine möglichst ausdifferenzierte Darstellung der verschiedenen Ansätze ist dazu nicht erforderlich. Trotzdem möchte ich Unterschiede zwischen den einzelnen partnertherapeutischen Richtungen nicht zu sehr verwischen. Wo es nötig erscheint, werden die einzelnen Fragestellungen getrennt nach den drei gängigsten Ansätzen von Partnertherapie (= psychoanalytisch orientierte Partnertherapie, systemtheoretische Ansätze, verhaltenstherapeutisch orientierte Partnertherapie) behandelt.
Im folgenden geht es nicht darum, den klientenzentrierten Ansatz mit anderen Ansätzen von Psychotherapie *generell* zu vergleichen, sondern darum, dem klientenzentrierten Ansatz andere *partner*therapeutische Ansätze gegenüberzustellen.

Bevor versucht wird, anhand der partnertherapeutischen Literatur Antworten auf jene vier Fragenkomplexe zu geben, welche schon das erste Kapitel bestimmten (»Ziele/Evaluation« – »Forderungen an den Therapeuten« – »Indikation« – »Weitere Fragen«), noch einige Vorbemerkungen zum Thema »Partnertherapie«, die den Umgang mit der Literatur erleichtern sollen:

»Partnertherapie« ist nur einer aus einer Reihe von Begriffen, die im Grunde dasselbe meinen. Es ist in der Literatur statt von »Partnertherapie« auch von »Paartherapie« oder »Ehetherapie« die Rede; die entsprechenden Begriffe in der englischsprachigen Literatur sind »marital therapy« und »marriage therapy«. – Mit »Partnertherapie« und »Paartherapie« soll ausgedrückt werden, daß auch nicht verheiratete Paare als Zielgruppe in Frage kommen (Jacobson & Martin 1976, 554; Lemaire 1980, 19; Tovey 1979, 148). Aber genauso, wie aus der Verwendung dieser Begriffe nicht geschlossen werden kann, daß tatsächlich auch nicht verheiratete Paare in die Therapie aufgenommen werden, läßt sich umgekehrt aus der Verwendung der Begriffe »Ehetherapie«, »marital therapy« oder »marriage therapy« nicht automatisch ableiten, daß die Therapie nur verheirateten Paaren zugänglich ist. – Außer bei Zitaten wird in diesem Buch einheitlich der Begriff »Partnertherapie« verwendet.

*Partner*therapie ist in der Literatur häufig so eng mit *Familien*therapie verknüpft, daß es manchmal schwer fällt, zu entscheiden, ob gerade von Partnertherapie oder von Familientherapie oder von beidem die Rede ist. Mitunter wird Partnertherapie überhaupt nur als Teilgebiet der Familientherapie bezeichnet (Ackerman 1973, 547; Richter 1972, 129; Richter & Wirth 1978, 32; Wetzel & Winawer-Steiner 1980) – jedenfalls dann, wenn es sich um die Therapie eines Paares mit Kindern handelt (Whitaker 1975, 166). In diesem Buch wird Partnertherapie nach Möglichkeit losgelöst von der Familientherapie als eigenständiger Ansatz behandelt. »Nach Möglichkeit« deshalb, weil einige Überschneidungen unvermeidlich und mitunter auch sinnvoll sind – schon allein aufgrund der historischen Tradition (Gurman & Kniskern 1978 a).

Manchmal wird »Partner*therapie*« bzw. »marital (marriage) *therapy*« von »Partner*beratung*« bzw. »marital (marriage) *counseling*« unterschieden. So künstlich solche Grenzziehungen auch sein mögen, so hat man doch immer wieder versucht, Kriterien zur Unterscheidung von Psychotherapie und Beratung zu finden (Houben 1975). Partner*beratung* höre demnach in dem Moment auf, wo unbewußte Faktoren stärker ins Spiel kämen. Vor allem die *absichtliche* und *gezielte* Beachtung unbewußter Vorgänge wird als charakteristisch nur für die Partner*therapie* angegeben (Berman & Lief 1976, 239 f.; Olson 1970, 510). Da diese Art der Grenzziehung (die auf dem Hintergrund psychoanalytischen Denkens erfolgt) nicht für alle der hier dargestellten therapeutischen Ansätze Bedeutung hat, wird in diesem Buch – wieder: außer bei Zitaten – an der einheitlichen Verwendung des Begriffs »Partner*therapie*« festgehalten, auch dort, wo sich darüber diskutieren ließe, ob es sich vielleicht »nur« um *Beratung* handelt.

Um Verwirrung zu vermeiden, möchte ich im folgenden klar trennen zwischen *Richtungen, Ansätzen* oder *Modellen* von Partnertherapie einerseits – in diesem Fall wird nach therapeutischer »Schule«, therapeutischer Richtung, theoretischer Orientierung eingeteilt – und Formen von Partnertherapie andererseits – in diesem Fall wird nach dem Setting eingeteilt (also danach, ob Partnertherapie von einem einzelnen Therapeuten oder von zwei Therapeuten durchgeführt wird, mit einem einzelnen Paar oder mit einer Gruppe von Paaren usw.). Konkrete Interventionen innerhalb der einzelnen Richtungen von Partnertherapie werden als partnertherapeutische *Techniken, Vorgangsweisen, Verfahren, Strategien* bezeichnet werden.

Mit ganz wenigen Ausnahmen, in denen auch der klientenzentrierte Ansatz als eine die Partnertherapie immerhin stark beeinflussende Richtung genannt wird (Olson 1970), werden in Sammelreferaten meistens drei Hauptrichtungen von Partnertherapie vorgestellt:

- die psychoanalytisch orientierte Partnertherapie bzw. psychodynamische Konzepte von Partnertherapie;
- systemtheoretische, transaktionelle oder kommunikationstherapeutische Ansätze;
- die verhaltenstherapeutisch orientierte Partnertherapie bzw. lerntheoretische Ansätze von Partnertherapie (Gurman 1978; 1979; Köhne 1976; Sager & Singer-Kaplan 1973).

Bei anderen Autoren wird getrennt zwischen

- den konfliktverarbeitenden, einsichtsvermittelnden Richtungen einerseits und
- den verhaltensmodifizierenden, system- und kommunikationstherapeutischen Richtungen (dem strukturalistischen Modell) andererseits (Buddeberg 1981; Reiter 1978; Willi 1978).

Ich werde mich (außer bei der Beschreibung der Ziele von Partnertherapie) der Dreigliederung in eine psychoanalytische, eine verhaltenstherapeutische und eine systemtheoretische Richtung von Partnertherapie anschließen, wobei ich mich bei den systemtheoretischen Ansätzen auf die kommunikationstherapeutische Richtung der Palo Alto-Gruppe konzentrieren werde (Watzlawick 1976; 1977; Watzlawick, Beavin & Jackson 1969; Watzlawick, Weakland & Fisch 1974)[7]. Die klientenzentrierte Partnertherapie kommt dann als eine weitere Richtung von Partnertherapie dazu.

2.1. *Ziele und Evaluation*

Die Art, wie in der Literatur zu den Zielen von Partnertherapie Stellung genommen wird, entspricht der unzureichenden Zielexplikation und Zielreflexion in der Psychotherapieforschung generell; vage und globale Zielaussagen sind daher an der Tagesordnung.
Als globalstes Endziel von Partnertherapie gilt die »Verbesserung der Beziehung« (Gurman 1978, 544). Eine solche Zielformulierung sagt genausowenig – oder genausoviel – aus wie etwa »Konfliktmilderung« oder »Überwindung von Partnerkonflikten« (Buddeberg 1981, 101; Clanton & Smith 1977, 19). Sobald allerdings die Zielaussagen auch nur eine Spur konkreter werden, wird die Ideologiegebundenheit partnertherapeutischer Ziele deutlich (Auckenthaler 1982a; Laws 1975). So werden u. a. folgende Ziele von Partnertherapie angeführt:

- »Entwicklung von Hoffnung« (Becker 1978, 141);
- die Stabilisierung und Reorganisation »kranker Ehen« (Preuss 1972a, 125);
- »die sogenannte normale, glückliche Ehe« (Guggenbühl-Craig 1976, 172);
- die Erhaltung der Ehe (Bovet 1959, 564);
- die Neudefinition der »Relation von Selbstfindung und Selbstaufgabe«; »Selbstaufgabe muß als Weg der Selbstfindung erlebt werden können« (Hessdörfer 1979, 186).

Anhand der Kriterien, die zur Überprüfung der Erreichung der Ziele von Partnertherapie herangezogen werden, zeigt sich außerdem, wie Unterschiedliches man unter einer »Verbesserung der Beziehung« verstehen kann bzw. wieviele Aspekte eine »gute Beziehung« bestimmen. U. a. werden folgende Kriterien genannt:

- Trennung/Scheidung;
- Qualität der ehelichen Beziehungen;
- Selbstkonzept;
- eheliche Zufriedenheit;
- zusammen verbrachte Stunden;
- gemeinsame Aktivitäten;
- tägliche »pleases« und »displeases«;
- Häufigkeit der positiven und negativen Äußerungen über den Partner;
- eheliche Anpassung

(Gurman & Kniskern 1978b, 7f.).
Daß trotz der Übereinstimmung in Hinblick auf die »Verbesserung der Beziehung« häufig sehr verschiedene Endziele angestrebt werden, erfährt man auch bei einem Vergleich der einzelnen Richtungen von Partnertherapie. Denn im Gegensatz zu einer ziemlich weitgehenden Übereinstimmung hinsichtlich möglicher Zwischenziele von Partnertherapie (z. B. »Erkennen und Ändern von Kommunikationsmustern«,

»Neudefinition der Probleme«, »mehr Gegenseitigkeit« etc.) stellte Gurman bei den Vertretern der einzelnen Richtungen von Partnertherapie ein Auseinanderklaffen der Meinungen in bezug auf die Endziele fest (z. B. in bezug auf Endziele wie »mehr Vertrautheit der beiden Partner«, »verbesserte sexuelle Beziehung und Geschlechtsidentität«, »Zunahme der Selbstwertschätzung«, »Auflösung des neurotischen Konflikts«; Gurman 1978, 543 ff.; 1979, 10 f.).

In der Psychoanalyse ist eine gute Beziehung eine *unneurotische Beziehung* (Guggenbühl-Craig 1976, 129); auf der Beobachtungsebene zeichnet sie sich dadurch aus, daß die Partner fähig sind, über ihre Probleme und ihre Beziehung miteinander auf eine hilfreiche, akzeptierende und nicht anklagende Art zu sprechen, daß sie auch über ihre Gefühle und Phantasien reden können (Richter & Wirth 1978, 21; Wile 1979, 43; Willi 1978, 69). Die Beobachtungsebene gibt aber zu wenig Aufschluß darüber, was in der Psychoanalyse unter einer guten Beziehung wirklich verstanden wird, und eine bloße Verbesserung der Kommunikation allein macht außerdem nach psychoanalytischer Auffassung noch keine befriedigendere Beziehung aus (Willi 1976). Die Qualität der Beziehung kann nach psychoanalytischer Sicht nur auf dem Weg über innerpsychisches Wachstum und größere Bewußtheit erreicht werden. *Wachstum und Entwicklung beider Partner* ist daher primäres Ziel der psychoanalytischen Partnertherapie (Gurman 1978, 459; Olson 1970, 509; Willi 1978, 70). Beide Partner müssen zunächst einmal lernen, die Verantwortung für sich und für die eigenen Probleme zu übernehmen und sich von den Problemen des anderen frei zu fühlen (Becker 1978, 141; Briggs & Briggs 1979, 39; Latka 1976, 24), sie sollen sich »aus der beidseitigen ›Selbstentfremdung‹ herausarbeiten und sich zu zwei eigenständigen, aufeinander bezogene, aber nicht voneinander bestimmte Persönlichkeiten entwickeln« (Willi 1978, 26), und sie müssen »zu maximaler Entscheidung in persönlicher Freiheit« fähig werden (Struck 1972, 106).

Um sich in diese Richtung entwickeln zu können, müssen sie *Einsicht* gewinnen *in ihre eigene Geschichte* und in die Bedürfnisse, die sie dazu geführt haben, diese Beziehung einzugehen. Ein wichtiges Zwischenziel in der psychoanalytischen Partnertherapie ist es daher, den beiden Partnern ihre eigenen *unbewußten und projizierten Aspekte bewußt zu machen* (Gurman 1978, 460; Mainprice 1974, 29) – im Vertrauen darauf, »daß das Bewußtwerden bisher unterdrückter Strebungen eine tiefgehende Veränderung von Erleben und Verhalten bewirke und daß die Erweiterung der Kommunikation über Gefühle und Phantasien der Partner die Akzeptation von sich selbst sowie des Partners fördere« (Willi 1978, 69 f.). Erst wenn beide Partner fähig sind, sich selbst und den Partner zu verstehen und zu akzeptieren, sich gegenseitig mehr Respekt entgegenbringen sowie Einsicht in ihre Interaktion haben (Gurman 1978, 543; Nadelson 1978, 150; Wile 1979, 43; Willi 1978, 69 f.), ist das

eigentliche Ziel psychoanalytisch orientierter Partnertherapie erreicht: ein Wachsen der beiden Partner *und* der Beziehung (Gurman 1978, 463).
In dieser Zielbestimmung liegt eine wesentliche Abgrenzung zur psychoanalytischen Einzeltherapie. Obwohl auch in der psychoanalytischen Partnertherapie am einzelnen Klienten »angesetzt« wird, ist das Ziel in diesem Fall nicht eine totale Umstrukturierung zweier als unabhängig voneinander betrachteter Klienten. Vielmehr stehen jene Persönlichkeitsaspekte der beiden Klienten im Zentrum partnertherapeutischen Bemühens, die von spezifischer Bedeutung für die Beziehung der Partner zueinander sind (Gurman 1978, 459).
Da gerade in Hinblick auf die Ziele die Trennung der *verhaltenstherapeutischen Richtung* der Partnertherapie von der *Kommunikationstherapie* nicht immer ganz klar und eindeutig möglich ist, werde ich im folgenden die Ziele dieser beiden Ansätze nebeneinander behandeln:
Eine gute Beziehung ist aus verhaltenstherapeutischer Sicht dann hergestellt, wenn es gelingt, *gewünschte Verhaltensänderungen auf positive Art zu bewirken,* wenn die Partner fähig sind, einander wechselseitig positiv zu verstärken (Jacobson & Martin 1976, 546; O'Leary & Turkewitz 1978, 249 ff.; Weiss 1978, 206). In der Sprache der Kommunikationstherapie (oder wenigstens in der Sprache mancher Kommunikationstherapeuten) ist eine gute Beziehung gekennzeichnet durch *»herrschaftsfreie Kommunikation und maximale gleichverteilte Bedürfnisbefriedigung«* (Mandel et al. 1971, 25). Ähnlich wie bei der psychoanalytischen Partnertherapie läßt sich auch bei der verhaltenstherapeutisch orientierten Partnertherapie und bei der Kommunikationstherapie der Therapieerfolg u. a. an einem geänderten Kommunikationsverhalten der beiden Partner ablesen: Belohnende Interaktionen haben zugenommen, aversive Interaktionen abgenommen (Gurman & Kniskern 1978 a, 851; Jacobson & Martin 1976, 543), die Kommunikation erfolgt klarer, Gefühle werden ichbezogen und spezifisch ausgedrückt, ohne Anklage oder Werturteil, man gibt einander offenes Feedback, spricht Wünsche offen aus, führt Streitgespräche auf faire Art, ist fähig zu Metakommunikation (Anneken et al. 1977; Baumann et al. 1978, 11; Fischaleck 1976; O'Leary & Turkewitz 1978, 276).
Auch hier geht es um mehr, als nur darum, *Kommunikations- und Interaktionsmuster* zu *modifizieren* und die Klienten mit neuen Kommunikationsregeln vertraut zu machen. Sie müssen auch ganz konkrete *Konfliktlösungs- und Problemlösungsstrategien und -fertigkeiten* lernen sowie *verhaltensmodifikatorische Prinzipien* überhaupt (Hahlweg et al. 1982, 50 ff.). Denn um bei bzw. nach Abschluß der Therapie tatsächlich so weit zu sein, gewünschte Verhaltensänderungen auf positive Art zu erreichen, müssen die Klienten zuerst einmal befähigt werden, sich zueinander positiv zu verhalten, die Konsequenzen ihres Verhaltens zu analysieren, negative Interaktionsketten zu unterbrechen, Kontingenzen zu verändern (Gurman & Kniskern 1978 a, 851; Liberman 1973,

400; O'Leary & Turkewitz 1978, 249 ff.; Rappaport & Harrel 1975, 263 ff.; Weiss 1975, 15). Erst wenn sie das alles gelernt haben, sind sie am Ende der Therapie »efficient behavior modifiers in their own home« (Jacobson 1978, 413), wie es das verhaltenstherapeutische Therapieziel vorsieht.

Innerhalb der Kommunikationstherapie ist die verbesserte Kommunikation der beiden Partner Zwischenziel auf dem Weg zu einer *Änderung des Systems* (wobei allerdings angenommen wird, daß umgekehrt eine Änderung der Regeln des Systems zurückwirkt auf eine Änderung in Richtung auf eine konstruktivere Interaktion – Prochaska & Prochaska 1978, 20). Man erhofft sich »eine Verminderung der homöostatischen Tendenz zugunsten der Änderungskräfte« (Hessdörfer 1979, 172). Das setzt voraus, daß die beiden Klienten lernen, das Verhalten ihres Partners gegebenenfalls umzudefinieren, es erfordert das »Erreichen eines neuen kognitiven Rahmens, in dem das Wahrgenommene eine andere Valenz hat, andere Gefühle auslöst und andere Lösungsmöglichkeiten anbietet« (Hessdörfer 1979, 187). Etwas direkter heißt das: Die Partner müssen in der Therapie lernen, daß jeder von ihnen einen Teil seiner Interessen aufgeben muß, wenn sie aus ihrer Beziehung größeren Nutzen ziehen wollen. Denn: »*Bewußter Verzicht* auf diverse Möglichkeiten schafft die unerläßliche Voraussetzung für befriedigende Partnerschaft« (Mandel et al. 1971, 308; vgl. auch Satir 1978, 115).

Obwohl also jede der genannten Richtungen von Partnertherapie Ziele formuliert, deren Ideologiegebundenheit nicht zu übersehen ist, gibt man sich bei der *Evaluation* von Partnertherapie »wertfrei«. Durch »Operationalisierungen« und Methodendiskussionen wird von den – impliziten – Zielen abgelenkt; nur selten werden die Ziele selbst und die zur Überprüfung der Zielerreichung verwendeten Verfahren grundsätzlich in Frage gestellt (Auckenthaler 1982 a; Reiter & Steiner 1981). Statt dessen beklagt man, daß der Erfolg von Partnertherapien meist nur durch globale Selbsteinschätzungen der Klienten »gemessen« wird (Gurman 1973; Gurman & Kniskern 1978 a, 822; Olson 1970, 21), entwickelt und diskutiert Fragebögen zur Erfassung von »ehelicher Anpassung« und »Ehezufriedenheit« (Gerbis et al. 1980; Kimmel & van der Veen 1974; O. Scholz 1978 a; Snyder 1979; Spanier 1976) und versucht, die Erfolgsforschung in der Partnertherapie durch das Einbeziehen von Verhaltensdaten (Häufigkeit sexueller Kontakte, Häufigkeit von Gesprächen etc.) zu verbessern. Das primäre Problem der Evaluation von (Partner-)Therapie aber liegt nicht in Methodenfragen, sondern in der Zielreflexion und in der expliziten Zielfestlegung. Erst wenn dieser erste Schritt der Zielexplikation und der darauf aufbauenden Spezifikation von Erfolgskriterien geleistet ist, sind Methodenfragen angehbar. Da die Methodenprobleme im engeren Sinne also eindeutig nachgeordnet sind, steht hier (und in den folgenden Kapiteln) der bisher ungelöste erste Schritt der Zielexplikation im Vordergrund.

Folgerung

Die Brauchbarkeit der Antworten, die ein klientenzentrierter Therapeut zum Thema »Therapieziele« bekommt, wenn er »quer durch die partnertherapeutische Literatur« liest, ist aus zwei Gründen in Frage zu stellen:

1. Es bestehen Inkohärenzen zwischen den drei Hauptrichtungen von Partnertherapie. *Sieht* der klientenzentrierte Therapeut diese Inkohärenzen, bezahlt er sein Bedürfnis nach zusätzlichen Informationen mit zusätzlicher Verwirrung. Versucht er dagegen, sich an die *gemeinsamen* Ziele der drei Ansätze zu halten, weiß er zum Schluß nur, daß er bei den Klienten eine »Verbesserung der Kommunikation« erreichen soll. Auch die Verbesserung der Kommunikation aber hat in den drei Ansätzen einen unterschiedlichen Stellenwert; in der psychoanalytischen Partnertherapie ist sie Folge der Entwicklung der beiden Klienten, in der verhaltenstherapeutisch orientierten Partnertherapie Teil der allgemeinen positiven Reziprozität, in der Kommuniktionstherapie Voraussetzung für die Änderung des Systems. Daraus läßt sich auch die grundsätzliche Inkohärenz zwischen psychoanalytischer Partnertherapie auf der einen Seite, verhaltenstherapeutisch orientierter Partnertherapie und Kommunikationstherapie auf der anderen Seite ablesen; während die psychoanalytische Partnertherapie mit ihrem Ziel der Entwicklung der beiden Partner am Individuum ansetzt, ist für die verhaltenstherapeutisch orientierte Partnertherapie und für die Kommunikationstherapie die Beziehung der eigentliche »Patient«.
2. Es bestehen Inkohärenzen zwischen jeder der drei Hauptrichtungen von Partnertherapie und dem klientenzentrierten Ansatz. Am ehesten gibt es noch Berührungspunkte zwischen der psychoanalytischen Partnertherapie und der klientenzentrierten Psychotherapie (Wachstum und Entwicklung von zwei Individuen, Selbstakzeptierung und Akzeptierung des Partners als primäres Ziel); die inhaltliche Vorgabe der Erfahrungen, mit denen sich die Klienten auseinandersetzen *müssen* (nämlich: mit der Geschichte der Partnerwahl), und die Vorgabe der Ebene, auf der sie das Ziel des Gewinnens von Einsicht beginnen *müssen* (nämlich: auf der Ebene des Unbewußten), widersprechen aber der Forderung nach Empathie und bedingungsloser Wertschätzung, die an den klientenzentrierten Therapeuten gestellt ist (vgl. Einleitung). Ähnlichkeiten in den Zielen der klientenzentrierten Psychotherapie einerseits, den Zielen von verhaltenstherapeutisch orientierter Partnertherapie und Kommunikationstherapie andererseits, lassen sich überhaupt höchstens bei oberflächlicher Betrachtung herstellen; der klientenzentrierten Psychotherapie als *Beziehungstherapie* und als einer individuumszentrierten Therapie ist die verhaltenstherapeutisch orientierte Partnertherapie, die den Klienten bestimmte Lernziele auf der *Verhaltens*ebene setzt, ähnlich fremd wie die Kommunikationstherapie mit ihrem systemischen Den-

ken, das die Eigenexistenz des Individuums mehr oder weniger mißachtet.

2.2. Die Indikationsfrage

Obwohl die Indikationsthematik so alt ist wie die Psychotherapieforschung selbst (Baumann & von Wedel 1981, 1), haben die Theoretiker den Praktikern in Hinblick auf die Beantwortung der Indikationsfrage (= der »Frage nach der Wahl eines Therapieverfahrens bei einer bestimmten Störung«, Baumann & von Wedel 1981, 3) nicht viel voraus. Die Forderung danach, daß psychotherapeutische Verfahren selbstverständlich Angaben über die Indikation zu machen hätten, wird selten eingelöst (Zielke 1980 a, 25); noch immer liefert die Literatur kaum hilfreiche Beiträge für die tatsächliche Indikationspraxis.
Die Art der Behandlung der Indikationsfrage in der Psychotherapieliteratur wird u. a. deshalb kritisiert, weil häufig die Frage nach der Indikation auf die Frage der Prognose reduziert wird; man fragt meist nur, »ob oder welche Form der psychotherapeutischen Behandlung bei diesem Patienten Erfolg haben wird« (Grawe 1978, 1849; vgl. auch Baumann & von Wedel 1981, 7).
Vorübergehend erhoffte man sich den Fortschritt der Indikationsforschung von der sogenannten »differentiellen Indikationsfrage«: »Welche therapeutische Methode, durch wen angewandt, bewirkt bei welchen Klienten mit welchen spezifischen Problemen unter welchen Bedingungen welche Effekte?« (Kiesler 1966; Paul 1967, 111; Strupp & Bergin 1969, 20). Aber die Euphorie über die differentielle Indikationsforschung erwies sich als verfrüht; die Frage, von der man sich so viel erwartet hatte, konnte keine entsprechende Forschungstätigkeit anregen – deshalb, weil sie »an den wirklichen Erfordernissen der gegenwärtigen Situation auf dem Gebiet der Psychotherapie vorbeigeht« (Grawe 1980, 16), aber auch deshalb, weil sie sich als methodologisch unlösbar und daher als empirisch unbeantwortbar erwiesen hat (Kisch & Kroll 1980, 406): Selbst unter sehr vereinfachenden Randbedingungen sind Tausende von Effektivitätswerten zu bestimmen; ein Vergleich unterschiedlicher Therapieformen würde außerdem eine gemeinsame Sprache für die Beschreibung therapeutischer Handlungsregeln und Therapieziele voraussetzen sowie gleiche methodische Qualität der miteinander verglichenen Therapiestudien (Westmeyer 1981). So ist es überhaupt fraglich, ob ein möglichst differenziertes Herangehen an die Indikationsstellung – z. B. auch in Form der Herausarbeitung unterschiedlicher Indikationsmodelle (Zielke 1979; 1980 b) – beim derzeitigen Stand der psychotherapeutischen Praxis vordringliche Aufgabe ist. Grawe meint, daß es besser wäre, mit einer deskriptiven Analyse des Ist-Zustandes zu beginnen (Grawe 1980, 18).
Dieser Ist-Zustand bleibt nicht nur dann hinter den Forderungen der

Forschung zurück, wenn man den Umgang mit der Indikationsfrage direkt »im Feld« untersucht (Blaser 1977); auch in der Literatur findet man meist nur unpräzise Indikationskriterien. Dabei konzentriert man sich meist auf erwünschte Klienteneigenschaften oder stellt therapeutische Zielvorstellungen als Indikationskriterien auf – was wieder genau dem Vorgehen der Praktiker entspricht (Blaser 1977, 225f.). Diese Übereinstimmung zwischen Literatur und Praxis ist im Falle der Partnertherapie sicher auch darauf zurückzuführen, daß ein großer Teil der partnertherapeutischen Literatur von Autoren geschrieben wurde, die selbst als Praktiker tätig sind.
Nach dem bisher Gesagten erstaunt es wohl nicht mehr, daß die Indikationsfrage im Bereich der Partnertherapie ein ziemlich »weißer Fleck« ist. Es gibt noch immer kaum Anhaltspunkte für die Entscheidung darüber, welcher Ansatz für ein bestimmtes Paar die Methode der Wahl ist, und für die Entscheidung darüber, ob es nicht sogar angemessen wäre, überhaupt keine Partnertherapie durchzuführen (Gurman 1979, 9). Wo Aussagen über Indikationskriterien gemacht werden, bleiben sie entsprechend blaß.
Einig scheint man sich darin zu sein, daß eine Partnertherapie nur dann angebracht ist, wenn ein gemeinsames Problem der beiden Partner vorliegt – bzw. ein Problem, das beide Partner betrifft –, das vor allem in der Interaktion der beiden Partner, ihrer interpersonalen Beziehung erkennbar ist (Buddeberg 1981, 103f. ; Reiter 1978, 494; Richter 1972, 135f.; O. Scholz 1978b, 13). Der Interaktionskonflikt sollte bereits mehr oder minder festgefahren sein, die Krise nach Möglichkeit schon genügend lang andauern (Willi 1978, 56). Überhaupt sieht man die besten Chancen für eine Partnertherapie dann, wenn damit in einem Moment der Krise begonnen wird (Haley 1971; Mandel et al. 1971, 95). Die intuitiv überraschende Voraussetzung eines festgefahrenen Interaktionskonflikts ist auf die Annahme zurückzuführen, daß nur in diesem Fall ein genügend großer »Leidensdruck« der Klienten zu erwarten ist; indem Partnertherapie diesen Leidensdruck voraussetzt, fällt sie eindeutig in die Kategorie der kurativen Maßnahmen.
Auch eine Indikation über Schwere und Chronizität bestimmter Störungen – möglichst nach klassischen Kategorisierungssystemen oder nach bestimmten Persönlichkeitsmerkmalen (z. B. Anpassungsfähigkeit) – ist nicht unüblich (Gurman & Kniskern 1978a, 876ff.). So wird etwa von Klienten, mit denen eine Partnertherapie durchgeführt werden soll, das Fehlen »ausgeprägterer paranoider Merkmale« gefordert (Richter & Wirth 1978, 24; vgl. auch Rodgers 1965, 242) oder eine »erhebliche Ich-Stärke« (Willi 1978, 55).
Bei diesen letztgenannten Kriterien klingt etwas an, was keineswegs nur ein Problem der Indikation zur Partnertherapie ist: Therapeuten finden diejenigen Klienten für eine bestimmte Therapie am besten geeignet, die es dem Therapeuten leicht machen – aufgrund ihrer

sprachlichen Fähigkeiten, aufgrund ihrer Interaktionskompetenzen usw. (Goldstein 1971; vgl. auch Luborsky et al. 1971, 56; Mintz et al. 1971).

So eignen sich nach Willi für eine Partnertherapie »besonders jene Patienten, die einen abgrenzbaren Konflikt präsentieren, der den Partnern relativ bewußtseinsnahe ist, das Paar jedoch unter einen erheblichen Leidensdruck stellt und es damit zu einer therapeutischen Arbeit motiviert, wobei aber eine erhebliche Ich-Stärke der Patienten vorausgesetzt werden muß (unter anderem gute berufliche und soziale Bewährung), um den Anforderungen der Therapie und dem Aufbau eines therapeutischen Arbeitsbündnisses gewachsen zu sein« (Willi 1978, 55; vgl. dazu Guntern 1980, 12).

Der Leidensdruck beider Partner ist auch anderen Autoren ein wichtiges Indikationskriterium: »... ohne ein persönliches Gefühl des Leidens ist eine Partnertherapie gar nicht indiziert. Dabei kann es sich mehr um ein Selbst-Leiden oder stärker um ein Mit-Leiden handeln ...« (Prodöhl 1979, 140).

Als weiteres Indikationskriterium (wohl auch wieder im Sinne eines Kriteriums für eine günstige Prognose) gilt die Bereitschaft des Paares zur Arbeit an ihrer Beziehung, der Wunsch, »sich miteinander zu verständigen« (Richter 1973, 889). Manchmal ist dabei die Akzentsetzung ziemlich klar: Für einige Autoren ist Partnertherapie dann indiziert, wenn beide Partner den Wunsch haben oder sogar »hoch motiviert« sind, ihre Ehe fortzuführen (Kohl 1962, 1040; Willi 1978, 56), wenn die Paarbeziehung »gut etabliert« ist, d. h. auch: »bereits über mehrere Jahre dauert« (Willi 1978, 56), oder einfach überhaupt immer dann, wenn eine »verheiratete Person« zu einem Psychotherapeuten geht, unabhängig von der Art des Problems (Hurvitz 1967, 44).

Die Indikation zur Partnertherapie wird also auch durch das Bemühen um die Stabilisierung, die Aufrechterhaltung von bestehenden (ehelichen) Beziehungen bestimmt. Konsequenterweise wird Partnertherapie dann auch empfohlen, wenn es scheint, daß die (in individueller Psychotherapie eintretende) Verbesserung eines Klienten das eheliche Gleichgewicht stören würde und zu einer Scheidung oder zum Ausbruch von Symptomen beim Partner führen könnte (Haley 1963, 214; Kohl 1962, 1040; Nadelson 1978, 114). Und schon allein die Tatsache, daß ein Klient zu Beginn einer Einzeltherapie eheliche Konflikte leugnet, läßt manche Autoren eine Partnertherapie für angebracht halten (Kohl 1962, 1040).

Schließlich gibt es noch Vorschläge, Partnertherapie dann durchzuführen, wenn Techniken der individuellen Psychotherapie versagt haben oder nicht verwendet werden können (Haley 1963, 214; Nadelson 1978, 114); so mancher Klient sei in einer Partnertherapie »behandlungsfähig, der weder zu einer Einzeltherapie bereit noch bei einer solchen zu reüssieren imstande wäre« (Richter 1973, 890; vgl. auch Gill &

Temperley 1972, 558). Wichtig sei weiters, daß der Therapeut bei der Indikationsstellung seine eigenen Gefühle den Klienten gegenüber beachtet (Richter 1972, 152).
Eher als Möglichkeit, die Indikationsfrage zu umgehen, müssen jene »Indikationsansätze« gewertet werden, wo Indikation mit Motivation der Klienten gleichgesetzt wird (Struck 1972) – auch wenn der Wunsch der Klienten nach Partnertherapie ein wichtiger Faktor bei der Indikationsstellung zur Partnertherapie sein mag (Haley 1963, 214; Nadelson 1978, 114).
Manchmal wird die Motivierung des Klienten allerdings vom Therapeuten beeinflußt bzw. sogar erst hergestellt, so daß der Therapeut doch wieder – wenigstens indirekt – die Indikation steuert (Mandel et al. 1971, 83f.; Nadelson 1978, 120). Das wird damit begründet, daß eine Partnertherapie, an der beide Partner mitarbeiten, bessere und raschere Erfolgsaussichten hat, bzw. damit, daß der Therapeut alles daran setzen muß, »die Funktionsfähigkeit der Dyade möglichst bald wiederherzustellen« (O. Scholz 1978 a, 121).
Die Unsicherheiten bei der Indikationsklärung sind z. T. Ausdruck der Unsicherheit hinsichtlich der Ziele von Partnertherapie. Daß zwischen Indikationsstellung und therapeutischen Zielvorstellungen ein Zusammenhang besteht, sieht man vor allem dann, wenn man Indikationskriterien aus den Angaben über den Gegenstand von Partnertherapie abzuleiten versucht. Praktiker zeigen eine gewisse Unentschlossenheit hinsichtlich der Schwerpunktsetzung bei der Beziehung oder bei den beiden Klienten als zwei einzelnen Individuen (vgl. Kapitel 1.2.). Ein Blick in die Literatur läßt den Eindruck entstehen, daß hier die Sicherheit etwas größer ist; die Entscheidung fällt häufiger zugunsten von Gegenstandsbestimmungen wie »Ehe«, »Veränderung schlechter Beziehungen von Ehepaaren«, »Beziehung«, zumindest wird die Beziehung als »dritter Klient« hinzugezählt. Allerdings werden intraindividuelle Faktoren nicht völlig vernachlässigt: Gegenstand der Partnertherapie können sowohl persönliche Probleme als auch Beziehungsprobleme sein (Leslie 1964, 923), wichtig sei das »Zusammenspiel zwischen innerseelischen und interpersonellen Faktoren« (Berman & Lief 1976, 240), innerseelisches Wachstum beider Partner sei allerdings in der Partnertherapie nur *Mittel* zur Verbesserung der Interaktion, nicht Ziel an sich (Gurman 1975 b, 194). Nur wenige Autoren gibt es aber, die deutlich gegen eine Zentrierung auf der Beziehung oder auf der Ehe Stellung beziehen und die ausdrücklich betonen, daß auch in der Partnertherapie zwei *einzelnen Individuen* zu einer Umstrukturierung ihres Erlebens und Verhaltens verholfen werden soll (Prodöhl 1979, 140ff.; Struck 1972, 98).
Bei dieser Ausrichtung auf die beiden Individuen einerseits, die Beziehung andererseits spielt neben der allgemein positiven Einschätzung des »systemischen Denkens« auch die Schulenzugehörigkeit eine

Rolle.[8] Ich möchte daher aufzeigen, wie die drei Hauptrichtungen von Partnertherapie den Gegenstand der Partnertherapie definieren. Dabei stütze ich mich in erster Linie auf die Aufsätze von Nadelson (1978) für die Psychoanalyse, von O'Leary & Turkewitz (1978) für die Verhaltenstherapie und von Sluzki (1978) für die Kommunikationstherapie sowie auf die zusammenfassende kritische Darstellung der drei Hauptströmungen durch Gurman (1978; 1979). Auch hier wird deutlich, daß die Gegenstandsbestimmung von der Zielbestimmung nicht zu trennen ist.

Nach Auffassung der *Psychoanalyse* ist es für eine »erfolgreiche« Ehe wichtig, daß jeder Partner (relativ) frei von Neurotizismus ist. Ehekonflikte werden betrachtet als das Ergebnis gegenseitiger Projektionen, als unbewußte individuelle oder auch dyadische Konflikte. Die Beachtung der individuellen Dynamik, der bewußten und unbewußten Aspekte der Partnerwahl, der Geschichte der ehelichen Beziehung ist daher an sich *immer* wichtig bei der Behandlung von Partnerproblemen, jedoch gibt es unterschiedliche Akzentsetzungen: Die eine Gruppe der Psychoanalytiker richtet den Fokus auf die Psychopathologie des Individuums, das den ehelichen Konflikt hat, nicht auf den Konflikt selbst, und findet die eheliche Beziehung nur insoweit für die Therapie relevant, als sich in ihr die Pathologie der individuellen Ehepartner manifestiert; andere Analytiker dagegen beachten stärker die eheliche Beziehung selbst. Im Unterschied zu den Therapeuten der ersten Richtung, die sich um ein In-die-Tiefe-Gehen bemühen und die auch die Auflösung der Übertragungsbeziehung in die Therapie miteinbeziehen, konzentrieren sich die Therapeuten der zweiten Richtung auf die Gegenwart und machen damit freiwillig Abstriche von dem, was sie eigentlich in der Analyse leisten könnten.

Ganz gleich aber, wo die Fokussierung liegt, bei der ehelichen Beziehung und bei der Gegenwart oder bei der Psychopathologie eines oder beider Klienten, die *Einsicht* des einzelnen Klienten bleibt auf jeden Fall wichtig innerhalb der psychoanalytischen Partnertherapie. Damit wird die Dichotomie zwischen individueller Veränderung und dyadischer Veränderung aufgehoben; in der psychoanalytischen Partnertherapie sind die Beziehung *und* die beiden Partner »Patienten«.

Im Gegensatz dazu ist im verhaltenstherapeutischen Ansatz von Partnertherapie die Beziehung der eigentliche »Patient«. Allerdings wird dennoch an den individuellen »Defiziten« bzw. Fertigkeiten der beiden Partner angesetzt. Entscheidend für den Ehe-»Erfolg« ist nämlich aus der Sicht der Verhaltenstherapie ausreichende Reziprozität in der Beziehung. Wird statt dessen Zwang ausgeübt und fehlt es den Partnern an der Fähigkeit, positive Verstärker als Strategien für Verhaltensänderung einzusetzen, kommt es zu Ehekonflikten.

In der Partnertherapie verhaltenstherapeutischer Prägung bemüht man sich dementsprechend vor allem um das Trainieren von besserer Kommunikation, von Verhandlungsfertigkeiten (»negotiation and contracting skills«) und von zunehmender wechselseitiger Verstärkung. Man hält die beiden Partner dazu an, ihre Erwartungen aneinander und an den Partner möglichst genau zu klären, und betont, daß beide Partner im gleichen Ausmaß für die Beziehung verantwortlich sind. Unbewußte und »geschichtliche« Aspekte werden dabei für irrelevant gehalten; das dyadische Verhalten wird nur im gegenwärtigen Kontext betrachtet.

Diese Betonung des Gegenwärtigen, des Bewußten, der Beziehung hat die Verhaltenstherapie zu einem Großteil mit der *Kommunikationstherapie* gemeinsam. Aus kommunikationstheoretischer Sicht ist Ehe zu verstehen als ein Kampf um Macht und Kontrolle. Eheschwierigkeiten sind das Ergebnis von Interaktionen – entweder von bestimmten Kommunikationsbotschaften über Macht in der Ehe (Haley 1963) oder von paradoxer Kommunikation und von Unfähigkeit zu Metakommunikation bzw. von falschen Problemdefinitionen (Watzlawick et al. 1969; 1974). Die gegenwärtige Organisation der Interaktion wird auf alle Fälle für wichtiger gehalten als der Ursprung (Deissler 1981, 161), vergangene Konflikte und Erfahrungen sind in der Kommunikationstherapie nebensächlich. Man achtet auf Prozeß, Wirkungen, Regeln und Funktionen, betont die Bedingungen des interpersonellen Kontexts – und verliert das Individuum selbst oft völlig aus dem Auge.

»Patient« der Kommunikationstherapie ist dann auch einzig und allein die Beziehung. »Der Partner wird hier nur in der Rolle des Partners gesehen und nicht als ein eigenständiges Individuum« (Schwerdt 1981, 48).

Auf diesem Hintergrund ist nun eine Ausdifferenzierung der »erwünschten Klienteneigenschaften« je nach therapeutischer Richtung möglich: Während die Klienten, die sich in psychoanalytische Partnertherapie begeben, bereit bzw. fähig sein müssen zu Einsicht, müssen die Klienten in einer verhaltenstherapeutisch orientierten Partnertherapie bereit sein, sich trainieren zu lassen, bereit sein, zu lernen, die Schülerrolle zu übernehmen (Auckenthaler 1981; Jaeggi 1975). In bezug auf die Kommunikationstherapie könnte man – kraß ausgedrückt – sagen, daß die Klienten bereit sein müssen, von sich selbst als Personen mit Geschichte und mit allen möglichen Problemen abzusehen, daß sie sich vorrangig für Kommunikations- und Interaktionsstrukturen interessieren müssen. Das Indikationsproblem erweist sich so auch als ein Problem der Aufklärung von Klienten (Cramer 1981).

Folgerung

Die Indikation zur Partnertherapie wird bisher vorwiegend praxeologisch »geklärt«:

– Man »verordnet« Partnertherapie dann, wenn eine bestehende Beziehung gefährdet erscheint;

– man begnügt sich mit einer »Indikation aus Verlegenheit« (Durchführung einer Partnertherapie dann, wenn eine Einzeltherapie nichts nützt);
– man verläßt sich auf die »subjektive Indikation« (Durchführung einer Partnertherapie dann, wenn der Therapeut sich zutraut, mit diesem Paar »arbeiten« zu können);
– man drückt sich um die Indikationsfrage ganz herum (Durchführung einer Partnertherapie dann, wenn die Klienten den Wunsch danach äußern).

Auch jene Antworten auf die Indikationsfrage, die sich an theoretischen Annahmen orientieren, sind jedoch für den klientenzentrierten Therapeuten nicht viel brauchbarer. Da die Indikationskriterien von der Gegenstands- und Zielbestimmung abhängen, die Ziele der einzelnen partnertherapeutischen Richtungen aber nicht miteinander vereinbar sind, lassen sich auch die Indikationskriterien nicht beliebig von einer Richtung auf eine andere Richtung übertragen.

Wie bei den Zielen ist auch bei der Indikation die Übereinstimmung zwischen der verhaltenstherapeutisch orientierten Partnertherapie und der Kommunikationstherapie noch am größten; beide Ansätze konzentrieren sich auf Gegenwärtiges und Bewußtes sowie auf die Beziehung. Der psychoanalytischen Partnertherapie hingegen sind »geschichtliche« Aspekte und das Unbewußte wichtig; außerdem geht es ihr nicht vorrangig um die Beziehung, sondern (auch) um die Klienten als Einzelpersonen.

Wieder gibt es Inkohärenzen zwischen jeder der drei Hauptrichtungen von Partnertherapie und dem klientenzentrierten Ansatz, wieder ist die Nähe der klientenzentrierten Psychotherapie zur psychoanalytischen Partnertherapie am größten. Während aber die psychoanalytische Partnertherapie von den Klienten die Auseinandersetzung mit der Geschichte der Beziehung und mit den unbewußten Aspekten der Partnerwahl verlangt, setzt die klientenzentrierte Psychotherapie auf seiten des Klienten einzig und allein das Vorhandensein einer Inkongruenz und – zumindest in Ansätzen – ein Annehmen des therapeutischen Beziehungsangebotes voraus. Diese erklärte Zuständigkeit für Inkongruenzen ist auch Hinweis darauf, warum für den klientenzentrierten Therapeuten weder die Indikationsstellung zur verhaltenstherapeutisch orientierten Partnertherapie noch jene zur Kommunikationstherapie Hilfe bei der Indikationsklärung sein kann. Inkongruenzen lassen sich nur aufheben über die *Beziehung* zwischen Therapeut und Klient, nicht über ein Einwirken auf der Verhaltensebene; »mangelnde positive Reziprozität«, »Unfähigkeit zu Metakommunikation« etc. sind daher als Kriterien für die Indikation zu einer klientenzentrierten Partnertherapie ungeeignet.

2.3. *Forderungen an den Partnertherapeuten*

Die Aussagen, die in der Literatur zu den Forderungen an den Partnertherapeuten gemacht werden, sollen hier eingeteilt werden in Antworten auf drei Fragen: Welche Beziehung soll der Therapeut zu den beiden Klienten herstellen? Welche Funktionen hat er zu erfüllen? Welche Techniken hat er anzuwenden?
Die Antworten auf diese Fragen sind manchmal so allgemein gehalten, daß sie nicht eindeutig einer bestimmten Richtung von Partnertherapie zugeordnet werden können. Wo die Zuordnung möglich ist, wird sie auch bei den folgenden Ausführungen vorgenommen.

Beziehungsforderungen

Beziehung im Sinne eines »Sich-aufeinander-als-*Person*-Einlassen« ist in der partnertherapeutischen Literatur nur selten Thema. Nur innerhalb des psychoanalytischen Ansatzes wird betont, daß es in erster Linie auf die »einzigartige Beziehung« zwischen dem Paar und dem Therapeuten ankomme (Gurman 1979, 13; Willi 1978, 144). Am deutlichsten formuliert das Bauriedl, die Psychoanalyse überhaupt als *Beziehungs*analyse sieht: Nicht auf bestimmte Verfahren, sondern nur auf die Beziehung kommt es an; was der einzelne Therapeut »macht«, ist nur von sekundärer Bedeutung. Daher soll (und kann!) ihm auch nicht geraten bzw. vorgeschrieben werden, wie er sich zu verhalten hat – er allein trägt die Verantwortung für die Beziehung, die er zu den Klienten herstellt (Bauriedl 1980, 138).
Gerade auf dem Geben von Verhaltensanweisungen aber liegt das Hauptgewicht des Großteils der Literatur zur Partnertherapie. Teils erfolgen diese Verhaltensanweisungen in Form eher allgemeiner Empfehlungen, teils in Form ganz konkreter, bis ins kleinste Detail ausformulierter Handlungsweisungen.

Funktionen des Partnertherapeuten

Aufschluß über die Aufgaben, die dem Partnertherapeuten zugeschrieben werden, gewinnt man häufig schon dort, wo für die Funktion des Therapeuten nur Stichworte oder einprägsame Vergleiche verwendet werden: Der Therapeut sollte sich anbieten als »Katalysator« (Struck 1972, 104), als »konstruktive Kraft«, die dem unglücklichen Paar zu einem besseren »way of life« verhelfen sollte (Becker 1978, 139), als »verläßlicher Agent . . ., der aufpaßt, daß niemand von beiden zu Schaden kommt, wenn er selbstkritischer über sich nachdenkt und zugleich dem anderen ohne automatisches defensives Agieren geduldiger zuhört« (Richter & Wirth 1978, 25). Willi beschreibt den Partnertherapeuten verhaltenstherapeutischer Prägung als »Pädagogen«, den

Kommunikationstherapeuten als »Dompteur«, »Regisseur«, »Schachspieler« (Willi 1978, 142). Für Satir ist der Kommunikationstherapeut »Mittelsperson«, »Experte«, »offizieller Beobachter« und »Kommunikationsmodell«; er muß sich »wie ein guter Lehrer« klar und deutlich verhalten (Satir 1978, 118 ff.).

Um die von ihm verlangten Funktionen erfüllen zu können, muß der Partnertherapeut eine Reihe von Voraussetzungen mitbringen: Er sollte sowohl über technische Fertigkeiten verfügen als auch über »Beziehungsfertigkeiten«, sollte in gewissem Ausmaß zu Empathie fähig sein (Gurman 1979, 13; Gurman & Kniskern 1978 a, 875) und sollte »hohe soziale Potenz« aufweisen (O'Connor 1978, 81 ff.). Er muß sensitiv sein für die Bedürfnisse und Wünsche beider Partner, darf sich von keinem der beiden Klienten zu weit entfernen, muß sowohl die individuelle Dynamik beider Partner als auch die Beziehungsdynamik reflektieren (Becker 1978, 139; vgl. auch Leslie 1969, 178), muß sich um Unparteilichkeit bemühen, auch wenn sie vielleicht nie ganz erreichbar ist (Haley 1963, 225; 1973, 327; Luban-Plozza 1977, 169; Mittelmann 1948, 193). Die Beziehungsfertigkeiten des Therapeuten werden manchmal allerdings nur für die Anfangsphase einer Partnertherapie gefordert; während der ersten Interviews sollte den Klienten »menschliche Wärme und Anteilnahme« gezeigt werden (Liberman 1973, 403).

Worin ein Partnertherapeut seine eigentliche Funktion sehen sollte, zeigt sich vor allem dort, wo der Bezug zu den Zielvorstellungen von Partnertherapie hergestellt wird: Der Therapeut sollte dazu beitragen, den beiden Partnern eine allmähliche Bewußtwerdung der Krise, der Ambivalenz zu ermöglichen (Lemaire 1972, 95), ihnen die Zwänge, denen sie unterworfen sind, bewußt zu machen und die Kommunikation zwischen den Partnern zu fördern und zu verbessern (Lemaire 1980, 252, 275), die Partner »ihre Konflikte in ihrer ganzen Komplexität und Zwiespältigkeit erfahren« zu lassen (Willi 1978, 143), er sollte sie anregen zur »Entfaltung eigener Selbsthilfekapazitäten«, also z. B. dazu, »sich voreinander mutiger zu öffnen, einander geduldiger zuzuhören und Probleme mehr kooperativ statt defensiv rivalisierend anzugehen«; das bedeutet auch, daß der Therapeut in der Partnertherapie in gewisser Weise entlasteter ist als in der Einzeltherapie – er muß den therapeutischen Vorgang nicht allein lenken (Richter & Wirth 1978, 21).

Gerade in Hinblick auf die Gewichtung solcher Therapeutenfunktionen, wie sie zuletzt genannt wurden, unterscheiden sich aber die einzelnen partnertherapeutischen Konzepte teilweise erheblich voneinander (Gurman 1978, 547; 1979, 12). Die drei Hauptrichtungen von Partnertherapie stimmen bei den von Gurman vorgegebenen Therapeutenfunktionen nur in einem einzigen Punkt überein, nämlich darin, daß der Therapeut die Kommunikation des Paares analysieren sollte. Im übrigen halten es die Vertreter der *psychoanalytischen Richtung* von Partnertherapie für wichtig, daß der Therapeut

– die Schwierigkeiten des Paares und die angebotene Behandlung kommentiert;
– das Ausdrücken von Gefühlen ermutigt und unterstützt;
– die Vermutungen und Überzeugungen des Paares in Frage stellt;
– die Gefühle und das Verhalten der Klienten interpretiert, Einsicht fördert;
– Übertragung fördert und interpretiert;
– seine eigenen Bewertungen mitteilt, sich selbst einbringt.

In der *kommunikationstherapeutischen Richtung* soll der Therapeut (zusätzlich zur Analyse der Kommunikation)

– die Sitzungen lenken und strukturieren, die Ziele reihen;
– die Umgebung beeinflussen;
– Hausaufgaben aufgeben;
– die Vermutungen und Überzeugungen des Paares in Frage stellen.

In der *verhaltenstherapeutischen Richtung* schließlich soll der Therapeut (wieder: zusätzlich zur Analyse der Kommunikation)

– Fähigkeiten lehren, Wissen vermitteln;
– Modell sein für neue Arten zwischenmenschlichen Verhaltens;
– die Sitzungen lenken und strukturieren, die Ziele reihen;
– Ratschläge und praktische Hilfe geben;
– die Schwierigkeiten des Paares und die angebotene Behandlung kommentieren;
– Hausaufgaben aufgeben.

Trotz aller Unterschiede scheinen sich die drei Hauptrichtungen von Partnertherapie aber in einem Punkt einig zu sein: Der Therapeut wird aufgefordert, in der Situation der Partnertherapie aktiv zu sein, aktiver als in der Einzeltherapie (Becker 1978, 141; Gurman & Kniskern 1978 a, 875; 1978 b, 13). Ausführungen dazu, wie er diese Aktivität zeigen kann, fallen in die Kategorie der partnertherapeutischen Techniken.

Techniken und Strategien in der Partnertherapie

Dem Partnertherapeuten wird häufig nicht nur vorgeschlagen, *was* er machen soll, sondern auch, *wie* er es machen soll. Es werden ihm Techniken und Strategien zur Verfügung gestellt, aus denen er je nach Klient und je nach Situation die bestmögliche Wahl treffen soll.[9]

Solche Techniken sind manchmal nicht konkreter als: »Wenn der Therapeut merkt, daß er Partei für einen der beiden Partner ergreift, sollte er das den Klienten mitteilen« (Haley 1973, 327) oder: »Der Therapeut soll still sein, wenn das Paar gerade ›produktiv‹ miteinander kommuniziert« (Becker 1978, 141). Weitere Techniken auf ähnlichem Abstraktionsniveau betreffen die Aktivität des Partnertherapeuten; sie kann sich z. B. darin äußern, daß der Therapeut öfter kritisch interveniert (Richter & Wirth 1978, 25), daß er das Paar zum Kampf provoziert, daß er Regeln definiert und paradoxe Interventionen setzt (Haley 1963, 219; Hessdörfer 1979, 171 und 175) oder darin, daß er die Sitzungen strukturiert (Gurman & Kniskern 1978 a, 875). Dabei wird keineswegs verschwiegen, daß mit diesen Aktivitäten eine Manipulation der Klienten nicht nur gemeint sein *könnte*, sondern häufig tatsächlich gemeint *ist* (Hessdörfer 1979, 169 f.).

Da die Notwendigkeit einer größeren Aktivität des Partnertherapeuten nicht in Frage gestellt wird, fühlt man sich für diese Manipulation anscheinend ausreichend entschuldigt; jedenfalls bleibt das Problem der Manipulation des Klienten gerade im Bereich der Partner- und Familientherapie bemerkenswert unreflektiert (Auckenthaler 1982b; 1983b; Bauriedl 1980, 86ff.; Binder & Binder 1979, 136ff.).

Trotzdem ist die Manipulation der Klienten durch den Partnertherapeuten nicht immer auf den ersten Blick als solche erkennbar. So wird dem Therapeuten etwa empfohlen, er möge beim Fortschreiten der Therapie allmählich die Verantwortung für Korrektur und Verbesserung der Kommunikation dem Paar überlassen (O'Leary & Turkewitz 1978, 284), er möge Deutungen nur sparsam einsetzen, nämlich nur dann, »wenn er sie taktisch einsetzt, um Familienmitglieder zu überreden, sich anders zu verhalten« (Haley 1973, 325), möge dem Paar Hoffnung vermitteln (Becker 1978, 139), möge beide Partner schützen (Leslie 1969, 178 f.).

Harmlos wirkt die Manipulation der Klienten dort, wo die Techniken, die der Partnertherapeut einsetzen soll, im Detail ausformuliert sind – etwa so:

Wenn A zum Therapeuten über B spricht:
- A anschauen;
- A auffordern, *zu* B zu sprechen;
- A fragen, wie er/sie sich dabei fühlt;
- zu B einen Kommentar über A abgeben;

oder:
- Wenn A über ein Symptom klagt, soll der Therapeut A ein Kompliment machen für das, was er/sie für B tut (Sluzki 1978, 368ff.).

In allen diesen Fällen aber ist der Therapeut der Experte, der die Therapiesituation mit Hilfe von Strategien »im Griff« hat.

Davon, worin man die Aufgabe des Partnertherapeuten sieht, und davon, inwieweit man glaubt, ihn auf diese Aufgabe vorbereiten zu können, hängt auch die Haltung gegenüber einer spezifischen *Ausbildung* in Partnertherapie ab.

So ist konsequenterweise die Forderung nach Ausbildungen im Sinne

eines Therapeuten*trainings* (Aneignung von Theorie, Erwerb spezieller Techniken, Kommunikationsübungen, Lernen am Modell) in erster Linie von seiten der Kommunikationstherapie und der lerntheoretisch orientierten Partnertherapie zu hören (Mandel, K. H. 1976; 1978; Matter 1980; Schwerdt 1981, 130 ff.). Aber auch in solchen Therapeutentrainings spielen Selbsterfahrung und Supervision eine große Rolle – so daß es einen Punkt gibt, über den sich anscheinend (fast) alle einig sind: Ohne Auseinandersetzung mit sich selbst und ohne regelmäßige Supervision sollten Partnertherapien nicht durchgeführt werden.
Vor allem für die verhaltenstherapeutisch orientierte Partnertherapie klingt diese Forderung nach Selbsterfahrung zweifellos erstaunlich (Wittmann 1981, 57). Die Schwierigkeiten der Therapeuten gerade mit der partnertherapeutischen Situation scheinen aber die theoretische Orientierung sekundär werden zu lassen. Denn die Forderung nach Selbsterfahrung gründet sich nicht auf eine im allgemeinen geltende Überzeugung, daß Therapeuten bereit sein müssen, sich selbst in Frage zu stellen; sie wird praktisch nur im Bereich der Partnertherapie für besonders wichtig gehalten, weil es keine anderen effektiven Methoden der Ausbildung in Partnertherapie gebe (Briggs & Briggs 1979, 38) bzw. weil gerade Partnertherapie ein persönlich besonders belastender Arbeitsbereich sei, in dem die Therapeuten so klar wie sonst nirgends mit ihren persönlichen Grenzen konfrontiert würden (Mandel, K. H. 1976, 80; Willi 1978, 367). Selbsterfahrung hat daher in bezug auf Partnertherapie auch ganz bestimmte Zielsetzungen: Der Therapeut muß nicht nur mit seiner therapeutischen Begrenztheit umgehen lernen (Willi 1978, 367), er muß sich auch mit seinem eigenen Verhalten in Ehe bzw. Partnerschaft auseinandersetzen (Schwerdt 1981, 143), muß sich seiner »eigenen Wertvorstellungen hinsichtlich Familie, Ehe, Sexualität etc. gezielt bewußt« werden (Reiter 1978, 498); in manchen Ausbildungsprogrammen wird explizit die Selbsterfahrung mit dem Partner in den Vordergrund der Selbsterfahrung gestellt (Mandel, K. H. 1976; 1978).
Trotz der allgemeinen Übereinstimmung hinsichtlich des Wertes von Selbsterfahrung und Supervision gibt es auch Einwände. Mehr Beachtung als die Selbsterfahrung verdiene die »Ausgangspersönlichkeit des Kandidaten« (Mandel, K. H. 1976, 84):

»*Im allgemeinen* sollte der Kandidat bei Ausbildungsbeginn wenigsten 28 Jahre alt sein, seit drei Jahren berufstätig und verheiratet sein. Denn für den Arbeitsbereich der Partnertherapie scheint doch ein gewisses Maß eigener ›Lebenserfahrung‹ zum Verstehen der Patienten nötig. Sie ist durch diese Minimal-Daten natürlich noch nicht garantiert, korreliert aber sicher positiv mit ihnen. In den zwischenmenschlichen Beziehungen des Kandidaten sollten Bindungsfähigkeit und Verantwortungsbereitschaft erkennbar sein, verbunden mit der Möglichkeit, mit den Schattenseiten der eigenen Persönlichkeit selbstkritisch umzugehen und Fremdkritik ausgewogen anzunehmen. Konstruktiv bewältigte Krisen mit eigenen Bezugspersonen können ein Zeichen dafür sein. Auch eine gewisse sprachliche und pantomimische Ausdrucksfähigkeit sowie eine gute Beobachtungsgabe, verbunden mit der Fähigkeit zu analysierendem wie ganzheitlichem Denken, dürften unentbehrlich für einen künftigen erfolgreichen Partnertherapeuten sein« (Mandel, K. H. 1976, 83).[10]

Beachtung verdient vielleicht auch die Tatsache, daß der begleitenden Weiterbildung von Partnertherapeuten (wieder: vor allem durch Selbsterfahrung und Supervision) fast mehr Bedeutung beigemessen zu werden scheint als einer vorbereitenden spezifischen Partnertherapie-Ausbildung; wichtig aber sei eine Grundausbildung in *einer* therapeutischen Schulrichtung (Schwerdt 1981, 131).

Folgerung

Inkohärenzen zwischen den drei Hauptrichtungen von Partnertherapie sind zwar auch in Hinblick auf die Forderungen an den Therapeuten vorhanden, sie sind aber weniger deutlich als bei den Zielen und bei der Indikationsklärung. Unterschiede zwischen der psychoanalytischen Partnertherapie einerseits, der verhaltenstherapeutisch orientierten Partnertherapie und der Kommunikationstherapie andererseits betreffen eher Oberflächenphänomene wie »Strukturierung der Sitzungen« oder die konkretere Ausformulierung einzelner therapeutischer Techniken. Aber auch der analytische Partnertherapeut *lenkt* die beiden Partner, setzt Strategien ein, ist auf eine manipulierende Art aktiv. Selbst Metaphern, die auf Zurückhaltung des Therapeuten schließen lassen, erweisen sich als Ausdruck – subtilerer – Manipulation des Klienten durch den Therapeuten; auch wenn der Therapeut »nur« als »Katalysator« fungiert oder als »konstruktive Kraft«, als »verläßlicher Agent«, wenn er das Paar »nur« schützt oder ihm »nur« Hoffnung vermittelt, verfolgt er damit eher pädagogisch-manipulative als therapeutische Ziele.
Die Schwierigkeiten des Therapeuten mit der Situation der Partnertherapie erweisen sich als verbindender Aspekt über die Schulenzugehörigkeit hinweg. Die Therapeuten *aller* drei Hauptrichtungen von Partnertherapie begegnen diesen Schwierigkeiten mit größerer Aktivität und mit einer größeren Bereitschaft zu Selbsterfahrung und Supervision.
Während die Bereitschaft zu Selbsterfahrung und Supervision mit den Forderungen an den klientenzentrierten Therapeuten übereinstimmt, kann die Aufforderung nach größerer (manipulativer!) Aktivität in der Partnertherapie für den klientenzentrierten Therapeuten deshalb nicht gelten, weil er damit von der Beziehungsebene auf die Verhaltensebene wechseln würde. Der klientenzentrierte Therapeut muß nicht nur auf spezielle Einzeltechniken, sondern auf Strategien im allgemeinen verzichten. Die Vorschläge, die dem Therapeuten innerhalb anderer partnertherapeutischer Richtungen für den Umgang mit der Situation der

Partnertherapie gemacht werden, widersprechen dem Auftrag an den klientenzentrierten Therapeuten: den Klienten eine Beziehung anzubieten, die gekennzeichnet ist durch das Bemühen des Therapeuten um Kongruenz, bedingungslose Wertschätzung und Empathie.

2.4. *Formen von Partnertherapie (Setting)*

Vom Setting her betrachtet, gibt es fünf Grundformen von Partnertherapie:
1. Partnertherapie mit einem einzelnen Partner (individual marital therapy); im Unterschied zur »normalen« Einzeltherapie ist hier die Beziehungsproblematik Hauptthema;
2. Einzeltherapie beider Partner bei zwei Therapeuten, die zusammenarbeiten (collaborative marital therapy);
3. Einzeltherapie beider Partner beim gleichen Therapeuten (concurrent marital therapy);
4. Partnertherapie im eigentlichen Sinn (conjoint marital therapy); darunter versteht man die gleichzeitige Anwesenheit beider Partner in der Therapie; diese Form der Partnertherapie wird manchmal von einem, manchmal von zwei Therapeuten durchgeführt;
5. Gruppentherapie von Paaren (marital group therapy); die Leitung der Gruppe erfolgt auch hier entweder durch einen oder durch zwei Therapeuten (Berman & Lief 1976, 254 ff.; Gurman 1973, 146 f.; Gurman & Kniskern 1978 a, 823; Nadelson 1978, 115 ff.; Olson 1970, 507; Prodöhl 1979, 142; Sager 1966, 462 f.).

Als zusätzliche Formen werden manchmal noch Kombinationen von Einzeltherapie mit der eigentlichen Partnertherapie genannt (also alternierende Einzel- und Paarsitzungen), jene Formen, wo Klienten angehalten werden, als Cotherapeuten zu fungieren, indem sie ihrem Partner gegenüber Verhaltensmodifikationstechniken anwenden (was innerhalb der verhaltenstherapeutisch orientierten Partnertherapie manchmal geschieht), und die »conjugal therapy«, bei denen die Therapie von Ehepaaren in Gruppen durchgeführt wird, die von anderen Ehepaaren geleitet werden (Prochaska & Prochaska 1978, 14).

Von diesen vielen Formen von Partnertherapie scheint aber nur eine einzige richtig bekannt zu sein. Rund 80 bis 85 % der Partnertherapeuten in den USA führen ihre Partnertherapien in Form von gemeinsamen Sitzungen der beiden Partner durch (Berman & Lief 1976, 256; Olson 1970, 85), und obwohl die » conjoint marital therapy« erst ab ca. 1960 Verbreitung fand und man ihr vor allem von psychoanalytischer Seite höchstens vorsichtig zustimmte (Rodgers 1965), bezeichnete man sie bereits in den 60er-Jahren als die zur Behandlung von Paaren vorteilhafteste Methode (Couch 1969, 110; Leslie 1964, 936 ff.). Bei einer Inhaltsanalyse von Veröffentlichungen zum Thema »Partnertherapie«

fand Gurman zu Beginn der 70er-Jahre keine Aussagen mehr zur »collaborative« und »concurrent marital therapy«, auch nicht zu kombinierten Verfahren oder zur »individual marital therapy« (Gurman 1975 a, 69). So wird dann auch Partnertherapie manchmal überhaupt mit jener Form von Partnertherapie gleichgesetzt, bei welcher beide Partner gleichzeitig in der Therapie anwesend sind (Haley 1963, 213; vgl. auch die Definition von Partnertherapie, die den Workshopdiskussionen zugrundelag, S. 20).

Meine eigenen Erfahrungen beim Literaturstudium stimmen im großen und ganzen mit den Ergebnissen von Gurman überein. Die »conjoint marital therapy« wird manchmal mit zusätzlichen Einzelsitzungen kombiniert (Bailis & Adler 1974, 600; Nadelson 1978, 128 f.), richtige Konkurrenz aber erhält sie höchstens von der – meist analytisch ausgerichteten – Gruppenpsychotherapie mit Paaren (zur Gruppenpsychotherapie mit Paaren vgl. z. B. Cull & Hardy 1974; Duss-von Werdt & Welter-Enderlin 1978; Leichter 1975; Mahler 1972; Moeller & Moeller-Gambaroff 1978; Preuss 1972 b; 1972 c; Schmidbauer 1977).

Trotzdem sind Diskussionen hinsichtlich des günstigen Settings von Partnertherapien keineswegs abgeschlossen; sie werden vorwiegend zum Thema »Cotherapie: ja oder nein?« geführt, also zu der Frage, ob Partnertherapie besser von einem oder von zwei Therapeuten durchgeführt werden sollte (sowohl in bezug auf die Partnertherapie »im eigentlichen Sinn« als auch in bezug auf die Gruppentherapie von Paaren).

Die Befürworter von Cotherapie – die in der Überzahl sein dürften (Rice et al. 1972, 2) – führen eine beinahe erschlagende Vielzahl von Argumenten ins Treffen. Als Vorteile von Cotherapie werden u. a. genannt:

- Möglichkeiten des Modellernens für die Klienten; die Therapeuten sind für die Klienten gleichzeitig Interaktionsmodell und Identifikationsmodell (Epstein et al. 1979, 53; Nadelson 1978, 121; Künzel & Hoffman-zur Verth 1978, 73 f.; O'Leary & Turkewitz 1978, 253; Olson 1970, 511; Roman & Meltzer 1977, 65; Russell & Russell 1979, 41; Schonbar 1973, 543; Schwerdt 1981, 80 ff.; Tovey 1979, 147).
- Zwei Therapeuten können mehr Erfahrung und Energie in die Therapie einbringen, sich in ein weiteres Spektrum psychologischer Phänomene einfühlen, Interpretationen liefern, die sonst übersehen würden (Roman & Meltzer 1977, 65); sie gewährleisten außerdem größere Objektivität (Russell & Russell 1979, 41), vor allem größere Objektivität bei der Beobachtung und Klärung von Übertragung und Gegenübertragung (Rice et al. 1972, 2).
- Cotherapie sichert für die Klienten die Kontinuität der Therapie; ist ein Therapeut verhindert, so ist immer noch der andere Therapeut anwesend (Russell & Russell 1979, 41).
- Cotherapie ermöglicht mehr Flexibilität hinsichtlich evtl. notwendig werdender Einzeltherapiesitzungen (Nadelson 1978, 120 f.).

– Durch Cotherapie nimmt man den Klienten eher die Möglichkeit, zu glauben, daß sie nur bei der Therapie des Partners assistieren (Bellville et al. 1969, 473).
– Cotherapie bietet den Klienten sowohl psychisch mehr Schutz und Kontrolle (was den Umgang mit destruktiven Gefühlen und Handlungen erleichtert) als auch mehr emotionale Unterstützung (Roman & Meltzer 1977, 65).
– Die Klienten erleben in der Cotherapie mehr Stimulierung und Motivierung zur Änderung; sowohl die Klienten als auch die Therapeuten erfahren schneller mehr über sich, es passiert »mehr Therapie in kürzerer Zeit« (Bailis & Adler 1974, 599; Bellville et al. 1969, 475; Rice et al. 1972, 2; Roman & Meltzer 1977, 65).
– »Das therapeutische Viereck ist ... weniger spannungsgeladen als das Dreieck« (Willi 1978, 134), emotionale Belastungen werden vermindert (Russell & Russell 1979, 41), dem Widerstand der Klienten kann besser begegnet werden (Roman & Meltzer 1977, 65), das Erkennen von Übertragung und Gegenübertragung wird leichter (Gill & Temperley 1972, 558; Russell & Russell 1979, 41), überhaupt werden Übertragungs- und Gegenübertragungsprobleme verringert (Berman & Lief 1976, 259; Bellville et al. 1969, 472; Nadelson 1978, 121).
– Die Cotherapeuten können sich gegenseitig unterstützen und füreinander ausgleichend wirken (z. B. wenn einer der Therapeuten einem Klienten Angst verursacht hat – Bellville et al. 1972, 2).
– Die Therapeuten können die therapeutischen Funktionen untereinander aufteilen (Gill & Temperley 1972, 558), sie müssen weniger als in der Dreiersituation befürchten, in die Richterrolle gedrängt zu werden (Bellville et al. 1969, 475), es besteht auch nicht die Gefahr, daß sie sich isoliert und fehl am Platz vorkommen wie vielleicht manchmal in der Dreiersituation (Skynner 1978, 305).
– Cotherapie bietet wertvolle Möglichkeiten für die Ausbildung zukünftiger (Partner-) Therapeuten (Russell & Russell 1979, 40).

Allerdings wird manchmal auch auf Nachteile von Cotherapie hingewiesen:

– Die Möglichkeit zu unproduktiven Bündnissen wird erhöht, die Übertragung abgeschwächt oder verworren (Russell & Russell 1979, 41).
– Durch Cotherapie wird notwendig gebrauchte Therapiezeit vergeudet, die Kosten werden – möglicherweise unnötig – erhöht (Berman & Lief 1976, 260; Nadelson 1978, 121; Russell & Russell 1979, 41; Willi 1978, 132).[11]
– Die gleichzeitige Anwesenheit von zwei Therapeuten ist für manche Klienten verwirrend (Nadelson 1978, 121), und vor allem dann, wenn zwischen den Cotherapeuten Konflikte bestehen, können Paare durch Cotherapie eher verlieren als gewinnen (Gurman 1975c, 421).

Den Ausschlag dafür, ob Cotherapie für die Klienten vorteilhaft sein kann oder nicht, bildet eine gut funktionierende Beziehung zwischen den Cotherapeuten. Dazu gehört u. a., daß sich die Cotherapeuten Vertrauen entgegenbringen, daß sie offen miteinander reden können und »reif« sind, daß sie fähig sind, Klarheit zu schaffen hinsichtlich ihrer Zuständigkeiten und ihrer Zusammenarbeit (Bailis & Adler 1974, 604; Russell & Russell 1979, 40; Tovey 1979, 149; Weinstein 1971) und daß

sie – für den Fall, daß es sich um miteinander verheiratete Cotherapeuten handelt – eine Ehe führen, in der Offenheit möglich ist und in der es keinen Kampf um Kontrolle gibt (Bellville et al. 1969, 480).
Effektive Zusammenarbeit unter den Cotherapeuten sei am ehesten dann gewährleistet, wenn schon bei der Zusammenstellung des Therapeutenpaares auf bestimmte Aspekte geachtet wird: auf Alter, Geschlecht, Familienstand, Therapieerfahrung, den persönlichen Charakter usw. Ungünstig sei es, Therapeutenpaare aufgrund früherer Bekanntschaft oder persönlicher Freundschaft zusammenzustellen; besonders ungünstig aber seien Unterschiede im Erfahrungsniveau, und besonders wichtig sei die Auseinandersetzung mit Statusdifferenzen und rollenspezifischem Verhalten der Cotherapeuten (Gurman & Kniskern 1978 a, 874; McGee & Schumann 1970, 28 f.; Rice & Rice 1975). Als Kurzformel für die richtige Zusammenstellung von Cotherapeuten gilt »Dual Sex + Dual Discipline + Equal Status« (Roman & Meltzer 1977, 70).
Die große Beachtung, die man dem Thema »Cotherapie« schenkt, ist um so erstaunlicher, als bis heute nicht empirisch nachgewiesen werden konnte, daß Cotherapie zu besseren Therapieergebnissen führe als eine Therapie, die nur von einem Therapeuten durchgeführt wird (Crowe et al. 1981; Gurman 1973, 162; 1975 c, 419 ff.; Gurman & Kniskern 1978 a, 874; Russell & Russell 1979, 44); einzig für die Partnertherapie in Gruppen scheint es gerechtfertigt, von einer gewissen Überlegenheit der Cotherapie zu sprechen (Gurman 1975 , 421). Das legt den Verdacht nahe, daß hinter der Verteidigung der Cotherapie andere Interessen stehen: Bestimmte Hinweise in der Literatur – z. B. die Betonung, daß Cotherapie eine wichtige Erfahrung für den Therapeuten sei (Olson 1970, 511), die Tatsache, daß Therapeuten eine Cotherapie dann als effektiv beurteilen, wenn sie selbst sich in der Beziehung zum Cotherapeuten wohl gefühlt haben (Rice et al. 1972, 10) – stützen die Vermutung von Rosenbaum, daß Cotherapie vielleicht für die Therapeuten bedeutsamer sein könnte als für die Klienten (Rosenbaum 1971, 509).
Die Favorisierung von Cotherapie ist aber auch zu sehen als Ausdruck der Absicht, den Klienten in der Partnertherapie Modelle für Frau-Mann-Beziehungen zu bieten. Fast alle Autoren treten für gegengeschlechtliche Therapeutenteams ein. Gegengeschlechtliche Cotherapeuten hätten den Vorteil, daß sie Beziehungs- *und* Rollenmodell sein könnten (Roman & Meltzer 1977, 68; Skynner 1978, 304), daß die Desensitivierung der Ängste der Klienten gegenüber dem anderen Geschlecht gefördert werden könne (Sager & Singer-Kaplan 1973, 575), daß geschlechtsspezifische Identifikationen leichter erreichbar seien und daß fixierte Übertragungsmuster leichter wiederholt und verändert werden könnten (Markowitz & Kadis 1973, 603; vgl. auch Roman & Meltzer 1977, 68). – Manchmal ist man auch mit der Modellwirkung gegengeschlechtlicher Cotherapeuten noch nicht zufrieden;

eine zusätzliche Realitätsdimension könnte dadurch erreicht werden, daß man verheiratete Paare als (Co-)Therapeuten einsetzt (Bellville et al. 1969, 475), denn diese »Lösung stellt den Therapeuten auch hinsichtlich der sexuellen Beziehung mit den Patienten auf dieselbe Stufe« (Skynner 1978, 305). Verheiratetsein ersetzt dabei zum Teil die Ausbildung des Cotherapeuten bzw. der Cotherapeutin (Bellville et al. 1969, 473).

Folgerung

In Hinblick auf Fragen des Settings sind sich die drei Hauptrichtungen von Partnertherapie bemerkenswert einig: Partnertherapie sollte am besten im Setting der »conjoint marital therapy« und hier wieder am besten in Cotherapie durchgeführt werden.
Cotherapie wird zwar meist durch Hinweise auf Vorteile für die Klienten begründet, sie ist aber zumindest *auch* im Interesse der Therapeuten. Die meisten Argumente für Cotherapie (z. B. größere Objektivität, Verringerung von Übertragungs- und Gegenübertragungsgefühlen) sind dem klientenzentrierten Ansatz fremd; da die Überlegenheit von Cotherapie auch empirisch nicht nachgewiesen ist, besteht für den klientenzentrierten Therapeuten kein Anlaß, sich der »Selbstverständlichkeit« der Durchführung von Partnertherapien in Cotherapie anzuschließen. Für die klientenzentrierte Partnertherapie ist daher – auch bei der theoretischen und praktischen Modellierung der folgenden Kapitel – vom Paradigma der »conjoint marital therapy« bei *einem* Therapeuten auszugehen.

2.5. Dauer von Partnertherapie

Die in der Literatur angegebene Durchschnittsanzahl der Sitzungen legt es nahe, Partnertherapie als eine Art von Kurzzeittherapie oder »Krisenintervention« zu bezeichnen. Die durchschnittliche Dauer von acht bzw. neun Sitzungen bei der verhaltenstherapeutisch orientierten Partnertherapie (Gurman & Kniskern 1978 a, 852; O'Leary & Turkewitz 1978, 255) konnte bei einer Analyse von 75 Studien zur nichtverhaltenstherapeutischen Partner- und Familientherapie auch für andere Richtungen bestätigt werden (Gurman & Kniskern 1978 b, 6). Auch dort, wo Durchschnittszahlen von 17,5 Sitzungen genannt werden (Gurman 1973, 160; Reiter 1978, 500) entsteht immer noch der Eindruck, daß sich Erfolge bei Partnertherapien in deutlich kürzerer Zeit einstellen als bei Einzeltherapien (Reiter 1978, 500). Gurman, der bei Partnertherapien eine Verbesserungsrate von 76 % innerhalb eines Zeitraums von ca. vier Monaten feststellte, bringt dann auch die Partnertherapie als einen Beleg dafür, daß im klinischen Bereich bemerkenswerte Erfolge oft mit vernünftigem Zeitaufwand der Therapeuten

und vernünftigem Kostenaufwand der Klienten erreicht werden können (Gurman 1975 c, 421).
Allerdings ist die Einordnung der Partnertherapie als Kurzzeittherapie nicht ganz so eindeutig. Partnertherapie *kann* als kurz dauernde Krisenintervention durchgeführt werden, sie kann aber auch mehrere Jahre dauern (Buddeberg 1981, 104; vgl. auch Briggs & Briggs 1979, 28; Gill & Temperley 1972; Mahler 1972).
Zeitlich von vornherein begrenzte Partnertherapien scheinen »open-end«-Therapien nicht unterlegen zu sein (Gurman & Kniskern 1978 a, 879; vgl. auch Gill & Temperley 1974, 161). Trotzdem machen Therapeuten bei der Durchführung zeitlich begrenzter Partnertherapien auch immer wieder die Erfahrung, daß die vorher festgelegte Anzahl der Sitzungen für manche Paare bzw. für manche Ziele zu niedrig ist (Bellville et al. 1969, 482 – Sitzungsdauer: 12 Sitzungen à 90 Minuten). Die pädagogische Funktion der zeitlichen Limitierung ist nicht zu übersehen; für die zeitliche Limitierung spreche, daß »sich bei dieser Behandlungsform die Fähigkeit zu umwelt- und realitätsbezogenem Verhalten sehr viel schneller entwickelt« (Markowitz & Kadis 1973, 603).
Zur Dauer der einzelnen Therapiesitzungen werden nur selten Angaben gemacht. Außer Sitzungen von 1½ Stunden (Mahler 1972; Schwerdt 1981), werden in der Literatur noch Sitzungen von 3–4 Stunden (bei Gruppentherapien) bzw. Marathonsitzungen von 20–24 Stunden (ebenfalls bei Gruppentherapie von Paaren) erwähnt (Cull & Hardy 1974, 112).

2.6. Partnertherapie: »Zu Kombination und Integration prädisponiert«?

Kombination und Integration werden im Bereich der Partnertherapie von vielen Autoren als geradezu unumgänglich bezeichnet. Partnertherapie sei »aus mehreren Gründen zu Kombination und Integration prädisponiert« – die Notwendigkeit der Verbindung verschiedener Ansätze ergebe sich auf den Dimensionen »Individuum – Gruppe«, »bewußt – unbewußt« und »Struktur – Prozeß« (Hessdörfer 1979, 163).
Ähnlich geheimnisvoll wie derartige »Begründungen« für die Notwendigkeit einer Kombination verschiedener therapeutischer Ansätze bleiben auch die Kriterien für solche Kombinationen. So heißt es z. B. in bezug auf den »integrativen Ansatz« von Mandel et al. (1971; 1975): »Prinzip der Integration ist ... die aktuale (paradox) veränderungsorientierte Haltung des Therapeuten im therapeutischen Prozeß« (Hessdörfer 1979, 168).
Die vage Ausdrucksweise beim Bemühen, Integrationsversuchen einen theoretischen Anstrich zu geben, entspricht der Art dieser »Integration«: Der Aufruf zu Kombination und Integration erfolgt weniger auf-

grund theoretischer Überlegungen als aufgrund praktischer – enttäuschender – Erfahrungen mit den »reinen« Ansätzen von Partnertherapie; die Komplexität der partnertherapeutischen Situation lasse die spezifischen Unzulänglichkeiten einer therapeutischen Richtung besonders deutlich werden (Schwerdt 1981, 4).
Da keines der vorhandenen Modelle von Partnertherapie für alle Partnerprobleme gleich gut anwendbar ist, sei ein »technischer Eklektizismus« wahrscheinlich das wünschenswerteste »Modell« von Partnertherapie (Gurman 1975c, 425). »Effektivität« scheint dann auch das einzige Entscheidungskriterium für die Verbindung der verschiedenen Ansätze zu sein (K. H. Mandel 1976, 81: »Strategien und Methoden verschiedener Schulrichtungen müssen miteinander verbunden werden, will man bei der Mehrzahl der Fälle Erfolge verzeichnen.«). Die Kombination therapeutischer Techniken – nur aufgrund von Effektivitätsüberlegungen – aber ist fragwürdig, wenn die Ansätze, aus denen diese Techniken stammen, inkompatibel sind (Auckenthaler 1981; Esser 1979; van Quekelberghe 1979, 28 ff.; Teuwsen 1977).
Daß im Bereich der Partnertherapie (derzeit) mehr als ein solcher »technischer Eklektizismus« nicht möglich ist, wurde in diesem Kapitel deutlich. Außer in bezug auf die verhaltenstherapeutisch orientierte Partnertherapie einerseits, die Kommunikationstherapie andererseits sind die Inkohärenzen zwischen den einzelnen partnertherapeutischen Richtungen so grundsätzlicher Natur, daß ein theoriegeleiteter Eklektizismus (noch) ausgeschlossen erscheint. Wo die Schulengrenzen – zumindest teilweise – aufgehoben sind, erweisen sich die Übereinstimmungen keineswegs als Ergebnis theoretischer Ableitungen; in der Forderung nach der größeren Aktivität des Partnertherapeuten etwa scheint die Einigkeit in erster Linie auf Schwierigkeiten der Therapeuten mit der Situation der Partnertherapie zurückzuführen zu sein. Integrationsversuche, die auf solchen Übereinstimmungen aufbauen, bleiben theoretisch unbegründet.
Stellt man den derzeitigen »orientierungslosen Eklektizismus« (R. Krause 1976, 208) in Frage, wird die Unsicherheit der Praktiker im Umgang mit der partnertherapeutischen Situation wahrscheinlich noch größer, als sie es ohnehin schon ist. Alternative Möglichkeiten der Bewältigung dieser Unsicherheit müssen angeboten werden. Eine dieser Möglichkeiten besteht in der theoriegeleiteten Explikation und Präzisierung bestehender Ansätze (Olson 1970, 516).
Die theoretische Modellierung der *klientenzentrierten* Partnertherapie betrifft jenen Ansatz, der von den in diesem Kapitel dargestellten Ansätzen sicher am wenigsten expliziert ist. Der Rückgriff auf das Veränderungskonzept des klientenzentrierten Ansatzes hat außerdem gezeigt, daß klientenzentrierte Therapeuten sich von der Adaption anderer partnertherapeutischer Ansätze kaum Hilfe erwarten können. So bietet sich gerade für die klientenzentrierte Partnertherapie der vor-

geschlagene »alternative« Zugang zur Bewältigung der Probleme der partnertherapeutischen Situation an: der Versuch, über eine intensivere Auseinandersetzung mit den theoretischen Grundlagen des eigenen Ansatzes *begründete* Antworten auf jene Fragen zu finden, die sich dem Praktiker stellen. Gelingt es, solche Antworten *innerhalb* des klientenzentrierten Ansatzes zu geben, sollte der Verzicht auf die vorschnelle Übernahme von Antworten aus untereinander inkohärenten partnertherapeutischen Ansätzen möglich werden; damit wäre die Basis für ein nicht-eklektisches, kohärentes, theoriegeleitetes Handeln geschaffen.

3. Klientenzentrierte Psychotherapie mit Paaren: Theoretische Modellierung

Daß klientenzentrierte Therapeuten sich den theoretischen Hintergrund für die Durchführung von Partnertherapien in anderen therapeutischen Ansätzen suchen, ist nur z. T. auf die ungenügende Aktualisierung des Wissens der Praktiker über die Theorie der Therapie zurückzuführen; zu einem wahrscheinlich größeren Teil liegt der Grund dafür im Ungenügen des theoretischen Modells von Rogers selbst. Der Versuch, *innerhalb* des klientenzentrierten Ansatzes die theoretische Fundierung partnertherapeutischen Handelns zu finden, kann sich daher nicht auf eine Auseinandersetzung mit der Theorie der Therapie beschränken.
Akzeptiert man als Ziel einer Partnertherapie die »Verbesserung der Beziehung«, bietet sich für die theoretische Modellierung der klientenzentrierten Partnertherapie eine Verbindung von Rogers' »Theorie der Therapie« mit seiner »Theorie der interpersonellen Beziehungen« an. Dabei kann es nicht um eine rein additive Verbindung gehen. Die Entwicklung eines Modells »klientenzentrierte Partnertherapie« verlangt Erweiterungen, Konkretisierungen, Spezifikationen des klientenzentrierten Ansatzes in Form *neuer* Behauptungen.

3.1. Der klientenzentrierte Ansatz aus partnertherapeutischer Perspektive

Der zentralen Bedeutung der Zielexplikation entsprechend, geht die theoretische Modellierung der klientenzentrierten Partnertherapie aus von den *Zielen* des klientenzentrierten Ansatzes einerseits, den Zielen von Partnertherapie andererseits. Im folgenden wird daher überprüft, ob die Ziele des klientenzentrierten Ansatzes auch für die Ziele von Partnertherapie in Frage kommen können, anders ausgedrückt: ob das Veränderungskonzept der klientenzentrierten Psychotherapie auch eine Verbesserung von zwischenmenschlichen Beziehungen beinhaltet.

3.1.1. Das Veränderungskonzept der klientenzentrierten Psychotherapie

Ziel der klientenzentrierten Psychotherapie ist eine Veränderung der Beziehung des Klienten zu sich selbst in Richtung auf Selbstempathie, bedingungslose Selbstwertschätzung und Kongruenz. Diese veränderte Beziehung des Klienten zu sich selbst hat aber auch Auswirkungen auf seine Beziehung zu anderen.
In seiner Theorie der Therapie und der Persönlichkeitsveränderung faßt Rogers in einem letzten Punkt die *Ergebnisse* zusammen, die – auf-

grund des Vorliegens der »notwendigen und hinreichenden Bedingungen« (Rogers 1957) – auf dem Weg über den dadurch in Gang gesetzten Prozeß in Persönlichkeit und Verhalten auftreten (Rogers 1959, 218 f.). Basissatz ist (dem Vorrang der Veränderung der Beziehung des Klienten zu sich selbst entsprechend), daß der Klient jetzt kongruenter ist, d. h.: er ist offener gegenüber seinen Erfahrungen und zeigt weniger Verteidigungshaltungen. Diesen Basissatz konkretisiert Rogers in Hinblick auf verschiedene Bereiche des Verhaltens und Erlebens: Der Klient nimmt jetzt andere realistischer und genauer wahr, und – als Konsequenz seines geringeren Bedürfnisses, seine Wahrnehmungen von ihnen zu verzerren – akzeptiert er sie jetzt mehr.[12]

In der ausführlichen Fassung seiner Theorie der Persönlichkeit widmet Rogers dem Thema »Beziehung zu anderen« seine vorletzte These: »Wenn das Individuum all seine Körper- und Sinneserfahrungen wahrnimmt und in ein konsistentes und integriertes System aufnimmt, dann hat es daraus folgend mehr Verständnis für andere Personen und verhält sich diesen gegenüber akzeptierender« (Rogers 1976 a, 447). Rogers sieht darin bedeutende Implikationen, da dadurch eine Kettenreaktion ausgelöst werden kann: Die Person, die sich und die anderen voll akzeptiert und versteht, ermöglicht auch diesen anderen, zu mehr Selbstakzeptierung – und damit wieder zu größerer Akzeptierung anderer – zu gelangen usf. Die Kettenreaktion wird immer dann abgebrochen, wenn jemand die ihm entgegengebrachte Empathie und Wertschätzung nicht wahrnehmen kann.

Hinweise auf Veränderungen in zwischenmenschlichen Beziehungen als Folge einer Psychotherapie, in der die »notwendigen und hinreichenden Bedingungen« erfüllt sind, finden sich auch in Zusammenhang mit der Beschreibung der Phasen des therapeutischen Prozesses bzw. in Zusammenhang mit der »Prozeßgleichung« (Rogers 1958; 1970 b): Die Entwicklung geht von einem Zustand, in dem enge Beziehungen als gefährlich erlebt werden, in dem daher Angst davor besteht, sich auf Beziehungen einzulassen, zu einem Zustand, in dem Beziehungen zu anderen frei erlebt werden können, in dem die eigenen Gefühle dem anderen gegenüber ausgedrückt werden können, wo eine Beziehung auf der Grundlage der jeweiligen Gefühle gelebt werden kann.

Aus partnertherapeutischer Perspektive gelesen, heißt das: »Eigentliches« Ziel der klientenzentrierten Psychotherapie ist eine Veränderung der Beziehung des Klienten zu sich selbst. Als zwangsläufige Folge dieser veränderten Beziehung zu sich selbst nimmt er aber auch eine andere Beziehung zu anderen auf. Eine Veränderung in der Art der Beziehungsaufnahme zu anderen ist damit Teil des Veränderungskonzepts der klientenzentrierten Psychotherapie. Nach erfolgreicher Therapie ist der Klient »beziehungsfähiger«; er ist fähig, sich auf eine andere Beziehung zu sich *und* anderen einzulassen, indem er sich *und* andere realistischer und genauer wahrnimmt, seine Gefühle sich selbst *und* anderen besser zugänglich macht (d. h. in bezug auf die anderen: sie anderen besser mitteilt), sich *und* andere besser versteht und akzeptiert. Damit gelingt ihm aber vorläufig nicht mehr als ein anderes Beziehungs*angebot*.

Ändert einer der an einer Interaktion beteiligten Partner sein Beziehungsangebot, so bedeutet das zwar eine *Veränderung* der Beziehung, aber nicht unbedingt auch eine *Verbesserung* (in dem Sinn, daß die Beziehung nun für beide Partner befriedigend ist). Denn es bleibt vorerst offen, ob das andere Beziehungsangebot vom Partner auch *wahrgenommen* wird. Auf die Wahrnehmung des veränderten Beziehungsangebots durch den (daheimgebliebenen) Partner aber hat die klientenzentrierte Einzeltherapie keinen Einfluß (so lange nicht, solange dieser Partner nicht seinerseits in Therapie kommt). Rogers macht in seiner Theorie der Therapie nur die *Fähigkeit* des Klienten zur *Veränderung* der Beziehung zu anderen zum Thema, über eine *Verbesserung* von Beziehungen werden in dieser Theorie keine Aussagen gemacht.

Ob innerhalb des klientenzentrierten Ansatzes auch Therapien mit dem Ziel einer Verbesserung von Beziehungen möglich sind, wird nun anhand von zwei Fragen diskutiert: Was wird innerhalb des klientenzentrierten Ansatzes unter einer »guten Beziehung« verstanden? und: Wie stellt man sich die Entwicklung hin zu solchen »guten Beziehungen« vor? Diese Fragen werden auf der Basis der »Theorie der interpersonellen Beziehungen« beantwortet (3.1.2.). Die Antworten werden ergänzt durch Rogers' Ausführungen über die Bedingungen einer befriedigenden Partnerschaft (3.1.3.).

3.1.2. Die Theorie der interpersonellen Beziehungen

Die »Theorie der interpersonellen Beziehungen« (Rogers 1959, 235 ff.) ist formuliert in Hinblick auf eine Person X; Person Y wird gekennzeichnet als eine »Durchschnittsperson« – ein wenig fehlangepaßt, ein wenig inkongruent, ein wenig defensiv.

Von der Theorie der interpersonellen Beziehungen liegt bisher eine einzige deutsche Übersetzung vor (Bommert 1977, 42 ff.). In dieser Übersetzung sind aber Punkte herausgekürzt, die für meine theoretische Modellierung der klientenzentrierten Partnertherapie relevant sind. Daher greife ich zurück auf die Darstellung bei Rogers selbst. Die folgende Übersetzung ist so wörtlich, wie es notwendig ist, wenn Fehlinterpretationen vermieden werden sollen, so frei, wie es zur Steigerung der Verständlichkeit angebracht schien. Nur einige in Klammern gesetzte Erläuterungen wurden weggelassen.

»A. Die Bedingungen einer sich verschlechternden Beziehung

Unter folgenden Bedingungen wird eine Kommunikation eingeschränkt und eine Beziehung schlechter:

1. Y ist bereit, mit X in Kontakt zu sein und Mitteilungen von ihm aufzunehmen.
2. X möchte (wenigstens in einem minimalen Ausmaß) mit Y kommunizieren und in Kontakt sein.
3. Bei X besteht deutliche Inkongruenz zwischen den folgenden drei Elementen:
a) seiner Erfahrung über den Inhalt seiner Mitteilung an Y; (dabei ist es unwichtig, ob es sich bei dem Thema der Kommunikation um die Beziehung selbst oder um irgendein anderes Thema handelt;)
b) der Symbolisierung dieser Erfahrung in seinem Bewußtsein, in ihrer Beziehung zu seinem Selbstkonzept;
c) dem bewußt kommunizierten (verbalen und/oder nonverbalen) Ausdruck dieser Erfahrung.
Wenn die Inkongruenz im Widerspruch zwischen Erfahrung auf der einen Seite, Symbolisierung und Kommunikation der Erfahrung auf der anderen Seite besteht, bedeutet das, daß X in dieser Hinsicht psychologisch fehlangepaßt ist; dieser Widerspruch hat zunächst einmal persönliche Konsequenzen. Besteht die Inkongruenz in der Diskrepanz zwischen Erfahrung und Symbolisierung der Erfahrung auf der einen und Kommunikation der Erfahrung auf der anderen Seite, wird das als Täuschung empfunden; diese Inkongruenz wird unmittelbare soziale Konsequenzen haben.
Im Extrem wird eine vollständige oder fast vollständige Inkongruenz zwischen Erfahrung, Symbolisierung der Erfahrung und Kommunikation der Erfahrung bestehen. Dieses Extrem bildet den einen Endpunkt des Kontinuums.

B. Der Prozeß einer sich verschlechternden Beziehung

1. Die Kommunikation von X zu Y ist widersprüchlich und/oder mehrdeutig. Er drückt nämlich in seinem Verhalten zweierlei aus:
a) das, was mit seinem Bewußtsein der mitgeteilten Erfahrung übereinstimmt;
b) das, was mit jenen Aspekten der Erfahrung übereinstimmt, die in seinem Bewußtsein nicht genau symbolisiert sind.
2. Y erlebt diese Widersprüchlichkeiten und Mehrdeutigkeiten.
Da er dazu neigt, sich selbst wieder nur X's bewußter Kommunikation bewußt zu werden, kommt es auch bei ihm zu einer Inkongruenz zwischen der Erfahrung von X's Mitteilung und der Symbolisierung dieser Erfahrung im Bewußtsein, und auch diese Reaktion wird widersprüchlich und/oder mehrdeutig.
3. Da X verletzbar ist, neigt er dazu, Y's Reaktionen als potentiell bedrohlich wahrzunehmen.
Daher neigt er dazu, sie verzerrt wahrzunehmen, auf eine Art, die mit seiner eigenen Selbststruktur übereinstimmt, und nimmt so den inneren Bezugsrahmen von Y nicht genau wahr, ist nicht besonders empathisch Y gegenüber. Da er Y als potentielle Bedrohung erlebt, kann er außerdem keine bedingungslose Wertschätzung für ihn erleben.
4. Y merkt, daß er nicht bedingungslos akzeptiert wird.
5. Er merkt, daß er nicht ausreichend verstanden wird.
6. Je mehr Y das merkt, um so weniger frei kann er seine Gefühle ausdrücken, vor allem Gefühle, die sich auf ihn selbst beziehen, um so weniger realitätsadäquat werden wahrscheinlich seine Wahrnehmungen sein, um so weniger

wird er wahrscheinlich Inkongruenzen zwischen Selbst und Erfahrung ausdrücken, um so weniger wird er wahrscheinlich sein Selbstkonzept reorganisieren.
7. Da Y weniger von seinen Gefühlen ausdrückt, ist es noch unwahrscheinlicher, daß X den inneren Bezugsrahmen von Y genau wahrnimmt, und sowohl die Ungenauigkeit der Wahrnehmung als auch die Verzerrung der Wahrnehmung lassen Verteidigungsreaktionen von X wahrscheinlicher werden.
8. Vor allem dann, wenn X vorwiegend negative Gefühle mitteilt, kann es passieren, daß X jene Aspekte seiner Erfahrung, die er nicht genau in seinem Bewußtsein symbolisiert, aufgrund defensiver Wahrnehmungsverzerrung bei Y wahrnimmt.
9. In diesem Fall fühlt Y sich in dem Ausmaß bedroht, in dem diese Aspekte der Erfahrung in Bezug zu seinen eigenen Inkongruenzen stehen und verhält sich defensiv.

C. Das Ergebnis einer sich verschlechternden Beziehung

1. Zunehmende Verteidigungshaltung von X und Y.
2. Zunehmend oberflächliche Kommunikation.
3. Starrere Selbst- und Fremdwahrnehmung.
4. Die Inkongruenz zwischen Selbst und Ausdruck bleibt auf dem Status quo stehen oder nimmt zu.
5. Bei beiden Personen ist psychologische Fehlanpassung in gewissem Ausmaß begünstigt.
6. Die Beziehung wird als unbefriedigend erlebt.«

Die bisherigen Ausführungen sollen durch ein Beispiel anschaulich gemacht werden:
Wäre Herr A. kongruent, würde er folgendes erfahren: Wenn ich mich schon dafür entschieden habe, nicht Priester zu werden, sondern zu heiraten, dann möchte ich, daß meine Frau mir jetzt auch ständig zeigt, daß meine Entscheidung gut war. Das könnte ich glauben, wenn unser Sexualleben besser funktionieren würde. Ich bin von der Ehe enttäuscht und »muß« das wohl auch sein, weil ich mich noch immer mit Schuldgefühlen wegen meiner Entscheidung abplage.
Er kann sich aber die Tatsache, daß er von seiner Frau die Bestätigung dafür braucht, daß er sich richtig entschieden hat, nicht eingestehen – ebensowenig wie die Tatsache, daß er sich bestraft fühlt für seine Abwendung von der »Berufung«, denn sein Selbstkonzept sieht so aus, daß er unabhängig ist von anderen, und vor allem, daß er jemand ist, der aufgeklärt und fortschrittlich genug ist, um sich nicht von irgendwelchen Schuldgefühlen quälen zu lassen, die man ihm in seiner »kirchlichen Zeit« eingeimpft hat. Stattdessen teilt er seiner Frau mit: »Unsere Beziehung paßt mir nicht; sie wäre ja sonst okay – wenn du nur mehr Interesse an Sex hättest.« Dementsprechend konzentriert er sich darauf, für die Beziehung insofern etwas zu tun, als er seiner Frau die Lektüre von Masters und Johnson, dem Hite-Report usw. empfiehlt

– und drängt sie dadurch in die Rolle derjenigen, bei der »etwas nicht stimmt«.
Frau A. hat den Eindruck, daß ihrem Mann die augenblickliche Situation wahrscheinlich ohnehin ganz recht sei – ein Hinweis darauf, daß sie seine implizit ausgedrückte Botschaft (»Es darf ja eigentlich gar nicht sein, daß ich mich in meiner Ehe wohlfühle.«) richtig verstanden hat. Da sie selbst aber auch verletzbar ist (weil sie tatsächlich kein Bedürfnis nach einer sexuellen Beziehung zu ihrem Mann hat, aber »weiß«, daß sie dieses Bedürfnis haben sollte), beschäftigt sie sich in erster Linie mit den dauernden Aufforderungen ihres Mannes, etwas für ihre sexuellen Bedürfnisse zu tun. Sie greift ihren Mann ihrerseits an, indem sie seine schlechte Laune und Gereiztheit als Ursache für ihre mangelnden sexuellen Bedürfnisse angibt und indem sie »boykottiert«.
Herr A interpretiert das als Zeichen dafür, daß seine Frau ihn nicht mehr liebt. Er unterstellt ihr, daß sie ihn überhaupt mit falschen Verheißungen in die Ehe gelockt habe. *Neben* ihr könne er noch leben, *mit* ihr nicht mehr.
Frau A. findet die Situation so verfahren, daß sie nichts Positives mehr beitragen kann. Sie entzieht sich ihrem Mann immer mehr, sieht nur noch die negativen Seiten der Beziehung und spricht von Trennung.
Herr A. sieht seinerseits keine Möglichkeit der Verständigung mehr und betont, daß er sich ohnehin allein oder zusammen mit anderen (Frauen) oft viel wohler fühle als mit seiner Frau.
Beide drohen einander mit Trennung und unterstellen gleichzeitig dem anderen, daß er die Trennung will.
Die Beziehung wird als unbefriedigend erlebt.

»D. Die Bedingungen für eine sich verbessernde Beziehung

Für eine Ausweitung der Kommunikation und eine Verbesserung der Beziehung sind folgende Bedingungen notwendig:
1. Y' ist bereit, mit X' in Kontakt zu sein und Mitteilungen von ihm entgegenzunehmen.
2. X' möchte mit Y' kommunizieren und in Kontakt sein.
3. Bei X' besteht ein hohes Ausmaß an Kongruenz zwischen den folgenden drei Elementen:
a) seiner Erfahrung über den Inhalt seiner Kommunikation mit Y';
b) der Symbolisierung dieser Erfahrung im Bewußtsein, in ihrer Beziehung zu seinem Selbstkonzept;
c) seinem kommunizierten Ausdruck dieser Erfahrung.

E. Der Prozeß einer sich verbessernden Beziehung

1. Die Kommunikation von X' zu Y' ist gekennzeichnet durch Übereinstimmung von Erfahrung, Bewußtsein und Kommunikation.
2. Y' erlebt diese Kongruenz als klare Kommunikation. Daher wird auch er sich eher kongruent ausdrücken.

3. Da Y' kongruent ist und in dem Bereich, über den er kommuniziert, nicht verletzbar ist, ist er fähig, die Reaktion von Y' genau und realitätsadäquat wahrzunehmen, mit Einfühlung in den inneren Bezugsrahmen von Y'.
4. Y' fühlt sich verstanden, wodurch sein Bedürfnis nach Wertschätzung befriedigt wird.
5. X' erlebt, daß er Y' in positivem Sinn »etwas ausmacht«.
a) Daher wird X' seinerseits mehr Wertschätzung für Y' empfinden.
b) Da X' in dem Bereich, über den kommuniziert wird, nicht verletzbar ist, wird die Wertschätzung, die er für Y' fühlt, zur bedingungslosen Wertschätzung.
6. Y' erlebt sich in einer Beziehung, die – wenigstens im Bereich der Kommunikation – auf seiten von X' gekennzeichnet ist durch Kongruenz, einfühlendes Verstehen in den inneren Bezugsrahmen und bedingungslose Wertschätzung.
a) Daher sind – innerhalb der Grenzen des Gegenstandes der Kommunikation – alle Charakteristika des Therapieprozesses in Gang gesetzt.
b) Da Y' seine Verteidigungshaltungen in dieser Beziehung weniger braucht, nimmt das Bedürfnis nach Wahrnehmungsverzerrung ab.
c) Daher nimmt er die Mitteilungen von X' genauer wahr.
7. Daher wird die Kommunikation in beiden Richtungen zunehmend kongruenter, sie wird immer genauer wahrgenommen und enthält mehr gegenseitige Wertschätzung.

F. Ergebnisse einer sich verbessernden Beziehung

Wenn dieser Prozeß anhält, kann er zu denselben Ergebnissen führen wie eine Therapie (Rogers 1959, 218f). Grenzen können allerdings gesetzt sein durch die Dauer der Beziehung zwischen X' und Y' und durch wechselseitige Übereinkunft hinsichtlich des Bereichs der Beziehung (z. B. kann man darin übereinkommen, daß es nur eine Anwalt-Klient-Beziehung oder eine Lehrer-Schüler-Beziehung ist, und auf diese Art viele Ausdrucksbereiche ausschließen, wodurch auch das Ausmaß der Ergebnisse begrenzt wird). Innerhalb dieser Grenzen fördert die Beziehung die Kongruenz und die psychologische Anpassung von X' und Y'.

G. Versuch eines Gesetzes interpersoneller Beziehungen

Vorausgesetzt, es besteht ein Minimum an gegenseitiger Bereitschaft, miteinander in Kontakt zu sein und vom anderen Mitteilungen zu empfangen, kann man sagen: Je größer die mitgeteilte Kongruenz von Erfahrung, Bewußtsein und Verhalten auf der Seite *eines* Individuums ist, um so mehr wird die nachfolgende Beziehung zu wechselseitiger Kommunikation mit denselben Qualitäten tendieren, zu wechselseitigem genauen Verstehen der Mitteilungen, zu verbesserter psychologischer Anpassung auf beiden Seiten und zu beidseitiger Zufriedenheit mit der Beziehung.
Je größer umgekehrt die mitgeteilte Inkongruenz von Erfahrung, Bewußtsein und Verhalten ist, um so mehr wird die nachfolgende Beziehung weitere Kommunikation mit derselben Qualität aufweisen, weniger genaues Verstehen, verminderte psychologische Anpassung auf beiden Seiten und beidseitige Unzufriedenheit mit der Beziehung.«

Was für dieses »Gesetz« gilt, trifft im Grunde genommen auf die ganze Theorie der interpersonellen Beziehungen zu: sie sollte am besten als *Versuch* einer Theorie aufgefaßt werden. Rogers selbst betont, daß sie nur abgeleitet ist aus der Theorie der Therapie und daß die Hypothesenüberprüfung zu einem großen Teil noch aussteht. Immerhin würde die Erfahrung dafür sprechen, daß die Theorie zutrifft.
Die Vorläufigkeit der Theorie wird auch dadurch deutlich, daß eine ganze Reihe der in ihr enthaltenen Wenn-dann-Aussagen sehr vorsichtig formuliert ist: Es geht um *wahrscheinliche* Konsequenzen, um Ereignisse, die mit einer gewissen Plausibilität eintreten. Es wird also keineswegs behauptet, daß diese Ereignisse eintreten *müssen*. Sie *können* eintreten und sie werden es mit einer gewissen Wahrscheinlichkeit tun, die sich ihrerseits aus der (ebenfalls nicht-deterministischen) Geltung der Theorie der Therapie herleitet. Sicher ist es aber Rogers nicht gelungen, »seine psychotherapeutischen Vorstellungen in Hinblick auf die zwischenmenschlichen Beziehungen völlig klar auszuformulieren« (Pfeiffer 1980, 23).
Obwohl Rogers auch in Zusammenhang mit der Theorie der interpersonellen Beziehungen wieder darauf hinweist, daß er die therapeutische Beziehung nur als *ein* Beispiel für zwischenmenschliche Beziehungen überhaupt sieht, lassen sich doch gerade durch diese Theorie Mißverständnisse hinsichtlich einer angeblich in der klientenzentrierten Psychotherapie beabsichtigten (und von manchen klientenzentrierten Psychotherapeuten wohl auch tatsächlich propagierten) Übertragung der therapeutischen Beziehung auf alle Formen »guter« zwischenmenschlicher Beziehungen ausräumen.[13] Ganz abgesehen davon, daß es gar nicht immer möglich ist, eine Beziehung herzustellen, die Qualitäten einer therapeutischen Beziehung aufweist – es ist auch nicht immer zweckmäßig. Die Grenzen einer Beziehung können durch wechselseitige Übereinkunft abgesteckt werden (vgl. F), und das Ziel konstruktiver Veränderungen in Persönlichkeit und Verhalten kann sich beschränken auf den »Bereich der Kommunikation«.

»Bereich der Kommunikation« ist eingeführt hinsichtlich der Abgrenzung von jenen Bereichen, in denen Kongruenz, bedingungslose Wertschätzung und Empathie nicht gefordert sind, nämlich von jenen Bereichen, über welche die Partner nicht miteinander kommunizieren wollen. Die Umkehrung – daß bei allem, worüber kommuniziert wird, Kongruenz, bedingungslose Wertschätzung und Empathie nötig sind – ist *nicht* möglich.

Gegen eine Gleichsetzung von »guter« Beziehung und therapeutischer Beziehung spricht vor allem auch das Prinzip der Wechselseitigkeit, das Rogers in seiner »Theorie der interpersonellen Beziehungen« betont: Je weniger der eine Partner fähig ist, den anderen zu verstehen und bedingungslos zu akzeptieren, um so weniger wird auch dieser ihn verstehen und akzeptieren, je mehr sich der eine verstanden und akzeptiert fühlt,

um so eher kann er den anderen verstehen und akzeptieren. Und erst, wenn das Verständnis und die Wertschätzung wechselseitig sind, finden beide Partner die Beziehung befriedigend. Eine »normale« zwischenmenschliche Beziehung ist also nicht dann »gut«, wenn nur einer der beiden Partner dem anderen wertschätzend und empathisch (therapeutisch) begegnet, auch nicht dann, wenn sie rundum und durchgängig therapeutisch ist.
Solche Abgrenzungen sind auch und gerade für enge Beziehungen sinnvoll; zu oft wird Zwischenmenschliches bzw. Mitmenschliches mit Psychotherapeutischem vermischt oder gar gleichgesetzt (Biermann-Ratjen et al. 1980, 14; 1981, 45; zur Abgrenzung therapeutische Beziehung – »normale« Beziehung vgl. Biermann-Ratjen et al. 1979, 12f.).

3.1.3. Bedingungen einer befriedigenden Partnerschaft

Die Ausführungen über die »gute Beziehung« aus klientenzentrierter Sicht wäre unvollständig ohne die Berücksichtigung von Rogers' »Partnerschule« (1975), auch wenn das Buch nicht unbedingt neue Aspekte aufzeigt. Der Wert dieses Buches liegt wohl eher darin, daß Rogers hier seine theoretischen Grundannahmen aufbereitet hat für ein breiteres Leserpublikum.
Der Titel »Partnerschule« dürfte eine Art Zugeständnis an die »deutsche Szene« sein. Der Originaltitel ist unmißverständlicher: »Becoming Partners: Marriage and its Alternatives« (Rogers 1972). Ein Hauptanliegen von Rogers mit diesem Buch ist es nämlich, zu dem Bewußtsein hinzuführen, daß »jede Form von Partnerschaft, zu der sich erwachsene Menschen bereit finden, erlaubt ist, vorausgesetzt, diese Partnerschaft fügt keiner anderen Person ein Unrecht zu« (Rogers 1975, 180).
Aus einer Reihe von Erfahrungsbereichten über Partnerschaften filtert Rogers vier Bedingungen heraus, die seiner Meinung nach den Ausschlag geben dafür, ob eine Beziehung für die Partner bedeutungsvoll und vermutlich (!) auch dauerhaft sein wird. Rogers beschreibt also nicht die »gelungene« Partnerschaft, sondern nennt Voraussetzungen für befriedigende Beziehungen; wie solche Beziehungen im einzelnen aussehen, läßt sich nicht generell festlegen.
1. *Hingabe und Verpflichtung* sind nach Rogers in dem Moment fragwürdig, wo sie zu einer Unterdrückung des Selbst führen zugunsten einer »noblen« Aufopferung für den anderen oder für die Beziehung, die Institution Ehe.
Statt dessen könnte die Verpflichtung folgendermaßen aussehen: »Wir beide verpflichten uns zu gemeinsamer Arbeit an dem wechselnden Prozeß unserer derzeitigen Beziehung, weil diese Beziehung unsere Liebe und unser Leben bereichert und wir möchten, daß sie wächst« (Rogers 1975, 172). – Wichtig dabei ist, daß jeder Partner diese Ver-

pflichtung *für sich* eingeht; die Arbeit an der Beziehung allerdings, die sich aus dieser Verpflichtung ergibt, muß *gemeinsam* geleistet werden.
2. Die *Kommunikation,* die eine Partnerschaft gelingen läßt, ist eine ganz bestimmte Art von Kommunikation: »Ich will den Versuch riskieren, meinem Partner jedes positive und negative Gefühl soweit mitzuteilen, wie ich selbst es in mir verstehe als lebendigen und gegenwärtigen Teil meines Ich. Ich will ferner versuchen, seine oder ihre Reaktion mit aller mir zur Verfügung stehenden Einfühlungskraft zu verstehen, gleichgültig, ob diese Reaktion anklagend und kritisch oder teilend und selbstdarstellend ist« (Rogers 1975, 174).[14]
Einen besonderen Vorzug dieser Art von Kommunikation sieht Rogers darin, daß *ein* Partner den Ball ins Rollen bringen kann. Damit ist jedoch die Entwicklung der Partnerschaft noch nicht garantiert, denn »wenn die Kommunikation ständig einseitig bleibt, dann verschlechtern sich die Aussichten auf Entwicklung und Wachsen« (Rogers 1975, 174).
3. Die *Auseinandersetzung mit den Rollenerwartungen der sozialen Umgebung* ist deshalb notwendig, weil es dem Prozeß einer sich verändernden und sich entwickelnden Beziehung schadet, wenn man diesen Erwartungen entsprechend lebt, ohne daß sie mit den eigenen Bedürfnissen übereinstimmen. Nicht die Wünsche, Vorschriften und Erwartungen der anderen sollen die Gestaltung einer Partnerschaft prägen, sondern die eigenen Empfindungen.
4. Schließlich ist Rogers überzeugt davon, »daß die Partnerschaft reicher und besser wird, wenn jeder Partner in zunehmendem Maße er selbst wird« (Rogers 1975, 175). Nicht ein Auf-den-anderen-Bezogensein läßt die Partnerschaft wachsen, sondern ein *Auf-sich-selbst-Bezogensein* – in dem Sinn, daß man sich bemüht, sich selbst zu verstehen und zu akzeptieren. Je eigenständiger zwei Partner sind, je stärker sie »in der freien Entfaltung ihrer eigenen Erlebnisse auf sich zentriert« sind (Binder & Binder 1979, 198), um so größer ist die *Chance,* daß sie eine befriedigende Beziehung führen können.

3.1.4. Folgerung

Die Ausgangsfrage dieses Unterkapitels – »Deckt der klientenzentrierte Ansatz auch den Bereich der Partnertherapie ab?« – läßt sich nun beantworten:
In Rogers' *Theorie der Therapie* (Rogers 1959, 212 ff.) ist die *Veränderung* zwischenmenschlicher Beziehungen als Ziel mitenthalten, in Hinblick auf das partnertherapeutische Ziel einer Verbesserung der Beziehung greift diese Theorie aber zu kurz. Denn sie konzentriert sich eben auf die Schaffung der Voraussetzungen für eine realitätsadäquate, kongruente Wirklichkeitsverarbeitung und -auseinandersetzung beim einzelnen Individuum; Teil einer solchen Auseinandersetzung mit der

Wirklichkeit ist auch der Aufbau »voll funktionierender« Beziehungen. Wie jedoch, ausgehend von den Voraussetzungen im Individuum, die Entwicklung hin zu solchen »guten Beziehungen« konkret zu denken ist, das ist nicht Gegenstand der Theorie der Therapie, sondern der *Theorie der interpersonellen Beziehungen.* Eine Spezifizierung von zusätzlichen Bedingungen, die innerhalb der klientenzentrierten Psychotherapie über die Einzeltherapie eines individuellen Klienten hinaus in Richtung auf eine Partnertherapie zu realisieren sind, ist daher nur von der Theorie der interpersonellen Beziehungen zu erwarten. Die theoretische Grundlegung der klientenzentrierten Partnertherapie muß daher die Verbindung (Integration) der beiden genannten Theorien versuchen, die gleichzeitig die Berücksichtigung der Beziehung zwischen Therapeut und Klient einerseits sowie zwischen zwei (Alltags-) Partnern andererseits ermöglicht. Dieses Nebeneinander von therapeutischer Beziehung und Alltagsbeziehung entspricht dem Setting der »eigentlichen« Partnertherapie. Die Entscheidung für eine Integration der Theorie der Therapie mit der Theorie der interpersonellen Beziehungen bedeutet also gleichzeitig eine Entscheidung für das Setting der »eigentlichen« Partnertherapie.

Im folgenden wird daher als Kernstück der theoretischen Explikation die Integration der beiden genannten Theorien von Rogers vorgelegt: Dabei werden die Postulate/Sätze der oben dargestellten Theorien zunächst einmal einfach kombiniert und für diese Kombination soweit als möglich unverändert übernommen. Durch die gleichzeitige Behauptung dieser Sätze ergeben sich allerdings Konsequenzen, die durchaus über eine rein additive Kombination der Theorie hinausgehen: Es werden Spezifizierungen der Merkmale, Voraussetzungen und Bedingungen von Therapie möglich, die eindeutig Erweiterungen im Vergleich zur klientenzentrierten Einzeltherapie darstellen. Insoweit geht das im folgenden Abschnitt umrissene Modell der klientenzentrierten Partnertherapie auch über den ursprünglichen Ansatz von Rogers hinaus; die damit von mir vorgeschlagene Weiterentwicklung des klientenzentrierten Ansatzes wahrt allerdings durch den Rückgriff auf die Formulierungen von Rogers selbst durchwegs die theoretische Kohärenz zu seinen Postulaten. Auf diese Weise hoffe ich, einen möglichst differenzierten und konkreten sowie zugleich theoretischen Entwurf der klientenzentrierten Partnertherapie vorzulegen.

3.2. *Die theoretische Modellierung*

Die bewußt vorsichtige Formulierung »theoretische Modellierung« entspricht der Situation von Partnertherapie im allgemeinen, der Situation der klientenzentrierten Partnertherapie im besonderen.

Das gesamte Gebiet der Partnertherapie ist durch Theorielosigkeit (manchmal vielleicht auch: Theoriefeindlichkeit) gekennzeichnet (Manus 1966; Olson 1970); die Hoffnung auf »richtige« partnertherapeutische Theorien läßt sich daher in nächster Zukunft bestimmt nicht einlösen. Zu erwarten ist günstigstenfalls eine verstärkte *Suche* nach Theorien oder ein *Entwurf* von Theorien. Dieses Sich-an-eine-mögliche-Theorie-Herantasten, das Entwerfen, das Vorläufige, Nicht-Abgeschlossene soll durch den Begriff der »theoretischen Modellierung« ausgedrückt werden. Gleichzeitig möchte ich damit auf den Entwicklungsstand der Theorie der klientenzentrierten Psychotherapie hinweisen (Bommert 1977, 46 ff.; Grunwald 1976, 101 ff.; R. Krause 1976). Rogers' Großzügigkeit im Umgang mit dem Theorie-Begriff soll hier nicht übernommen werden – auch wenn die »theoretische Modellierung« der klientenzentrierten Partnertherapie aufbaut auf Rogers' »Theorie der Therapie« und seiner »Theorie der interpersonellen Beziehungen«. Die »Theorien« selbst werden aber bewußt unverfälscht übernommen; es interessiert ja zunächst die Frage, ob der klientenzentrierte Ansatz *so, wie er ist,* für die Situation der Partnertherapie ausreicht. Externe Kritik wird daher vorläufig zur Seite gestellt. Da der Begriff »theoretische Modellierung« etwas »sperrig« ist, wird im folgenden trotzdem öfter von der »Theorie« der klientenzentrierten Partnertherapie die Rede sein. Die Anführungszeichen sollen betonen, daß damit nicht der Anspruch erhoben wird, eine Theorie im eigentlichen Sinn vorzulegen.

Es wird also dezidiert nicht versucht, z. B. eine Hierarchie von Hypothesen auszuarbeiten, in der eindeutige stringente Ableitungsrelationen vorliegen; diesem Anspruch kann und will schon Rogers' »Theorie der Therapie« nicht genügen, und dementsprechend verfolgt die im weiteren ausgearbeitete, maximal eng auf Rogers' »Theorie« aufbauende Modellierung der klientenzentrierten Partnertherapie ebenfalls nicht einen solchen Anspruch. Außerdem werden noch zwei weitere Charakteristika bzw. Zielideen, die wissenschaftstheoretisch häufig mit dem Begriff »Theorie« verbunden werden, explizit nicht erfüllt: Zunächst einmal sind schon in der »Theorie der Therapie« Postulate aufgestellt, die ganz bewußt nicht Gesetzmäßigkeiten mit Erklärungskraft darstellen; Rogers lehnt die Anforderung der Erklärungsleistung für eine solche praktisch-technologische Therapie-Theorie programmatisch ab (1959, 217) und nimmt dadurch im übrigen Aspekte der neueren wissenschaftstheoretischen Diskussionen zum Status von Technologien und Technologie-Theorien – Westmeyer 1978; Scheele 1982 – intuitiv vorweg). Zum zweiten enthält die »Theorie der Therapie« auch nicht an zentraler Stelle Annahmen, die im Sinne einer möglichst kontrollierten empirischen (z. B. experimentellen) Überprüfung gut bewährt sind, wie dies für »Theorien« normalerweise gefordert wird (Groeben & Westmeyer 1975, 59 ff., 80 ff.; Prim & Tilmann 1973, 82 ff.); auch dies hat Rogers von vornherein explizit und programmatisch konstatiert (1959, 247). Dementsprechend ist schon die Rogers'sche »Theorie der Therapie« mehr eine Zusammenstellung von Postulaten über in der klientenzentrierten Psychotherapie relativ regelhaft ablaufende Prozesse – also Postulaten, für die keine explizite und stringente Erklärungsstruktur und auch keine (im engeren empiristischen Sinn) kontrolliert überprüfte Realgeltung behauptet werden kann und soll, die aber trotzdem nach den Erfahrungen innerhalb therapeutischer Praxis brauchbar sind; dem entspricht der weite Erfahrungsbegriff, wie er von Rogers angesetzt wird und unter den durchaus auch die Beobachtungen in der klientenzentrierten Praxis fallen (was sich wiederum durch die neuere wissenschaftstheoretische Diskussion zur Überprüfung von sogenannten nomopragmatischen Aussagen oder technologischen Regeln – Westmeyer 1977 – als äußerst berechtigt erwiesen hat). Diese wissenschaftstheoretische Charakterisierung der »Theorie der Therapie« gilt konsequenterweise auch für die im folgenden vorgelegte »theoretische Modellierung« der klientenzentrierten Partnertherapie. Daraus folgt u. a. auch, daß zur Verdeutlichtung der Bewährung dieser »Theorie« im Sinne der Brauchbarkeit im weiteren keine experimentellen oder quasiexperimentellen Überprüfungsversuche und -ergebnisse dargestellt werden können und sollen (weder eigene noch fremde in sammelreferatartiger Zusammenfassung); vielmehr werden nach der theoretischen Explikation des Modells in diesem Kapitel zur Verdeutlichung der klinischen Bewährung (im Kapitel 4.) für einzelne Konzepte und Probleme Veranschaulichungen aus der klinischen Praxis sowie (im Kapitel 5.) Demonstrationen der Brauchbarkeit an (zwei) Fallbeispielen gegeben.

Bei der Darstellung der »Theorie« der klientenzentrierten Partnertherapie folge ich dem Schema, das Rogers der Darstellung seiner »Theorie der Therapie« zugrundegelegt hat (Rogers 1959, 212ff.); *Änderungen und Ergänzungen* werden im Anschluß an die einzelnen Abschnitte der »Theorie« kommentiert.
Die folgenden Ausführungen gelten für das Setting »zwei Klienten – ein Therapeut«. Die beiden Klienten stehen auch außerhalb der Therapiesituation miteinander in (enger) Beziehung.

A. *Bedingungen für den Prozeß der klientenzentrierten Psychotherapie mit Paaren*

1. Zwei Partner (X und Y) sind in psychologischem Kontakt mit einem Therapeuten.
2. X und Y möchten (wenigstens in einem minimalen Ausmaß) miteinander in Kontakt sein und kommunizieren.
3. Sowohl X als auch Y sind in einem Zustand der Inkongruenz, verletzbar oder ängstlich.
4. Die Inkongruenzen von X und Y haben Auswirkungen auf die Beziehung zwischen X und Y:
a) Die Kommunikation zwischen X und Y ist widersprüchlich und/oder mehrdeutig bzw. oberflächlich. Beide erleben diese Widersprüchlichkeiten und/oder Mehrdeutigkeiten bzw. Oberflächlichkeit.
b) Da X und Y verletzbar sind, nehmen sie sich gegenseitig als potentiell bedrohlich wahr.
c) Daher nehmen sie einander in verzerrter Weise wahr.

d) Sie können daher auch den inneren Bezugsrahmen des anderen nicht genau wahrnehmen, was bedeutet, daß sie nicht fähig sind, einander einfühlend zu verstehen. Beide merken, daß sie vom anderen nicht genau verstanden werden.
e) Da sie sich gegenseitig als potentiell bedrohlich wahrnehmen, können sie einander nicht bedingungslos wertschätzen. Beide merken, daß sie vom anderen nicht bedingungslos akzeptiert werden.
f) Je mehr X und Y merken, daß sie vom anderen nicht genau verstanden und nicht bedingungslos akzeptiert werden, um so weniger werden sie ihre (auf die eigene Person gerichteten) Gefühle ausdrücken, um so weniger können sie den inneren Bezugsrahmen des anderen genau wahrnehmen, und sowohl die Ungenauigkeit der Wahrnehmung als auch die Verzerrung der Wahrnehmung lassen Verteidigungsverhalten von X und Y wahrscheinlicher werden.
g) Vor allem dann, wenn X und Y einander vorwiegend negative Gefühle mitteilen, kann es passieren, daß sie jene Aspekte der Erfahrung, die sie nicht genau in ihrem Bewußtsein symbolisieren, aufgrund defensiver Wahrnehmungsverzerrung beim anderen wahrnehmen.
h) In diesem Fall fühlen sie sich voneinander in dem Ausmaß bedroht, in dem diese Aspekte der Erfahrung in Beziehung zu ihren eigenen Inkongruenzen stehen, und sie verhalten sich defensiv.
i) Je weiter dieser Prozeß fortschreitet, um so mehr nimmt die Verteidigungshaltung von X und Y zu, um so oberflächlicher wird die Kommunikation zwischen X und Y, um so starrer nehmen X und Y sich selbst und den anderen wahr, um so wahrscheinlicher wird es, daß sowohl bei X als auch bei Y die Inkongruenz zwischen Selbst und Erfahrung zunimmt.
k) Sowohl X als auch Y erleben die Beziehung als unbefriedigend.
5. Der Therapeut ist sowohl in der Beziehung zu X als auch in der Beziehung zu Y kongruent.
6. Der Therapeut erlebt sowohl gegenüber X als auch gegenüber Y bedingungslose Wertschätzung.
7. Der Therapeut erfährt durch sein einfühlendes Verstehen sowohl den inneren Bezugsrahmen von X als auch den inneren Bezugsrahmen von Y.
8. Sowohl X als auch Y nehmen die bedingungslose Wertschätzung und das einfühlende Verstehen des Therapeuten zumindest in Ansätzen an.

Kommentar

Die Bedingungen für den Prozeß der klientenzentrierten Psychotherapie mit Paaren wurden formuliert in Anlehnung an die Bedingungen für den therapeutischen Prozeß, wie Rogers sie in seiner Theorie der Therapie beschreibt. Die sechs »notwendigen und hinreichenden

Bedingungen« *jeder* Form von konstruktiver Persönlichkeitsveränderung sind berücksichtigt in den Sätzen A1, A3, A5, A6, A7 und A8. Diese sechs Bedingungen wurden hier in Hinblick auf das andere Setting und die anderen Ziele von Partnertherapie modifiziert. Obwohl diese Modifizierungen auf den ersten Blick sehr einfach aussehen, so sind damit doch ganz erhebliche Konsequenzen verbunden.

Der Therapeut muß sein Beziehungsangebot *zwei* Klienten machen, und diese Erweiterung auf zwei Klienten bedeutet u. U. gleichzeitig eine Einengung: »Bedingungslose Wertschätzung« heißt ein Sich-Sorgen um den Klienten auf eine Weise, die diesen eine *eigenständige* Person sein läßt, mit eigenen Gefühlen und eigenen Erfahrungen; die Grenzen, welche die Klienten gegenüber ihrem Partner zur Erhaltung oder Gewinnung ihrer Eigenständigkeit brauchen, sind also vom Therapeuten zu respektieren.[15] Und »einfühlendes Verstehen« bedeutet, den inneren Bezugsrahmen des anderen genau wahrzunehmen, einschließlich der dazugehörigen gefühlsmäßigen Komponenten und Bedeutungen; der Therapeut muß auf diesem Weg also auch erfassen, daß es für die Klienten möglicherweise schwierig sein kann, bestimmte Bereiche in Anwesenheit des Partners anzusprechen.

Daß die therapeutische Beziehung zwischen dem Therapeuten und jedem der beiden Partner *getrennt* hergestellt werden muß, ist aus den Sätzen A1, A5, A6, A7 und A8 ablesbar. Die Notwendigkeit von zwei getrennten therapeutischen Beziehungen (zwischen dem Therapeuten und dem Partner X einerseits, dem Therapeuten und dem Partner Y andererseits) ergibt sich wieder aus der Definition der drei therapeutischen »Kernbedingungen«; sowohl die Kongruenz des Therapeuten als auch sein einfühlendes Verstehen und seine bedingungslose Wertschätzung lassen sich nur bestimmen in Hinblick auf einen ganz bestimmten Kontakt mit einer konkreten anderen (eigenständigen!) Person. Sie ergibt sich weiter aus der Tatsache, daß das therapeutische Beziehungsangebot erst wirksam wird, wenn es von einem Gegenüber wahrgenommen und zumindest ansatzweise angenommen wird; erst wenn das Beziehungsangebot den Klienten *erreicht*, kann der therapeutische Prozeß in Gang gesetzt werden (Rogers 1957, 99; 1959, 213).

Über diese Modifizierung der »notwendigen und hinreichenden Bedingungen« hinaus werden aber für die Partnertherapie zwei weitere Bedingungen eingeführt. Es sind Bedingungen, die zwar nicht für das Ziel konstruktiver Persönlichkeitsveränderungen notwendig sind, die aber notwendig sind für das Ziel einer »Verbesserung der Beziehung«. Dieses Ziel ist in einer Psychotherapie sinnvollerweise nur dann anzustreben, wenn beide Partner überhaupt noch miteinander kommunizieren wollen (Satz A2) und wenn die Inkongruenzen der beiden Klienten sich wirklich auf ihre Beziehung zueinander auswirken (Satz A4).

Satz A4 ist übrigens eher eine Konkretisierung einer der sechs Grundbedingungen als eine Zusatzbedingung. Er führt aus, wie sich die

Inkongruenzen von X und Y in der Beziehung zwischen X und Y äußern. Damit ist nur *eine* der möglichen Äußerungsformen von Inkongruenz beschrieben. Selbstverständlich können auch noch andere Inkongruenzen vorliegen, und die Inkongruenzen können sich im übrigen bei X und Y auch sehr unterschiedlich äußern. Inkongruenzen, die sich auf die in Satz A4 beschriebene Weise äußern, aber *müssen* vorliegen, wenn eine Partnertherapie durchgeführt werden soll. Vor allem durch diese Forderung nach ganz *bestimmten* Inkongruenzen läßt sich die Indikation zur klientenzentrierten Partnertherapie von der Indikation zur klientenzentrierten Einzeltherapie abgrenzen.
Satz A4 stammt (genauso wie Satz A2) aus der Theorie der interpersonellen Beziehungen. Er faßt Sätze aus dem »Prozeß einer sich verschlechternden Beziehung« und aus dem »Ergebnis einer sich verschlechternden Beziehung« zusammen. Diese Verbindung von Rogers' Theorie der Therapie mit seiner Theorie der interpersonellen Beziehungen ist deshalb möglich, weil Inkongruenzen den Betroffenen u. a. auch in seiner Beziehung zu anderen beeinträchtigen können. Jemand, der inkongruent ist, hat wenig Bereitschaft, sich selbst mitzuteilen – Kommunikation erfolgt nur bzw. vorwiegend über Äußerlichkeiten –, und er sieht enge Beziehungen als gefährlich an (Rogers 1958, 143). Genau diese Oberflächlichkeit der Kommunikation und dieses Den-anderen-als-bedrohlich-Wahrnehmen ist in den Ausführungen zu Prozeß und Ergebnis einer sich verschlechternden Beziehung festgehalten – unter Einschluß der damit verbundenen weiteren Konsequenzen.
In den Untersätzen von Satz A4 wird nicht nur hervorgehoben, daß sowohl X als auch Y die Auswirkungen ihrer Inkongruenzen auf ihre Beziehungen zueinander *merken,* es wird auch deutlich, daß sie nicht (oder nicht nur) sich selbst für die unbefriedigende Beziehung verantwortlich machen, sondern auch (oder vor allem) den Partner. Beide merken jedenfalls, daß der *andere* sie nicht genau versteht und nicht bedingungslos akzeptiert (Satz A4d–f). Die mit der unterschwelligen Wahrnehmung der Inkongruenz verbundene Bedrohung des eigenen Selbst (Rogers 1959, 203f.) wird festgemacht am Partner und dadurch konkreter: Der *Partner* ist es, der bedrohlich ist. Das Unbehagen bzw. die Spannung, die für eine – in Ansätzen erfahrene – Inkongruenz kennzeichnend sind, werden definierbar: Die *Beziehung* ist es, in der man sich unbehaglich fühlt.
Während es nach Rogers für das Ingangkommen des therapeutischen Prozesses ausreicht, wenn der Klient nur verletzbar ist, sich seiner Inkongruenz also nicht bewußt ist (vgl. Rogers 1959, 204)[16], wird also in bezug auf die Partnertherapie die – zumindest unterschwellige – Wahrnehmung der Inkongruenz vorausgesetzt. Die Klienten erleben die Bedrohung in der Beziehung zueinander: indem sie sich von ihrem Partner zu wenig verstanden und zu wenig akzeptiert fühlen. (Dieses Gefühl äußert sich z. B. im defensiven Verhalten der Partner).

Da die Verbesserung einer Beziehung nach Rogers auch innerhalb einer »normalen« zwischenmenschlichen Beziehung erreicht werden kann, abschließend noch ein paar Bemerkungen dazu, warum hier das Bemühen um die Verbesserung der Beziehung doch in die Situation einer Psychotherapie verlegt wurde:
Dadurch, daß der für eine Verbesserung der Beziehung notwendige therapeutische Prozeß durch einen außenstehenden Dritten eingeleitet wird, ist die für eine »gute Beziehung« charakteristische Wechselseitigkeit zwischen den beiden Partnern von vornherein besser gewährleistet. Während die Theorie der interpersonellen Beziehungen formuliert ist in Hinblick auf *einen* Partner, ist die »Theorie« der klientenzentrierten Partnertherapie in Hinblick auf *beide* Partner formuliert. Wer Therapeut ist und wer Klient, ist klar definiert. Selbst wenn einer der beiden Partner »weiter« ist als der andere, muß er nicht zum (Quasi-) Therapeuten seines Partners werden. Darüber hinaus hat die Übernahme der Therapeutenrolle durch einen Dritten (im Regelfall durch einen professionellen Therapeuten) den Vorteil, daß die therapeutischen Bedingungen wahrscheinlich in größerem Ausmaß und über einen längeren Zeitraum verwirklicht werden, als es in einer Alltagsbeziehung zu erwarten wäre. Daher sind in einer therapeutischen Beziehung mehr und ausgeprägtere Persönlichkeitsveränderungen möglich als in einer »normalen« Alltagsbeziehung (Rogers 1975, 100 f.). Das Ziel einer Verbesserung der Beziehung aber wird nur auf dem Weg über konstruktive Persönlichkeitsveränderungen beider Partner erreicht.

B. Der Prozeß der klientenzentrierten Psychotherapie mit Paaren

Bei Bestehen und Fortdauer der therapeutischen Beziehung und des Kontakts zwischen X und Y wird der Prozeß, wie er für eine (Einzel-) Therapie charakteristisch ist, für beide Klienten in bestimmtem Ausmaß in Gang gesetzt – zumindest in dem Bereich, über den X und Y miteinander kommunizieren:
1. Sowohl X als auch Y differenzieren und unterscheiden in zunehmendem Maße die Objekte ihrer Gefühle und Wahrnehmungen: ihre Umgebung, andere Personen, ihr Selbst, ihre Erfahrungen und die wechselseitigen Beziehungen zwischen diesen Objekten. Die Rigidität ihrer Wahrnehmungen nimmt ab zugunsten größerer Realitätsangemessenheit oder, anders gesagt, ihre Erfahrungen werden genauer symbolisiert.
2. Sowohl X als auch Y erleben Gefühle, die früher vor dem Bewußtsein geleugnet oder im Bewußtsein verzerrt wurden, voll und bewußt.
3. Ihre Selbstkonzepte werden reorganisiert, um die Erfahrungen aufzunehmen und einzuschließen, die vorher im Bewußtsein verzerrt oder verleugnet wurden.
4. Wenn diese Reorganisation der Selbststruktur fortgesetzt wird,

werden ihre Selbstkonzepte zunehmend kongruenter mit ihrer Erfahrung; das Selbst schließt nun Erfahrungen ein, die vorher zu bedrohlich waren, um ins Bewußtsein zu kommen. Damit verbunden ist die Tendenz, weniger Wahrnehmungen zu verzerren oder zu verleugnen, da es weniger Erfahrungen gibt, die bedrohlich sein können. In anderen Worten: Die Verteidigungshaltung wird schwächer.

5. Sowohl X als auch Y fühlen zunehmend mehr bedingungslose Selbstwertschätzung.
6. Sie reagieren auf Erfahrungen weniger aufgrund von Werthaltungen und mehr aufgrund des organismischen Bewertungsprozesses.

Kommentar

Aus den Elementen, die Rogers als charakteristisch für den therapeutischen Prozeß anführt, wurden hier nur die *notwendigen* Prozeßelemente ausgewählt (Rogers 1959, 216). Sie reichen aus, um zu zeigen, daß die Veränderungen des Klienten in der klientenzentrierten Psychotherapie in Richtung auf bedingungslose Selbstwertschätzung, Kongruenz und Kennen der eigenen subjektiven Welt (»Selbstempathie«) geht.

Damit scheint der Bezug zu Teil A der »Theorie« der klientenzentrierten Partnertherapie verloren zu sein; die Konzentration liegt eindeutig auf der Veränderung der Beziehung der Klienten zu sich selbst. Daß damit auch Auswirkungen auf die Beziehung zu anderen zu erwarten sind, wird nur einmal (bei Satz B 1) direkt angesprochen. Trotzdem ist Teil B für die Erreichung des Zieles einer Verbesserung der Beziehung notwendig. Der hier beschriebene Prozeß muß *immer* ablaufen, wenn Inkongruenzen aufgehoben werden sollen, ganz egal, wie und worin sich diese Inkongruenzen äußern, und egal, wie und worin sich die Aufhebung dieser Inkongruenzen letztendlich äußern soll.

Abänderungen gegenüber der Einzeltherapie ergeben sich aus dem Setting: Der therapeutische Prozeß muß bei X *und* bei Y in Gang gebracht werden, wenn die Partnertherapie Erfolg haben soll. Und es muß damit gerechnet werden, daß die angestrebten Persönlichkeitsveränderungen in einem geringeren Ausmaß und in weniger Bereichen erfolgen als in einer Therapie, in welcher der Klient mit seinem Therapeuten allein ist; der therapeutische Prozeß wird nur *»in bestimmtem Ausmaß«* in Gang gesetzt.

C. Die Auswirkungen der klientenzentrierten Psychotherapie mit Paaren auf die Beziehung der beiden Klienten zueinander

Wenn X und Y kongruenter geworden sind, offener gegenüber ihren Erfahrungen und weniger defensiv (Teil B), hat das auch Auswirkungen auf ihre Beziehung zueinander:

1. Bei X und Y stimmen Erfahrung, Symbolisierung der Erfahrung im

Bewußtsein und Kommunikation überein; diese Kongruenz wird als klare Kommunikation erlebt.

2. X und Y sind in dem Bereich, über den sie miteinander kommunizieren, nicht mehr verletzbar.
3. Daher nehmen sie einander genau und realitätsadäquat wahr.
4. Sie können daher auch den inneren Bezugsrahmen des anderen richtig wahrnehmen, was bedeutet, daß sie jetzt fähig sind, einander einfühlend zu verstehen.
5. Sowohl X als auch Y fühlen sich verstanden, wodurch ihr Bedürfnis nach Wertschätzung befriedigt ist. Sie können nun einander bedingungslos wertschätzen.
6. X und Y erleben sich in einer Beziehung, die – wenigstens innerhalb der Grenzen der Kommunikation – gekennzeichnet ist durch Kongruenz auf beiden Seiten, durch gegenseitiges einfühlendes Verstehen in den inneren Bezugsrahmen des anderen und durch bedingungslose gegenseitige Wertschätzung.

Kommentar

Durch den Einleitungssatz von Abschnitt C, der die zentrale Aussage von Rogers zu den Ergebnissen der Psychotherapie darstellt (Rogers 1959, 218), wird ausgedrückt, daß die Ergebnisse der Therapie bei der Psychotherapie mit Paaren die gleichen sind wie bei einer Psychotherapie mit einem einzelnen Klienten – mit Ausnahme natürlich der Tatsache, daß diese Ergebnisse hier bei *zwei* Klienten bewirkt werden.
Die spezifischen Auswirkungen auf die Beziehung der beiden Partner, die gemeinsam in klientenzentrierter Psychotherapie waren, sind nur Ableitungen aus dieser einen zentralen Aussage. Es sind jene Ableitungen, die sich auf Satz A4 beziehen. Auch wenn der Prozeß der Partnertherapie noch zu weiteren Ergebnissen in Persönlichkeit und Verhalten der beiden Klienten führen sollte (da der gleiche Prozeß abläuft wie in einer Einzeltherapie, ist das zu erwarten) – die in Teil C beschriebenen Auswirkungen *müssen* vorliegen, damit man von einer erfolgreichen Partnertherapie sprechen kann. Wie Satz A4 stammen auch die Sätze C1–C6 aus der Theorie der interpersonellen Beziehungen; sie wurden formuliert auf der Basis von Rogers' Ausführungen zum Prozeß einer sich verbessernden Beziehung (Rogers 1959, 239f.). Gleichzeitig sind sie eine Konkretisierung der Sätze 11 und 12 aus dem letzten Teil der Theorie der Therapie, den »Ergebnissen in Persönlichkeit und Verhalten« (Rogers 1959, 218). Schon allein darin zeigt sich die Künstlichkeit der Trennung zwischen »Prozeß« und »Ergebnissen«[17]: Der Prozeß der Partnertherapie führt als ein *Ergebnis* zum *Prozeß* einer sich verbessernden Beziehung, und bei Fortdauer des Prozesses einer sich verbessernden Beziehung können – innerhalb bestimmter Grenzen – alle durch eine Therapie erreichbaren Ergebnisse erzielt werden. Für die

Partnertherapie läßt sich die Trennung zwischen Prozeß und »Ergebnissen« bzw. »Auswirkungen« aber auch deshalb nicht aufrechterhalten, weil eines der beiden Abgrenzungskriterien, die Rogers angibt, hier noch weniger »trennscharf« ist als sonst. Rogers faßt unter den »Ergebnissen« oder »Auswirkungen« einer Psychotherapie diejenigen Veränderungen zusammen, die *außerhalb der therapeutischen Beziehung zu beobachten* sind und die man als relativ andauernd betrachten kann. In der Partnertherapie wird nun dieses »Draußen« in die Therapiesituation hereingebracht – besser: Es besteht kein struktureller Unterschied zwischen innerhalb und außerhalb der Therapie ablaufenden Prozessen. Zwar sind unter den »Auswirkungen« auch hier jene Veränderungen zusammengefaßt, die außerhalb der therapeutischen Beziehung beobachtbar sind, aber diese Veränderungen liegen zu einem Zeitpunkt vor, zu dem der Therapeut noch in Beziehung zu den beiden Klienten steht. Der Therapeut kann also innerhalb seiner Beziehung zu den beiden Klienten zumindest teilweise mitverfolgen, wie diese die Veränderungen, zu denen es durch Bestehen und Fortdauer der therapeutischen Beziehung gekommen ist, umsetzen in die Praxis ihrer »normalen« Alltagsbeziehung.
Daß damit der Therapeut selbst überflüssig wird, bzw. daß es sich dabei um Auswirkungen handelt, die außerhalb der therapeutischen Beziehung wahrnehmbar sind, zeigt sich auch darin, daß im Abschnitt C der Therapeut nicht mehr erwähnt ist. Die Klienten selbst sind jetzt fähig geworden, einander die hilfreiche Beziehung anzubieten, die sie vorher vom Therapeuten angeboten bekommen haben: Sie sind beide kongruent und bringen einander einfühlendes Verstehen und bedingungslose Wertschätzung entgegen; allerdings wieder innerhalb bestimmter Grenzen.

3.3. Bewertung: Partnertherapie als Psychotherapie mit Paaren

Die »Theorie« der klientenzentrierten Partnertherapie wurde entwikkelt, weil Rogers' Theorie der Therapie das Ziel von Partnertherapie – »Verbesserung der Beziehung« – nicht berücksichtigt. Trotzdem verläuft die klientenzentrierte Partnertherapie nach denselben Gesetzmäßigkeiten wie die klientenzentrierte Einzeltherapie; sowohl die Vorstellungen von den notwendigen Bedingungen für das Zustandekommen des therapeutischen Prozesses als auch jene von den notwendigen Prozeßelementen – und damit auch von den angestrebten Veränderungen – sind die gleichen wie in der Einzeltherapie. Auch in der klientenzentrierten Partnertherapie wird der therapeutische Prozeß dadurch beschrieben, daß jeder der beiden Klienten kongruenter wird, offener gegenüber seinen Erfahrungen und weniger defensiv. Das heißt, daß auch in der Partnertherapie zunächst einmal das Ziel einer Veränderung der Beziehung der Klienten zu sich selbst (in Richtung auf mehr Kongruenz, bedingungslose Selbstwertschätzung und Selbstempathie) angestrebt wird. Nur dazu kann der klientenzentrierte Therapeut seinen Klienten verhelfen, und nur über die Erreichung dieses Ziels ist überhaupt eine Verbesserung der Beziehung der beiden Klienten zueinander möglich.

Rogers selbst hat nicht den Anspruch, zu erklären, wie der Übergang von A und B und von B nach C erfolgt. Im Prinzip lassen sich aber diese Übergänge mit Aussagen aus der Persönlichkeitstheorie zumindest psychologisch verständlich machen: Das Individuum ist dann am ehesten kongruent und kann sich dann am ehesten selbst-verwirklichen, wenn seine Bedürfnisse nach Wertschätzung und nach Selbstwertschätzung befriedigt sind (Rogers 1959, 221 ff.). Auf der Basis dieser Grundbedürfnisse des Individuums wird nachvollziehbar, daß unter der Bedingung der therapeutischen Beziehung die (unter B und C beschriebenen) Prozesse und Effekte einer erfolgreichen Therapie eintreten können und werden: und zwar mit vergleichbarer Wahrscheinlichkeit, wie sie aus der Geltung der »Theorie« der Therapie auch für Einzeltherapien folgt.

Da aber in die Partnertherapie zusätzliche Bedingungen eingeführt werden, gibt es auch bei Prozeß und Ergebnissen gewisse Modifikationen gegenüber der Einzeltherapie: Einerseits wird durch die gleichzeitige Anwesenheit beider Partner das Ausmaß konstruktiver Persönlichkeits- und Verhaltensveränderungen wahrscheinlich eingeschränkt – das Setting der Partnertherapie bietet also eher schlechte Voraussetzungen, wenn die Möglichkeiten einer klientenzentrierten Psychotherapie in Hinblick auf konstruktive Persönlichkeitsveränderungen ausgeschöpft werden sollen –; andererseits wird konkretisiert, worin bzw. wie die Veränderungen in Persönlichkeit und Verhalten die Beziehung der beiden Klienten zueinander betreffen. Die *Art* der Veränderungen ist die gleiche wie in der Einzeltherapie. Aber es wird möglicherweise *weniger* von diesen Veränderungen erreicht, und das Ausreichen des Ausmaßes der Veränderungen wird gemessen am Ziel der Verbesserung der Beziehung der beiden Klienten zueinander. Damit wird in der Partnertherapie *ein* Bereich von Kongruenz bzw. von Inkongruenz in den Vordergrund gestellt: die Beziehung der Klienten zu anderen bzw. zueinander. Die Verbesserung der Beziehung der Klienten zueinander tritt aber ein, ohne daß die Beziehung vom Therapeuten unmittelbar »bearbeitet« wird. Klientenzentrierte Partnertherapie beeinflußt Beziehungen nicht »direkt«, sondern konzentriert sich auf die Voraussetzungen einer Beziehung, nämlich auf die Beziehungsfähigkeit beim einzelnen.

Trotz des Ziels einer Verbesserung der Beziehung ist also die Beziehung der beiden Klienten zueinander *nicht* Gegenstand der klientenzentrierten Psychotherapie mit Paaren. Der therapeutische Prozeß wird nicht für die Beziehung, für die Partnerschaft in Gang gesetzt und fortgeführt, sondern – dem Begriff »klientenzentriert« entsprechend – für zwei Klienten, die zwar miteinander in Beziehung stehen, die aber zuerst die Beziehung zu sich selbst ändern müssen, wenn sie ihre Beziehung zueinander ändern wollen. Insofern ist auch der Begriff »klientenzentrierte Psychotherapie mit Paaren« passender als der Begriff »klientenzentrierte Partnertherapie«. Denn klientenzentrierte »Partnertherapie« ist *Psychotherapie* mit zwei Klienten; im Unterschied zur Einzeltherapie werden hier aber die therapeutischen Bedingungen für zwei Partner gleichzeitig geschaffen, und die gleichzeitige Anwesenheit beider Partner konzentriert den therapeutischen Prozeß auf den Bereich, den die beiden Klienten – über ihre Beziehungsdefinition – determinieren.

Damit wird deutlich, daß all jene Charakteristika der klientenzentrierten Psychotherapie mit Paaren, die auf den ersten Blick wie eine Beschränkung oder Erschwerung der Therapie aussehen, von der Theorie des klientenzentrierten Ansatzes letztlich als Stärken und Vorteile des Therapiemodells zu bewerten und begründen sind: Die (quantitative) Beschränkung auf die durch die Klienten gemeinsam akzeptierten Bereiche (ihrer Kommunikation) ermöglicht erst die qualitative Verbesserung der Beziehung (in diesen Bereichen), wie sie von der Zielsetzung der klientenzentrierten Psychotherapie her zu fordern ist. Die gleichzeitige Anwesenheit beider Partner bedeutet naturgemäß eine Verlangsamung des therapeutischen Prozesses, die aber zugleich die Chance für die Klienten enthält, die Verbesserung der Beziehungsvoraussetzungen durch die Relation zum Therapeuten auch relativ unmittelbar auf den anwesenden Partner auszudehnen, zu generalisieren. Und die Konzentration auf die Voraussetzungen der Beziehungsfähigkeit beim einzelnen als Gegenstand der Therapie (d. h. das explizite Absehen von der Beziehung als Therapiegegenstand – ganz im Gegensatz zu anderen Partnertherapieansätzen) ist die dem klientenzentrierten Ansatz eigene Lösung des »Transfer«-Problems bzw. der Sicherung der »externen Validität« des Therapieerfolges. Denn durch die Verbesserung der Beziehungsvoraussetzung beim Individuum wird eine Entwicklung auf Kompetenzebene angezielt und im positiven Falle erreicht: Der Klient entwickelt die *Fähigkeit* zu adäquater, befriedigender Realitätsverarbeitung und »guten Beziehungen«. In der klientenzentrierten Psychotherapie mit Paaren ist dann eine (in der Regel wohl die erste) Realisation dieser neu- bzw. wiederentwickelten Kompetenz die Verbesserung der Beziehung der Partner untereinander; d. h. die Therapie schafft die Bedingungen der Möglichkeit einer »guten Beziehung«, diese Beziehung selbst aber schaffen die Klienten selbst. Gerade dadurch, daß die Beziehungsverbesserung in der klientenzentrierten Psychotherapie mit Paaren nur einen eingebetteten, nicht direkt angezielten, »bearbeiteten« Effekt darstellt, ist die Beziehungsverbesserung auch innerhalb der Therapiesituation eine nicht therapiegeprägte. Dadurch, daß die Klienten die Beziehungsverbesserung auch innerhalb der Therapie aktiv selbst schaffen, wird das Transfer-Problem gelöst, indem es gar nicht erst auftritt: Denn die erreichten Effekte der Beziehungsverbesserung sind, weil zwar mittelbar von der Therapie ermöglicht, aber unmittelbar von den Klienten selbst verursacht, immer schon, d. h. von ihrem ersten Auftreten an, extern valide – als Manifestation einer (wiederentwickelten) Beziehungs*kompetenz* (ohne die es zu dieser Beziehungsverbesserung zwischen den Partnern gar nicht gekommen wäre, weil der Therapeut diese Verbesserung ja nie direkt be- oder erarbeitet hat).

Die zentrale Aussage dieses Kapitels ist also: Der klientenzentrierte Ansatz reicht auch für die Ziele der Partnertherapie und das Setting der »eigentlichen« Partnertherapie aus – wobei sich durch die Ausrichtung auf die Partnertherapie Erweiterungen und Spezifikationen ergeben; aber die grundsätzlichen Konzepte und Prinzipien klientenzentrierter Therapie bleiben durchaus unverändert und mit Erfolg für die spezifischen Zielsetzungen einer Partnertherapie brauchbar. Dieses Ergebnis ist u. a. auch zu verstehen als ein Beitrag zur Standortbestimmung des klientenzentrierten Ansatzes überhaupt: Der klientenzentrierte Ansatz ist weiter, enthält mehr Möglichkeiten, als ein Großteil der Praktiker ihm zuzutrauen scheint.

Diese Standortbestimmung ist jedoch eher ein *Neben*effekt der theoretischen Modellierung der klientenzentrierten Psychotherapie mit Paaren. Eigentliches Motiv für die Entwicklung dieser »Theorie« war es, die Basis für ein theoriegeleitetes Handeln zu schaffen; vom eigenen Anspruch her sollte diese »Theorie« also »im Dienst der Praxis« stehen.

Nun scheinen aber die Praktiker selbst diesen Dienst gar nicht zu verlangen. Klientenzentrierte Therapeuten bewältigen ihre Unsicherheiten bei der Durchführung von Partnertherapien ja allem Anschein nach mit Vorliebe durch Anleihen bei anderen partnertherapeutischen Modellen (vgl. Kapitel 2.). Und der dabei eigentlich unvermeidbare Konflikt wird zumindest nicht *zwangsläufig* bemerkt.

Um so mehr stellt sich die Frage, ob bzw. inwiefern die »Theorie« der klientenzentrierten Psychotherapie mit Paaren überhaupt im Dienste der Praxis stehen kann. Ist von dieser »Theorie« eine Verbesserung der derzeitigen Praxis von (klientenzentrierter) Partnertherapie zu erwarten? Kann sie die Fragen, die sich die Praktiker bei der Durchführung von Partnertherapien stellen (sollten), beantworten, die »Selbstverständlichkeiten«, die zu sicher wirken, relativieren? – Das 4. Kapitel ist der Versuch, Antworten auf die Fragen der Praktiker (vgl. Kapitel 1. und Kapitel 2.) aus der »Theorie« der klientenzentrierten Psychotherapie mit Paaren abzuleiten.

4. Perspektiven theoriegeleiteten Handelns

Praxisverbesserung im Bereich der Partnertherapie heißt u. a. Überwindung des derzeitigen technischen Eklektizismus. An die Stelle eines Handelns, das bestimmt ist von pragmatischen Überlegungen und/oder von Zufälligkeiten (z. B. davon, welches Buch man gerade gelesen hat, auf welcher Fortbildungsveranstaltung man gerade war), sollte ein Handeln treten, das theoretisch begründet werden kann.

Darunter ist, wie die neuere wissenschaftstheoretische Diskussion über Technologien, Theorieanwendungen etc. ergeben hat, keine (stringente) Ableitung von Handlungen aus einer Theorie zu verstehen, erst recht nicht auf dem Hintergrund der höchstens approximativen Theorienstruktur der »theoretischen Modellierung« klientenzentrierter Psychotherapie. Theoretische Begründung meint daher primär, daß die »Theorie« der klientenzentrierten Partnertherapie als Orientierungsgrundlage verwendet wird, vor allem in dem Sinn, daß technologische Handlungsteilmengen auf Kohärenz mit den zentralen Annahmen des klientenzentrierten Ansatzes über die Struktur der Persönlichkeit, der interpersonellen Beziehungen und des Therapieprozesses geprüft werden.

Ziel dieses Kapitels ist es, zu klären, ob mit der theoretischen Modellierung der klientenzentrierten Psychotherapie mit Paaren die Grundlage für ein solches »theoriegeleitetes Handeln« geschaffen ist. Es soll versucht werden, die Fragen der Praktiker (vgl. Kapitel 1.) innerhalb der »Theorie« der klientenzentrierten Psychotherapie mit Paaren zu beantworten. Dabei wird manches von dem wieder aufgegriffen, was ohnehin bereits bei den Kommentaren zu den einzelnen Teilen der »Theorie« ausgeführt wurde. Hier aber wird die »Theorie« der klientenzentrierten Psychotherapie mit Paaren »themenzentriert« diskutiert – die Fragen der Praktiker bilden den Ausgangspunkt für die Diskussion der einzelnen Sätze aus der »Theorie« –, und die Ausführlichkeit der Darstellung soll weitere Klarstellungen bringen – vor allem in Hinblick darauf, was die einzelnen »theoretischen« Sätze für das Handeln der Praktiker bedeuten. Dazu will ich auch prüfen, inwieweit die Antworten aus der »Theorie« der klientenzentrierten Psychotherapie mit Paaren sich mit dem decken, was (klientenzentrierte) Partnertherapeuten ohnehin auch jetzt schon wissen bzw. tun, inwieweit und wo sie davon abweichen bzw. darüber hinausgehen; die theoretischen Aussagen werden daher verglichen mit den Aussagen von Praktikern (vgl. Kapitel 1.).

4.1. Ziele der klientenzentrierten Psychotherapie mit Paaren

4.1.1. Ableitung und Ausformulierung

Im 2. Kapitel wurde darauf hingewiesen, daß sich hinter dem Endziel »Verbesserung der Beziehung« – in dem sich die Vertreter der einzelnen Richtungen von Partnertherapie einig sind – sehr Unterschiedliches verbergen kann. Was innerhalb der klientenzentrierten Richtung von Partnertherapie unter diesem allgemeinen Endziel verstanden wird, läßt sich ablesen aus Teil C der »Theorie« der klientenzentrierten Psychotherapie mit Paaren:

Ziel der klientenzentrierten Psychotherapie mit Paaren ist es, daß die Kongruenz der beiden Partner auch in ihrer Kommunikation erlebbar wird, daß die beiden Partner nicht nur sich selbst, sondern auch den anderen einfühlend verstehen und bedingungslos akzeptieren können, daß sie sich voneinander einfühlend verstehen und bedingungslos akzeptieren lassen. Die Beziehung wird erst dann als befriedigend (als »gut«) erlebt, wenn Empathie und Wertschätzung gegenseitig sind.

Kongruenz, gegenseitiges einfühlendes Verstehen und gegenseitige bedingungslose Wertschätzung werden aber in der klientenzentrierten Partnertherapie nur innerhalb bestimmter Grenzen angestrebt: (zumindest) für den Bereich, über den die beiden Partner miteinander kommunizieren (wollen). Das Ziel der Partnertherapie besteht demnach weniger darin, den Bereich, über den das Paar kommuniziert, quantitativ zu erweitern, als darin, die Beziehung innerhalb der bestehenden Grenzen qualitativ zu verändern.[18] Daß mit dieser qualitativen Veränderung der Beziehung *wahrscheinlich* auch eine quantitative Erweiterung der Kommunikation verbunden ist, läßt sich ableiten aus Rogers' Ausführungen zu den für die Verbesserung einer Beziehung notwendigen Bedingungen. Rogers spricht hier von einer Verbesserung der Beziehung *und* einem Anwachsen bzw. einer Ausweitung der Kommunikation (Rogers 1959, 239). Und in der »Partnerschule« betont er, daß es für eine befriedigende Partnerschaft notwendig sei, einander »*jedes* positive oder negative Gefühl« mitzuteilen – soweit man selbst es versteht (Rogers, 1975, 174; eigene Hervorhebung).

Auch wenn also eine Erweiterung der Kommunikation an sich als wünschenswert gilt, ist das Ziel der klientenzentrierten Partnertherapie dann erreicht, wenn eine andere Beziehung und damit auch eine andere *Art* der Kommunikation möglich ist. Nur dazu äußert sich die »Theorie« der klientenzentrierten Partnertherapie, nicht dazu, *wieviel* gesprochen werden muß und *worüber* gesprochen werden muß, damit eine Beziehung als »gut« bezeichnet werden könnte.

Welche Inhalte die beiden Partner in die Kommunikation miteinander aufnehmen, hängt ab von ihrer Beziehungsdefinition, aber auch davon, wieviel die beiden Partner selbst von sich verstehen. Nun wird zwar in der klientenzentrierten Psychotherapie mit Paaren – wie in der Einzeltherapie – am Umgang jedes der beiden Klienten mit sich selbst angesetzt, allerdings gilt in der Partnertherapie – anders als in der Einzeltherapie – das Ziel der Selbstempathie, bedingungslosen Selbstwertschätzung und Kongruenz der Klienten bereits dann als erreicht, wenn es in bezug auf jenen Bereich hergestellt ist, über den die beiden Partner miteinander kommunizieren. Das heißt aber: Konstruktive Persönlichkeitsveränderungen werden im Setting der Partnertherapie wahrscheinlich in geringerem Ausmaß erreicht als im Setting der Einzeltherapie. Zur Veranschaulichung dieser Einschränkungen soll noch einmal das Beispiel aus Kapitel 3. herangezogen werden (vgl. S. 63f.):

Für die Ziele einer Partnertherapie würde es genügen, wenn Herr A. von sich verstehen würde, daß die Konzentration auf die unbefriedigenden Aspekte in der Beziehung zu seiner Frau mit einer sich selbst erfüllenden Prophezeihung zusammenhängt (»Ich werde mich in meiner Ehe nicht wohlfühlen.«) und wenn er aufgrund dieses Entdeckens des eigenen Anteils gegenüber seiner Frau das vorwurfsvolle Drängen nach größerem sexuellen Interesse einstellen kann. Frau A. müßte von sich verstehen, daß sie sich ihrem Mann nicht deshalb entzieht, weil sie seine schlechte Laune nicht aushält, sondern weil sie kein Bedürfnis nach einer sexuellen Beziehung zu ihrem Mann hat. Könnte sie daraufhin ihren »Boykott« aufgeben – d. h.: könnte sie auf ihren Rückzug bei Gesprächen und auf ihre Trennungsdrohungen verzichten –, sind die in Hinblick auf die *Beziehung* von Frau und Herrn A. notwendigen konstruktiven Persönlichkeitsveränderungen (in diesem Bereich!) erreicht. – In einer Einzeltherapie dagegen würde man erwarten, daß Herr A. allmählich fähig wird, zu verstehen, wozu er diese sich selbst erfüllende Prophezeiung braucht, und daß Frau A. versteht, was dieses mangelnde Bedürfnis nach einer sexuellen Beziehung mit ihrem Mann für sie bedeutet. Zu diesem Grad an Selbstempathie *kann* es auch in einer Partnertherapie kommen; aber während die Einzeltherapie wahrscheinlich als »nicht erfolgreich« klassifiziert würde, wenn sie weniger weit führen würde, kann die Partnertherapie auch bei dem vorher beschriebenen geringeren Ausmaß an Selbstempathie noch erfolgreich werden. Selbstempathie, Selbstwertschätzung und Kongruenz der beiden Partner müssen »nur« dazu ausreichen, daß die in Teil C der »Theorie« der klientenzentrierten Partnertherapie beschriebenen Auswirkungen des therapeutischen Prozesses auf die Beziehung der Klienten zueinander möglich werden.

»Nur« steht deshalb unter Anführungszeichen, weil deutlich werden soll, daß in einer Partnertherapie nicht *insgesamt* weniger erreicht wird als in einer Einzeltherapie. Daß u. U. weniger konstruktive Persönlichkeitsveränderungen möglich sind, heißt also nicht, daß Partnertherapie weniger »bringt« als Einzeltherapie. Es wird im Prinzip auch nichts *anderes* erreicht als in einer Einzeltherapie. Hier wie dort kann der Therapeut kein anderes Ziel anstreben, als den Klienten mit Hilfe seiner Kongruenz, Empathie und bedingungslosen Wertschätzung dazu zu verhelfen, daß sie allmählich selbstkongruent, selbstempathisch und bedingungslos selbstwertschätzend werden können.[19] In der Partner-

therapie jedoch werden auch noch die Auswirkungen dieser veränderten Beziehung zu sich selbst auf die Beziehung zum Partner in der Therapiesituation mitverfolgt, und solange diese Auswirkungen nicht wahrnehmbar sind, ist das Ziel der Partnertherapie nicht erreicht.
Im folgenden noch einige Klarstellungen:
Das Ziel einer »Verbesserung der Beziehung« darf nicht dahingehend mißverstanden werden, daß damit unbedingt ein *Zusammenbleiben* der beiden Partner gemeint ist. »Verbesserung der Beziehung« heißt nicht mehr als das, was in Teil C der »Theorie« der klientenzentrierten Partnertherapie beschrieben ist. Das *kann* auch bedeuten, daß die beiden Partner den Bereich der Kommunikation relativ extrem beschränken: z. B. auf die gemeinsame Sicht ihrer jeweiligen persönlichen Entwicklung, die zugleich eine Entwicklung voneinander weg gewesen ist; d. h. daß die Kommunikation sich auf den Bereich der Möglichkeit, Notwendigkeit und Form der Trennung konzentriert und die beiden Partner jetzt fähig werden, miteinander empathisch, bedingungslos wertschätzend und kongruent über ihre Trennung zu sprechen, daß sie damit zu einer anderen Art von Trennung fähig werden. Ob sie aus ihrer (ursprünglich) unbefriedigenden Beziehung herauskommen, indem ihr Zusammensein wieder befriedigender wird oder indem sie sich trennen, bleibt von der »Theorie« der klientenzentrierten Partnertherapie her offen.
Das Beziehungsrisiko, das in der klientenzentrierten Partnertherapie eingegangen wird, liegt nicht nur auf der Dimension Zusammenbleiben – Trennung, sondern betrifft auch die Art des Zusammenbleibens. Die Beziehung wird durch eine klientenzentrierte Partnertherapie nicht unbedingt »enger« im landläufigen Sinn. Beziehungen werden nicht bewertet »nach ihrem Ausmaß an Stabilität und der Anzahl der Bereiche, die sie umfassen« (Binder & Binder 1979, 204). Nicht die Anzahl der Gemeinsamkeiten (oder irgendeine andere Quantität) ist entscheidend, sondern die Qualität der Beziehung in den Bereichen, die durch die Beziehungsdefinition der beiden Partner als die gemeinsamen Bereiche bestimmt sind.

Die Beziehungsvorstellungen der klientenzentrierten Psychotherapie sind nicht einfach als Alternative zu »konservativen« Beziehungsvorstellungen zu sehen, sondern als Alternative zu unflexiblen und überzogen normativen Beziehungskonzepten überhaupt, wo für fast alle Inhaltsaspekte konkrete Kriterien einer guten Beziehung angegeben werden, an die der Therapeut die Klienten im Prinzip anpassen will. Zu Recht beklagen sich Klienten nicht nur über »konservative« Psychotherapeuten/Berater, die ihnen ein In-Frage-Stellen ihrer (ehelichen) Beziehung gar nicht gestatten, sondern auch über jene »fortschrittlichen« Therapeuten/Berater, die genau wissen, was »man« sich in einer Beziehung alles nicht gefallen lassen darf, wann »man« sich unbedingt trennen muß etc.

Die »gute Beziehung«, wie sie in der klientenzentrierten Psychotherapie mit Paaren angestrebt wird, erschöpft sich nicht in einer »guten

Kommunikation«. »Klarere Kommunikation« ist nur *eine* Äußerungsform der Kongruenz der beiden Partner.

Kongruenz, Empathie und bedingungslose Wertschätzung sind nicht als humane Qualitäten, als überdauernde, immer gleichbleibende Haltung zu verstehen. Nicht einmal vom Therapeuten wird verlangt, diese drei Bedingungen ständig zu erfüllen – er *kann* sie auch gar nicht ständig erfüllen. In »normalen« zwischenmenschlichen Beziehungen können die »therapeutischen Qualitäten« höchstens vorübergehend verwirklicht werden (Rogers 1957); Ziel einer klientenzentrierten Psychotherapie mit Paaren kann es daher auch nicht sein, den beiden Partnern dazu zu verhelfen, *immer* kongruent, empathisch und bedingungslos wertschätzend miteinander umzugehen. Sie sollen *fähig* werden, einander einfühlend zu verstehen und einander bedingungslos zu akzeptieren – innerhalb der Grenzen, die sie selber setzen.

Die Fähigkeit, kongruent, empathisch und bedingungslos wertschätzend miteinander umzugehen, kann (und muß!) sich in unterschiedlicher Weise äußern. »Verbalisierung emotionaler Erlebnisinhalte« ist nur *eine* Möglichkeit, Empathie und bedingungslose Wertschätzung auszudrücken (Rogers 1957, 102). Ziel einer klientenzentrierten Partnertherapie ist es nicht, Beziehungen zu schaffen, die (nur noch) durch »Verbalisierungen emotionaler Erlebnisinhalte« gekennzeichnet sind. Das Ziel einer klientenzentrierten Partnertherapie ist vielmehr dann erreicht, wenn die beiden Partner fähig sind zu Kongruenz, gegenseitiger Empathie und gegenseitiger bedingungsloser Wertschätzung in bestimmten Bereichen. Das aber kann auch »bedeuten, ›Verbalisierung‹ als unangemessen zu begreifen« (Bierman-Ratjen et al. 1979, 148).

4.1.2. Zielfestlegung und Therapie-Evaluation in der Praxis

Die »Theorie« der klientenzentrierten Psychotherapie mit Paaren erlaubt jetzt eine Einschätzung der Strategien, die von den Praktikern bei der Zielbestimmung und der Evaluation von Partnertherapien angewandt werden (vgl. Kapitel 1.):

Die »Aufwertung« des klientenzentrierten Ansatzes durch die Adaption von Zielen aus anderen Ansätzen von Partnertherapie ist nur dann gerechtfertigt, wenn diese Ziele Ausdruck bzw. Bestandteil des Ziels vermehrter Kongruenz, vermehrter Selbst- und Fremdempathie sowie vermehrter Selbst- und Fremdwertschätzung sind. Ein klientenzentrierter Partnertherapeut muß und kann sich nicht unmittelbar darum kümmern, daß die Partner ihre Bedürfnisse und Wünsche einander beschreiben, daß sie kooperatives Problemlösen lernen, Machtverhältnisse ausgleichen, zu verbesserter Geschlechtsidentität finden usw. – all das *kann* zwar auch in einer klientenzentrierten Partnertherapie eintreten, aber *Ziel* der klientenzentrierten Partnertherapie ist und bleibt die Veränderung der Beziehung der Klienten zu sich und zum Partner in der in Teil B und Teil C der »Theorie« der klientenzentrierten Partnertherapie beschriebenen Weise.

Daß Praktiker den Klienten die ganze Zielbestimmung überlassen (vgl. Kapitel 1.), ist vom klientenzentrierten Ansatz her nur teilweise richtig. Denn der klientenzentrierte Ansatz *macht* Aussagen zur Zielsetzung, mit der die Klienten »behandelt« werden, und der Therapeut, der sich als Vertreter dieses Ansatzes versteht, wird die Klienten – explizit oder implizit – zum Ziel der klientenzentrierten Psychotherapie hinzuführen versuchen: zu Kongruenz, Selbstempathie und bedingungsloser Selbstwertschätzung. Es gehört freilich auch zum klientenzentrierten Ansatz, dem Klienten die Entscheidung zu überlassen, an welchen *inhaltlichen* Problemen die Therapie ansetzen soll. In der »Theorie« der klientenzentrierten Partnertherapie ist zwar die Richtung festgelegt, in welche die Klienten ihre Beziehung zu sich und zueinander verändern sollen, es wird aber auch deutlich, daß sie selbst es sind, die bestimmen, in welchen Bereichen sie diese Veränderungen haben wollen. Der klientenzentrierte Partnertherapeut muß also nicht dafür sorgen, daß die Klienten bestimmte Inhalte ansprechen, die als relevant für Partnerbeziehungen eingeschätzt werden, er muß nicht beunruhigt sein, wenn bestimmte Themen nicht zur Sprache kommen, er muß einzig und allein zu verstehen versuchen, ob sich die Klienten – in den von ihnen gewählten Bereichen – auf das vom klientenzentrierten Ansatz her vorgegebene Ziel der Kongruenz, Selbst- und Fremdempathie und Selbst- und Fremdwertschätzung zubewegen.

Durch die »Theorie« der klientenzentrierten Partnertherapie wird dem Praktiker damit gleichzeitig gesagt, daß er keine lange Liste von erreichten Zielen vorweisen muß, um eine erfolgreiche Partnertherapie präsentieren zu können; was im einzelnen und wieviel erreicht wird, ist (vom theoretischen Modell her!) gleichgültig – solange es Ausdruck dessen ist, daß sich die Beziehung der Klienten zu sich und zueinander in der Zielrichtung verändert. Der klientenzentrierte Partnertherapeut muß nicht in einer Reihe möglicher Ziele seine Erfolge abhaken, er muß aber bei allem, was in der Therapie geschieht, darauf achten, ob es mit den in der »Theorie« der klientenzentrierten Partnertherapie beschriebenen Punkten übereinstimmt.

Ob die »Theorie« der klientenzentrierten Partnertherapie wirklich die Fragen der Praktiker abdeckt, zeigt sich hinsichtlich des Umgangs mit den Zielen auch darin, ob sie Aussagen darüber macht, wie die Erreichung des Therapieziels überprüft werden kann. Sie läßt immerhin gewisse Ableitungen zu: Die Veränderungen, die durch eine klientenzentrierte Partnertherapie erreicht werden sollen, beziehen sich alle in irgendeiner Weise auf das *Erleben* der Klienten. Wenn das Erleben von Individuen erfaßt werden soll, wird ein »nicht-objektivierender Erfahrungsmodus« notwendig (Giorgi 1967; Kwiatkowski 1980, 47). Es gewinnen nicht nur die Selbsteinschätzungen der Klienten an Bedeutung, sondern auch die Einschätzungen des Therapieerfolgs durch den Therapeuten, dem durch die Art seiner Beziehung zu den Klienten der Zugang zum Erleben der Klienten möglich ist (Auckenthaler 1980 b). Darin drückt sich die Zielidee aus, daß die Entscheidung darüber, ob und wann die Klienten das – durch die »Theorie« festgelegte – Therapieziel erreicht haben, im Optimalfall durch einen Konsens von Klienten und Therapeut getroffen wird.[20]

4.2. Indikation zur klientenzentrierten Psychotherapie mit Paaren

4.2.1. Entwicklungsstand der Indikationsfrage im klientenzentrierten Ansatz

Wenn die Indikationsfrage innerhalb des klientenzentrierten Ansatzes nur unzureichend gelöst ist, so hängt das nicht nur mit dem Stand der Indikationsforschung ganz allgemein zusammen, sondern zusätzlich auch noch mit der Geschichte der klientenzentrierten Psychotherapie: Zwar hatte Rogers ursprünglich eine Reihe von Indikationskriterien aufgestellt (Rogers 1942), aber schon 1951 distanzierte er sich von diesen Kriterien mit einleuchtenden Argumenten: Seine Indikationskriterien erschienen ihm gefährlich, weil sie eine diagnostizierende Haltung nahelegten, und in der Zwischenzeit war durch empirische Befunde belegt worden, daß die gängigen Klassifizierungen nach Symptomen, sozialer Herkunft, Intelligenz usw. für die Klärung der Indikation zur klientenzentrierten Psychotherapie nicht brauchbar waren (Rogers 1951). Es gab daher eher Gründe, die Indikationsfrage auszuklammern, als Gründe, sich der Indikationsfrage zuzuwenden; man betrachtete die klientenzentrierte Psychotherapie lange als beinahe universell anwendbar, eine Kontraindikation war kaum noch »vorgesehen« (Braun & Vogel 1979).
Inzwischen ist die Beschäftigung mit der Indikationsfrage auch in der klientenzentrierten Psychotherapie zu einem beliebten und angesehenen Thema geworden (Minsel 1975; Zielke 1979). Insgesamt aber wird der Stand der Indikationsforschung innerhalb des klientenzentrierten Ansatzes nach wie vor eher pessimistisch beurteilt (Braun & Vogel 1979; Minsel 1974, 56). Z. T. dürfte die Unzufriedenheit mit dem bisher Erreichten auch mit den Unsicherheiten hinsichtlich der Zugangsmöglichkeiten zur Indikationsstellung zu tun haben. Einerseits lassen sich bestimmte Indikationsbereiche empirisch ermitteln: z. B. gilt es als ziemlich unumstritten, daß klientenzentrierte Psychotherapie bei Klienten mit psychoneurotischen Beeinträchtigungen erfolgreich ist. (Bommert 1977, 139; Minsel 1974, 89; Tausch 1968, 195 ff.); auf der anderen Seite werden theoretische Ableitungen versucht: klientenzentrierte Psychotherapie sei demnach zuständig für *internal* motivierte Konflikte (Grunwald 1976; Martin 1975). Aber gleichzeitig weiß man,

daß die herkömmlichen psychodiagnostischen Kategorien und damit auch die herkömmlichen Tests wenig bis gar nichts hergeben für die Indikation zur klientenzentrierten Psychotherapie.

So scheint man dann auch die Indikationsfrage dort eher in den Griff zu bekommen, wo man die Loslösung von »klassischen« Zugangsversuchen geschafft hat. Als aussichtsreich gelten Meßverfahren, die aus den Zielkonzepten der klientenzentrierten Psychotherapie abgeleitet sind (Zielke 1979), bzw. eine Indikation anhand des aktuellen Erlebens und Wahrnehmens des psychotherapeutischen Prozeßgeschehens durch Klient und Therapeut und eine Indikation anhand situativer Verhaltensregistrierung im Prozeß der Therapie (Minsel 1975). Nicht die Frage nach der Klientenpersönlichkeit, für die sich eine klientenzentrierte Psychotherapie eignet, ist dann die entscheidende Frage bei der Indikationsstellung, sondern die Frage nach den *Prozeßmerkmalen auf seiten des Klienten.*

Auf die Notwendigkeit, die Frage der Indikation zur klientenzentrierten Psychotherapie *innerhalb* des klientenzentrierten Ansatzes zu beantworten, haben vor allem Biermann-Ratjen et al. aufmerksam gemacht (1979, 115 ff.). Die Indikation zu einer klientenzentrierten Psychotherapie ist demnach nicht durch die Definition bestimmter Probleme, Symptome oder Krankheitsbilder gegeben, sondern durch die *Inkongruenz des Klienten* und durch seine *Fähigkeit, sich auf den Prozeß der klientenzentrierten Psychotherapie einzulassen* (Helm 1978, 189; Rogers 1957; 1959). Eine klientenzentrierte Psychotherapie ist »solange indiziert und fortzuführen, wie der Klient auf das Beziehungsangebot des Therapeuten mit zunehmender Selbstempathie reagiert« (Biermann-Ratjen et al. 1979, 140).

Diese Art der Indikationsstellung bedeutet, daß zur Klärung der Indikationsfrage bereits ein »Stück Therapie« erforderlich ist. Das läßt sich anbieten in Form eines Erstgesprächs bzw. einer »Probetherapie« (Biermann-Ratjen et al. 1979, 140), jedenfalls am besten in einer Situation, in der allen Beteiligten klar ist, daß die Entscheidung über eine Fortführung der Therapie noch völlig offen ist (Bauriedl 1980, 181 ff.). Eine solche Probetherapie bietet nicht nur dem Therapeuten jene Art von diagnostischer Situation, die er für die Indikationsklärung braucht, sie ist gleichzeitig für die Klienten die beste Art der Aufklärung über die angebotene Therapie (Tausch & Tausch 1979, 27), und es wird den Klienten dabei weniger zugemutet, als wenn sie irgendeiner der herkömmlichen Testbatterien unterzogen würden (Petermann 1980; Petermann & Petermann 1980, 23). Zur Erfassung der »Ansprechbarkeit« der Klienten wird empfohlen, entweder die Klienten zu fragen, wie sie sich in der therapeutischen Situation fühlen, oder selbst zu beobachten, wie sich die Klienten auf das therapeutische Beziehungsangebot hin verhalten (Biermann-Ratjen et al. 1979, 134; Eckert 1974; Eckert et al. 1979 a; 1979 b; Schwartz & Eckert 1976).

Konzeptadäquat ist die Ansprechbarkeit des Klienten *nicht* durch *Beobachtung oder Befragung* zu erheben, sondern über das Bemühen des Therapeuten um Kongruenz, bedingungslose Wertschätzung und Empathie gegenüber dem Klienten. Damit wäre die *Beziehung* zwischen Therapeut und Klient in die Indikationsstellung einbezogen, Indikation würde also nicht mehr allein an »Klientenvariablen« festgemacht.

Als prognostisch günstige *Prozeßmerkmale* auf Klientenseite gelten z. B. die Intensität der Auseinandersetzung des Klienten mit sich selbst, seine gefühlsmäßige Beteiligung, die Akzeptierung seiner eigenen Gefühle, ein hohes Ausmaß an Selbstexploration (Biermann-Ratjen et al. 1979, 49 ff.); »Selbstexploration« umschließt alle gefühlsmäßigen Stellungnahmen des Klienten zu sich selbst, zu seinem eigenen Erleben, seinem Verhalten, seiner Umwelt (Bommert 1977, 83 ff.; Helm 1978, 81 ff.; Tausch 1968, 242 ff.).

Durch die Entscheidung für eine Probetherapie wird zwar die Auseinandersetzung mit der Indikationsfrage schwerpunktmäßig in die Anfangsphase – bzw. in die Probephase – der Therapie gelegt (Baumann & von Wedel 1981, 4), trotzdem ist es wichtig, die Indikationsfrage auch im weiteren Verlauf der Therapie weiter zu überprüfen, evtl. neu zu überprüfen. Denn die Indikationsstellung zur klientenzentrierten Psychotherapie ist nichts Punktuelles, sondern ein während der ganzen Therapie andauernder Prozeß, der von der Evaluation der Therapie nicht zu trennen ist (Bastine 1981, 161 f.).

Die Verlagerung weg von Persönlichkeitsmerkmalen hin zu den Prozeßmerkmalen auf seiten der Klienten bedeutet zwar insofern einen Fortschritt bei der Behandlung der Indikationsfrage, als damit die Indikationsstellung konzeptadäquat erfolgt, stellt aber deshalb noch keinen *grundsätzlichen* Fortschritt der Indikationsforschung dar. Nach wie vor werden erwünschte Klientenmerkmale (jetzt eben: bestimmte Prozeßmerkmale auf seiten der Klienten) und therapeutische Zielvorstellungen als Indikationskriterien gewählt.

4.2.2. Ableitung und Ausformulierung der Indikationskriterien

Beim Versuch, die Indikationsfrage für die klientenzentrierte Psychotherapie mit Paaren zu beantworten, werden nur jene Bedingungen herausgegriffen, die auf seiten der *Klienten* für das Ingangkommen des therapeutischen Prozesses vorausgesetzt werden. Die Ziele, die in einer klientenzentrierten Partnertherapie erreicht werden sollen, waren ohnehin bereits Thema des vorhergehenden Abschnittes, die Bedingungen auf seiten des *Therapeuten* werden unter dem Stichwort »Forderungen an den Therapeuten« behandelt werden (vgl. Kapitel 4.3.); andere Unterfragen aus der »differentiellen Indikationsfrage« (vgl. S. 38) werden im klientenzentrierten Ansatz nicht berücksichtigt (Biermann-Ratjen et al. 1979, 117). Dementsprechend wird die Indikationsfrage

zur klientenzentrierten Psychotherapie mit Paaren folgendermaßen gestellt: *Bei welchen Klienten können – unter der Bedingung, daß ein durch das Bemühen um Empathie, bedingungslose Wertschätzung und Kongruenz gekennzeichnetes therapeutisches Beziehungsangebot vorliegt – die Ziele einer klientenzentrierten Partnertherapie erreicht werden?*
»Bei welchen Klienten?« bezieht sich dabei – konzeptadäquat – nicht auf herkömmliche psychodiagnostische Kategorien, sondern auf die »Prozeßmerkmale«, also darauf, welche Beziehung die Klienten zu sich, zu ihren Erfahrungen und zu anderen Menschen (in der Partnertherapie vor allem: zueinander) haben und wie sie auf das therapeutische Beziehungsangebot reagieren.
Die »Theorie« der klientenzentrierten Partnertherapie beantwortet die Indikationsfrage durch die Sätze A1, A2, A3, A4 und A8. Welche »Klienten-Bedingungen« damit im einzelnen gemeint sind, soll im folgenden ausgeführt werden.

A1 (Zwei Partner – X und Y – sind in psychologischem Kontakt mit einem Therapeuten)

Das Vorhandensein des Kontakts zwischen einem Therapeuten und einem Klienten ist nach Rogers dadurch bestimmt, daß Klient und Therapeut einander etwas bedeuten – in dem Sinn, daß sie ein Bild voneinander aufbauen, aufeinander reagieren und sich ihres Kontakts in irgendeiner Art bewußt sind (Rogers 1957, 96). Daß im Falle einer Partnertherapie *beide* Partner in Kontakt mit dem Therapeuten sein müssen, hat eine wichtige Konsequenz für die Entscheidung zur Durchführung einer Partnertherapie: Eine klientenzentrierte Partnertherapie ist kontraindiziert, wenn der Therapeut nur im Erfahrungsfeld des einen Partners als »Erweiterung« wahrgenommen wird (»... makes some perceived difference in the experiential field ...«, Rogers 1957, 96), während der andere Partner nur »beisitzt«, ohne selbst auf den Therapeuten reagieren zu können oder reagieren zu wollen. So reicht etwa ein Mitkommen in die Therapie nur »dem Partner zuliebe« für die Indikation zur klientenzentrierten Partnertherapie nicht aus. Selbst wenn zwei Partner sich gemeinsam für die Probleme in der Beziehung zuständig erklären (Partnertherapie also naheliegend zu sein scheint), ist der Therapeut von der Überprüfung des Vorliegens dieses Indikationskriteriums nicht befreit. Der Therapeut kommt sonst zu leicht in die Rolle desjenigen, der die Klienten für ihre Einsicht lobt – der also pädagogisch statt therapeutisch wirksam wird.

A2 (X und Y möchten – wenigstens in einem minimalen Ausmaß – miteinander in Kontakt sein und kommunizieren)

Der Wunsch der beiden Klienten nach Kontakt *miteinander* impliziert ein bestimmtes »Prozeßniveau«: Klienten, die Beziehungen nur als gefährlich wahrnehmen und die nicht von sich selbst reden wollen, werden zwar wahrscheinlich auch nicht in eine Einzeltherapie kommen (Rogers 1958, 143), durch eine Partnertherapie – in der sie ja zu zwei Personen eine Beziehung aufnehmen sollen – werden sie aber noch weniger erreicht. Außerdem impliziert der Wunsch der Partner nach Kommunikation miteinander aber auch eine Zustimmung zum Ziel der klientenzentrierten Psychotherapie mit Paaren. Dieses Ziel setzt voraus, daß bei den Klienten trotz aller Verteidigungshaltung sowohl die Bereitschaft da ist, den anderen verstehen und akzeptieren zu wollen (auch wenn sie dies im Prozeß einer sich verschlechternden Beziehung derzeit nicht können), als auch die Bereitschaft, sich vom anderen verstehen und akzeptieren zu lassen (wenn dies im Prozeß einer sich verbessernden Beziehung möglich wird).

A 3 (Sowohl X als auch Y sind in einem Zustand der Inkongruenz, verletzbar oder ängstlich) und

A 4 (Die Inkongruenzen von X und Y haben Auswirkungen auf die Beziehung zwischen X und Y)

Der Wunsch zweier Partner nach Kontakt miteinander garantiert noch nicht, daß sie diesen Kontakt so haben können, wie sie ihn haben möchten. Wenn der Grund dafür in Inkongruenzen der beiden Partner liegt (und alle anderen Indikationskriterien gegeben sind), ist klientenzentrierte Partnertherapie indiziert. Satz A 3 und Satz A 4 beschreiben die Art der (Beziehungs-)Störung, die Voraussetzung ist für die Indikation zur klientenzentrierten Psychotherapie mit Paaren.

Inkongruenzen zwischen Selbst und Erfahrung bestehen nach Rogers in einer Diskrepanz zwischen dem wahrgenommenen Selbst (= dem Selbstbild) und der aktuellen Erfahrung des Organismus. Aufgrund dieser Diskrepanz kommt es zu einem Zustand der Spannung und der inneren Verwirrung. Solange sich der Betreffende seiner Inkongruenz nicht bewußt ist, ist er verletzbar; nähert sich die Inkongruenz der Symbolisierung im Bewußtsein, erlebt er Angst; nimmt er die Inkongruenz – zumindest in Ansätzen – wahr, erlebt er Bedrohung (Rogers 1959, 203f.). Die Inkongruenzen zwischen Selbst und Erfahrung wirken sich aber nicht nur in Form von Verletzbarkeit, Angst etc. aus, sondern haben auch Auswirkungen auf das *Verhalten* (Rogers 1959, 227). Diesem Verhaltensaspekt kommt bei der Indikation zur klientenzentrierten Partnertherapie besondere Bedeutung zu.

In der Theorie der interpersonellen Beziehungen unterscheidet Rogers zunächst zwei Möglichkeiten von Inkongruenz: zum ersten Diskrepanzen zwischen Erfahrung einerseits, Symbolisierung der Erfahrung im Bewußtsein und bewußter Kommunikation andererseits – in diesem Fall habe die Inkongruenz vorwiegend *persönliche* Konsequenzen; zum zweiten Diskrepanzen zwischen Erfahrung und Symbolisierung der Erfahrung einerseits, bewußter Kommunikation andererseits – in diesem Fall werde das als Täuschung empfunden, und es seien unmittelbare *soziale* Konsequenzen zu erwarten (Rogers 1959, 236). Es

gibt allerdings auch noch eine dritte Möglichkeit: Diskrepanzen sowohl zwischen den Erfahrungen und der Symbolisierung der Erfahrungen im Bewußtsein als auch zwischen dieser Symbolisierung und der bewußten Mitteilung.
Diese Unterscheidung nach den Auswirkungen der Inkongruenz auf das Individuum selbst oder auf andere sollte nicht so interpretiert werden, als ob Rogers hier verschiedene Formen (und Mischformen) von Inkongruenz einführen würde. Sowohl die Diskrepanz zwischen Erfahrung und Symbolisierung der Erfahrung vs. bewußter Kommunikation der Erfahrung als auch jene zwischen Erfahrung vs. Symbolisierung der Erfahrung und bewußter Kommunikation sind *Aspekte* von Inkongruenz: Ob man sich mehr auf den einen oder mehr auf den anderen Aspekt konzentriert, ist eher eine Frage der Schwerpunktsetzung als eine Frage der Ausklammerung des jeweils anderen Aspekts. Freilich wird die Äußerung der Inkongruenz in der Kommunikation mit einem bestimmten Partner erst in dem Moment von Interesse sein, wo genau diese Kommunikation zum Problem geworden ist. Das ist eines der Indikationskriterien der klientenzentrierten Partnertherapie: Die Kommunikation muß als widersprüchlich und/oder mehrdeutig bzw. oberflächlich erlebt werden.

Für die Indikation zur klientenzentrierten Partnertherapie reicht es also nicht, wenn jeder der beiden Partner für sich inkongruent ist – es müssen unter diesen Inkongruenzen auch solche sein, die sich in ganz bestimmter Art auf die Beziehung der beiden Partner zueinander auswirken.
Daß ich mich im folgenden auf die Auswirkungen der Inkongruenzen auf die Kommunikation zwischen den beiden Partnern konzentriere, bedeutet keineswegs eine Höchstgewichtung dieser einen Auswirkung. Ich möchte im Gegenteil zeigen, daß die Kommunikation zweier Partner nicht losgelöst von anderen Bedingungen gesehen werden darf.

Zu Widersprüchlichkeiten und/oder Mehrdeutigkeiten bzw. Oberflächlichkeit in der Kommunikation zwischen zwei Partnern kommt es, weil nur ein Teil der Mitteilungen mit den – »richtigen« – Erfahrungen der beiden Partner übereinstimmt. Die Diskrepanz zwischen der Erfahrung des Inhalts einer Mitteilung und der Mitteilung selbst kann unterschiedliche Ursachen haben:
1. Sie kann eine Konsequenz sein aus der Diskrepanz zwischen der Erfahrung und der Symbolisierung dieser Erfahrung im Bewußtsein. (Zu dieser Diskrepanz kommt es, weil diese Erfahrung nicht zum Selbstbild des Betreffenden paßt.) Wenn der Inhalt der Mitteilung nicht genau zugänglich ist, kann auch die Mitteilung nicht »richtig« sein. Sie kann allerdings übereinstimmen mit der Symbolisierung der Erfahrung im Bewußtsein, so daß der Betreffende *meint*, er teile die Erfahrung »richtig« mit. Die andere Möglichkeit ist, daß jemand nicht nur die Erfahrung »falsch« im Bewußtsein symbolisiert, sondern auch absichtlich etwas anderes mitteilt, als er (»falsch«) symbolisiert hat. Auf jeden Fall müssen *beide* Partner die Widersprüchlichkeit bzw. Mehrdeutigkeit der Kommunikation in irgendeiner Art erleben. Dabei ist es gleichgültig, ob sie diese Widersprüchlichkeit eher sich selbst oder eher dem Partner zuschreiben.
2. Die Diskrepanz zwischen der Erfahrung des Inhalts einer Mitteilung und der Mitteilung kann eine Konsequenz der Entscheidung sein, bestimmte Erfahrungen dem Partner nicht mitzuteilen. Das kann einmal damit zusammenhängen,

daß die Mitteilung eines bestimmten Inhalts nicht zum Selbstbild des Betroffenen paßt (z. B.: »Solche Gefühle behält man besser für sich.«), kann aber auch Ausdruck eines bestimmten Bildes vom Partner bzw. bestimmter Erfahrungen mit dem Partner sein (z. B.: »Ich werde ihm das besser nicht erzählen, damit er nicht wieder tagelang depressiv ist.«). Daß jemand bestimmte Mitteilungen aufgrund bestimmter Erfahrungen mit dem Partner zurückhält oder gegenüber dem Inhalt der Erfahrung abändert, kann wieder damit zusammenhängen, daß er selbst die erwarteten Reaktionen des Partners nicht aushält.
Wichtig in Hinblick auf die Indikation zur klientenzentrierten Partnertherapie ist, daß diese Entscheidung zu einer Täuschung des Partners deshalb keine ganz freie Entscheidung ist, weil sie die Auswirkung einer Inkongruenz ist – der eigenen oder der des Partners – und weil derjenige, der »täuscht«, im Grunde anders mit dem Partner reden möchte. So, wie die Kommunikation stattfindet, wird sie ja als widersprüchlich und/oder mehrdeutig bzw. oberflächlich erlebt, und diese Art der Kommunikation ist mit ein Grund dafür, daß die Beziehung für beide Partner unbefriedigend ist.

Unabhängig davon aber, ob es zur Widersprüchlichkeit der Kommunikation unbeabsichtigt kommt oder aufgrund von Täuschung: Klientenzentrierte Partnertherapie ist auf jeden Fall immer nur dann indiziert, wenn die »Kommunikationsstörung« Ausdruck einer Inkongruenz ist und sich daher nicht durch das Lernen bestimmter Kommunikationsregeln, durch Kommunikationstrainings etc., sondern nur durch Psychotherapie beheben läßt. Von den Zielen einer klientenzentrierten Partnertherapie her ausgedrückt: Es ist zu überprüfen, ob der Wunsch der Klienten nach einer anderen Art der Kommunikation – und damit begründen fast alle Klienten ihre Entscheidung für eine Partnertherapie [21] – Ausdruck dessen ist, daß die Klienten (wenn auch nicht notwendigerweise bewußt) fähig werden wollen, einerseits sich selbst und den Partner besser zu verstehen und zu akzeptieren, andererseits sich selbst vom Partner besser verstehen und akzeptieren zu lassen. Eine Zunahme der Selbstempathie und der Selbstwertschätzung wird dabei nur in dem Ausmaß angestrebt, wie es für ein besseres Verstehen und eine größere Wertschätzung des Partners notwendig ist und wie es notwendig ist für die Bereitschaft, sich vom Partner besser verstehen und akzeptieren zu lassen. (Würde es einem Klienten in erster Linie darum gehen, sich selbst in möglichst vielen Bereichen besser zu verstehen und zu akzeptieren, wäre eine klientenzentrierte Einzeltherapie indiziert.) Das bedeutet aber, daß es in einer Partnertherapie immer um *beide* Aspekte von Inkongruenz geht; die beiden Partner sollen sowohl dazu fähig werden, Erfahrungen genauer in ihrem Bewußtsein zu symbolisieren, als auch dazu, die bereits im Bewußtsein symbolisierten Erfahrungen einander (besser) mitzuteilen. Es sollen also sowohl Diskrepanzen zwischen Erfahrung und Selbst als auch Diskrepanzen zwischen Selbst und Mitteilung aufgehoben werden.
Inkongruenzen müssen aber nicht nur bei beiden Partnern *vorliegen* – beide Partner müssen die Inkongruenzen auch *erfahren,* und zwar nicht

nur über die widersprüchliche Kommunikation, sondern auch, indem sie merken, daß der Partner sie nicht versteht, nicht bedingungslos wertschätzt etc. Zentrale »Forderung« für die Indikation zur klientenzentrierten Psychotherapie mit Paaren ist, daß die beiden Partner einander als bedrohlich wahrnehmen. Nun ist aber das Erleben einer Bedrohung Hinweis darauf, daß die Inkongruenz bereits – zumindest ansatzweise – wahrgenommen wird. Während Rogers eine Einzeltherapie auch dann für prinzipiell möglich hält, wenn der Klient nur verletzbar ist (sich seiner Inkongruenz also nicht bewußt ist), ist klientenzentrierte Partnertherapie erst dann indiziert, wenn beide Partner ihre *die Beziehung betreffenden* Inkongruenzen bereits – zumindest ansatzweise – wahrnehmen. (Für andere Inkongruenzen reicht auch hier Verletzbarkeit oder Angst aus.) Damit wird in der klientenzentrierten Partnertherapie von den Klienten ein höheres Ausgangsniveau verlangt als in der klientenzentrierten Einzeltherapie – wenigstens in bezug auf den Bereich der Beziehung; die Beziehung zum Partner darf nicht *nur* als bedrohlich wahrgenommen werden, eine Beziehungsaufnahme der Klienten zu sich selbst muß möglich sein (Rogers 1958).
Die Indikation zur klientenzentrierten Partnertherapie verlangt aber nicht nur das Erfahren der eigenen Inkongruenzen, sondern auch das Erfahren der Inkongruenzen des Partners. Die beiden Klienten müssen merken, daß der Partner sie nicht genau versteht, nicht bedingungslos akzeptiert, und da dieser Mangel an einfühlendem Verstehen und an bedingungsloser Wertschätzung Ausdruck von Inkongruenzen ist, erfahren sie so auch die Inkongruenz des Partners. Es ist sogar zu erwarten, daß die Klienten zu Beginn einer Partnertherapie die Inkongruenzen des Partners besser wahrnehmen als ihre eigenen, daß sie unter den Inkongruenzen des Partners mehr leiden als unter ihren eigenen.
Daß sie unter den Inkongruenzen des Partners leiden, hat wieder zu tun mit ihren eigenen Inkongruenzen: Die beiden Klienten fühlen sich von den Inkongruenzen ihres Partners in dem Ausmaß bedroht, in dem diese in Bezug zu ihren eigenen Inkongruenzen stehen. Klientenzentrierte Partnertherapie ist dann indiziert, wenn beide Klienten auf ihre eigenen Inkongruenzen in erster Linie in der Beziehung zu ihrem Partner aufmerksam werden, wenn Inkongruenzen »personalisiert« sind.

A 8 (Sowohl X als auch Y nehmen die bedingungslose Wertschätzung und das einfühlende Verstehen des Therapeuten zumindest in Ansätzen an)

Die letzte der »Klienten-Bedingungen« ist genaugenommen eher eine Interaktionsbedingung als eine Bedingung nur auf seiten der Klienten. Denn es ist auch Sache des Therapeuten, den Klienten sein Beziehungsangebot so zu machen, daß sie es wahrnehmen können.

Durch diese Bedingung wird noch deutlicher als durch die in Satz A 1 genannte Bedingung ausgedrückt, daß Partnertherapie nur dann indiziert ist, wenn sich wirklich beide Partner auf den therapeutischen Prozeß einlassen. Damit wird aber auch noch einmal explizit daran erinnert, daß es sich bei den auf seiten der Klienten geforderten Bedingungen um *Prozeßmerkmale* handelt. Nur dann, wenn die Klienten auf das therapeutische Beziehungsangebot mit zunehmender Kongruenz, Selbstwertschätzung und Selbstempathie reagieren, ist eine klientenzentrierte Partnertherapie indiziert.

Die Indikationsfrage, wie sie zu Beginn dieses Abschnittes für die klientenzentrierte Partnertherapie gestellt wurde, ist damit beantwortet: Die Ziele einer klientenzentrierten Partnertherapie können bei jenen Klienten erreicht werden, für welche die in den Sätzen A 1, A 2, A 3, A 4 und A 8 ausgeführten Bedingungen zutreffen (s. o.). Sie *können* erreicht werden. Aber selbst wenn eine bestimmte Therapie theoretisch möglich ist, ist sie nicht immer sinnvoll. Daher schlagen Biermann-Ratjen et al. vor, bei der Indikationsstellung auch die praktische Angemessenheit einer Therapie zu überlegen (1979, 115 ff.). »Indikation« ist dann allerdings anders definiert; es wird nicht mehr gefragt, ob eine Therapie möglich ist, sondern auch, ob sie *angemessen* ist.

Auf dem Hintergrund dieser Überlegung möchte ich für die klientenzentrierte Partnertherapie ein weiteres »Indikations«kriterium nennen: Klientenzentrierte Partnertherapie ist nur dann indiziert, wenn die Erreichung der in der »Theorie« der klientenzentrierten Partnertherapie genannten Ziele – also die Aufhebung von Inkongruenzen, die Auswirkungen auf die Beziehung der beiden Partner haben – wenigstens einen ersten Schritt zur Lösung der Probleme der beiden Partner darstellt. Das heißt, daß der klientenzentrierte Therapeut, zu dem ein Paar in Partnertherapie kommt, immer auch eine Art Gegenprobe machen muß: Gibt es Hinweise darauf, daß die Klienten im Moment etwas anderes dringender brauchen als das Angebot, ihnen zu mehr Kongruenz, zu mehr Selbst- und Fremdempathie und zu mehr Selbst- und Fremdwertschätzung zu verhelfen (z. B. Entlastung bei der Kindererziehung etc.)? In diesem Fall wäre es klientenzentriert, *keine* klientenzentrierte Partnertherapie durchzuführen, sondern den Klienten eine dementsprechende problemangemessene Hilfe anzubieten (vgl. auch Biermann-Ratjen et al. 1979, 141 ff.).

4.2.3. Das Indikationsproblem in der therapeutischen Praxis

Bevor ich nun versuchen werde, die theoretischen Indikationskriterien in Verbindung zu bringen mit den Aussagen der Praktiker (vgl. Kapitel 1.), möchte ich die Indikationskriterien zur klientenzentrierten Partnertherapie noch einmal praxisadäquat zusammenfassen. Außer dem Kriterium der Angemessenheit einer Partnertherapie sind alle Kriterien aus der »Theorie« der klientenzentrierten Partnertherapie ableitbar (A 1, A 2, A 3, A 4 und A 8):

1. Beide Partner sind in psychologischem Kontakt mit dem Therapeuten (A 1). *Gegenprobe:* Ist einer der beiden Klienten nur dem Partner zuliebe in Therapie, ohne daß er auf den Therapeuten reagieren kann bzw. will?

2. Beide Partner möchten miteinander kommunizieren; sie sind zumindest bereit, den anderen besser verstehen und akzeptieren zu wollen und sich vom anderen besser verstehen und akzeptieren zu lassen (A 2). *Gegenprobe:* Ist bei einem der beiden Partner oder bei beiden Partnern die Verteidigungshaltung so groß, daß ein Aufeinander-Zugehen nicht gewünscht oder nicht möglich ist?

3. Beide Partner sind in einem Zustand der Inkongruenz; die Inkongruenzen äußern sich sowohl in Diskrepanzen zwischen Erfahrung und Selbst als auch in Diskrepanzen zwischen Selbst und Mitteilung, die Diskrepanzen zwischen Selbst und Mitteilung stehen aber im Vordergrund (A 3 und A 4). *Gegenprobe:* Stehen bei einem der beiden Partner die Diskrepanzen zwischen Erfahrung und Selbst so sehr im Vordergrund, daß die Bereitschaft zu einer anderen Art der Mitteilung (noch) gar nicht vorhanden ist?

4. Beide Partner erfahren – zumindest ansatzweise – sowohl ihre eigenen Inkongruenzen als auch die Inkongruenzen des Partners; von ihren eigenen Inkongruenzen erfahren sie vor allem jene, auf die sie durch den Partner aufmerksam werden (A 3 und A 4). *Gegenprobe:* Ist es einem der beiden Partner oder beiden Partnern nicht möglich, zu den eigenen Erfahrungen Stellung zu beziehen? – Wird von einem der beiden Klienten oder von beiden Klienten der Partner nicht als bedrohlich, die Beziehung nicht als unbefriedigend erlebt? – Ist bei einem der beiden Partner oder bei beiden Partnern zu vermuten, daß die Inkongruenzen, die sie auch unabhängig von der Beziehung zum Partner erfahren, im Vordergrund stehen?

5. Beide Partner nehmen die bedingungslose Wertschätzung und das einfühlende Verstehen des Therapeuten zumindest in Ansätzen an; sie reagieren darauf mit zunehmender Selbstexploration (A 8). *Gegenprobe:* Sind bei einem der beiden Klienten oder bei beiden Klienten keine Anzeichen dafür zu beobachten, daß »Ansprechbarkeit« auf das Beziehungsangebot des Therapeuten gegeben ist?

6. Die Aufhebung jener Inkongruenzen, die Auswirkungen auf die Beziehung der beiden Partner haben, muß wenigstens einen ersten Schritt zur Lösung der Probleme der beiden Partner darstellen (Kriterium der Angemessenheit). *Gegenprobe:* Gibt es Hinweise darauf, daß die beiden Klienten im Moment etwas anderes dringender brauchen würden als das Angebot, ihnen zu mehr Kongruenz, zu mehr Selbst-*und* Fremdempathie und zu mehr Selbst- *und* Fremdwertschätzung zu verhelfen?

Klientenzentrierte Psychotherapie mit Paaren ist nur dann indiziert, (im Sinne der »weiten« Definition von »Indikation«, vgl. S. 96), wenn *alle* diese Kriterien erfüllt sind. Ein klientenzentrierter Partnertherapeut kann sich also nicht automatisch dann zuständig fühlen, wenn ein Paar mit »Beziehungsschwierigkeiten« zu ihm kommt; er muß zuerst klären, ob es Beziehungsschwierigkeiten sind, auf welche die Indikationskriterien der klientenzentrierten Psychotherapie mit Paaren zutreffen, und nicht z.B. Schwierigkeiten, die durch ein Kommunikationstraining oder durch andere Hilfsangebote gelöst werden könnten. Biermann-Ratjen et al. haben die Indikationsstellung zur klientenzentrierten Psychotherapie *im allgemeinen* auf die Kurzformel gebracht, daß klientenzentrierte Psychotherapie immer dann indiziert sei, »wenn ein Klient Hilfe zur Selbstempathie – als Voraussetzung für eine Persönlichkeitsveränderung – benötigt, gleichgültig wie weit und zu welchem Ziele diese Persönlichkeitsveränderung führen kann« (1979, 139). Analog dazu läßt sich für die klientenzentrierte Psychotherapie *mit Paaren* sagen, daß sie immer dann indiziert ist, wenn zwei Partner Hilfe zur Selbstempathie benötigen – als Voraussetzung für Persönlichkeitsveränderungen, die sich auf alle Fälle auch in einer Verbesserung der Beziehung niederschlagen, wie sie im Teil C der »Theorie« der klientenzentrierten Partnertherapie beschrieben ist.

Daß die hier vorgeschlagene theoriegeleitete Indikationsklärung eine Veränderung derzeitiger Praxis verlangt, zeigt sich, wenn man sich die »Lösung« der Indikationsfrage durch die Praktiker etwas genauer ansieht, als es im 1. Kapitel geschehen ist: In den Fragebogen-Antworten wird die Komplexität der Indikationsfrage zwar unterschiedlich, aber in keinem einzigen Fall ausreichend berücksichtigt. So tauchen etwa in den Antworten auf die Frage nach den Indikationskriterien zur klientenzentrierten Partnertherapie sowohl die persönlichen Inkongruenzen der beiden Partner auf als auch das Erleben der Spannung in der Beziehung, und es wird auch darauf hingewiesen, daß wirklich *beide* Partner sich betroffen fühlen müssen und daß die Beziehungsaufnahme der Klienten zu sich selbst gegeben sein muß (»Zugang zur eigenen Emotionalität«). Keine einzige Antwort aber verbindet *alle* Indikationskriterien, und in einigen Fällen wird die Indikationsfrage – mehr oder weniger explizit – völlig umgangen (so ersetzt z. B. die »Bereitschaft der beiden Partner zur Therapie« die Klärung der Indikationsfrage) oder sie wird ohne Bezug zum klientenzentrierten Ansatz gelöst (»wenn keine widersprüchlichen Therapieziele bestehen«; vgl. Kapitel 1.2.).

Wo nicht direkt nach der Indikation zur *klientenzentrierten* Partnertherapie gefragt wird, zeigt sich noch deutlicher, daß sich klientenzentrierte Therapeuten bei der Indikationsklärung kaum von ihrem eigenen Ansatz bestimmen lassen. Partnertherapie wird ganz einfach dann empfohlen, wenn Beziehungsprobleme, Probleme in der Partnerschaft offen werden, und als Gegenstand von Partnertherapie werden »die Partnerschaft«, »Kommunikation«, »Sexualität« sowie »Konfliktfähigkeit« angegeben. Nur diese Entfernung vom eigenen Ansatz ermöglicht es auch, daß klientenzentrierte Therapeuten die Beziehung als »dritten Klienten« auffassen können; der interaktionelle Charakter der drei Kernbedingungen wird bei solchen Antworten »vergessen«.

Der fehlende Bezug zum klientenzentrierten Ansatz wird auch dort sichtbar, wo die Teilnahme beider Partner an einer Therapie dann zur Bedingung gemacht wird, »wenn es nicht gelingt, den eigenen Anteil eines Partners zu bearbeiten« und wo eine Selektion der Paare in der Weise vorgenommen wird, daß nur gegengeschlechtliche Paare in Partnertherapie aufgenommen werden, womöglich nur solche, die zusammen leben oder verheiratet sind (vgl. Anm. 5). Klientenzentierte Partnertherapie ist offen für *alle* Paare; Voraussetzungen in Hinblick auf die Art der Beziehung sind nur, daß die Beziehung so intensiv ist, daß es zu den in Satz A4 beschriebenen Auswirkungen kommen kann, daß die beiden Partner miteinander kommunizieren wollen (Satz A2) und daß sie die Ziele einer klientenzentrieren Partnertherapie für sich akzeptieren können.

Diese Offenheit der klientenzentrierten Partnertherapie für alle Paare mit den oben genannten Voraussetzungen bedeutet eine Eingrenzung, die hier nur kurz erwähnt werden soll: Klientenzentrierte Partnertherapie ist nicht indiziert, wenn zwei Klienten *irgendwie* miteinander in Beziehung stehen, sondern nur dann, wenn sie wirklich *Partner* sind. Es muß eine gewisse Gleichrangigkeit gegeben sein, beide müssen mitbestimmen können, wie die Beziehung definiert werden soll, die Abhängigkeit des einen Klienten vom anderen darf nicht zu groß sein. Dies bezieht sich zumindest auf die Festlegung der Bereiche der Kommunikation; die »Theorie« der klientenzentrierten Partnertherapie setzt ja voraus, daß diese Bereiche von den Klienten gemeinsam bestimmt werden.

Einige Unsicherheiten der Praktiker bei der Indikationsklärung sind u. U. Hinweise auf Lücken in der »Theorie« der klientenzentrierten Partnertherapie: Die Partnertherapeuten sind zwar (mit einer Ausnahme) davon überzeugt, daß klientenzentrierte Partnertherapie kein höheres Ausgangsniveau fordert als klientenzentrierte Einzeltherapie, sind aber unterschiedlicher Meinung darüber, ob Partnertherapie ein ähnliches Prozeßniveau der beiden Klienten voraussetzt. Demgegenüber verlangt die »Theorie« der klientenzentrierten Psychotherapie mit Paaren, daß sich die Klienten zumindest im Beziehungsbereich nicht auf dem untersten Prozeßniveau befinden; sie gibt jedoch keine Antwort darauf, ob eine gewisse Ausgewogenheit der beiden Partner hinsichtlich des Prozeßniveaus notwendig ist. Die *Vermutung*, daß von einem ähnlich hohen Prozeßniveau ausgegangen wird, läßt sich aus der »Theorie der interpersonellen Beziehungen« ableiten: Wäre einer der

beiden Partner viel weiter als der andere, könnte er selbst den therapeutischen Prozeß einleiten. Allerdings kann auch dann die Beziehungsdefinition des Paares es vorsehen, daß auf keinen Fall einer der beiden Partner zum (Quasi-)Therapeuten des anderen werden soll.
Die »Theorie« der klientenzentrierten Partnertherapie gibt aber eine Antwort darauf, ob klientenzentrierte Therapeuten Partnertherapie von sich aus empfehlen sollen: Die Indikation zur klientenzentrierten Psychotherapie mit Paaren hängt nicht nur von den Prozeßmerkmalen auf seiten *eines* Partners ab, und über die (auch für die Einzeltherapie zu erfüllende) »Ansprechbarkeit« hinaus sind für die Partnertherapie noch zusätzliche (Indikations-)Anforderungen an die Klienten zu stellen (wie etwa Wunsch nach Kommunikation miteinander); eine Entscheidung für oder gegen eine Partnertherapie wird daher erst dann möglich, wenn *beide* Partner in Therapie sind und damit auch zeigen, daß sie (wenigstens in einem minimalen Ausmaß) miteinander in Kontakt sein und kommunizieren wollen. Kommt ein Partner allein in Therapie, so ist das Ausdruck dafür, daß er die Therapie für sich allein haben will oder Ausdruck dafür, daß der Partner nicht mitkommen will. Da Partnertherapie nicht höherwertig ist als Einzeltherapie, besteht für den Therapeuten kein Grund, von sich aus Partnertherapie zu empfehlen. Partnertherapie wird hier verstanden als zusätzliche Serviceleistung für die Klienten – die dann sinnvoll ist, wenn die *Klienten* sie verlangen.

4.3. Forderungen an den klientenzentrierten Partnertherapeuten

4.3.1. Ableitung und Ausformulierung

Explizit sind die Forderungen an den klientenzentrierten Partnertherapeuten in den Sätzen A5–A7 der »Theorie« der klientenzentrierten Psychotherapie mit Paaren festgehalten (vgl. S. 72). Der Therapeut muß sowohl in der Beziehung zu X als auch in der Beziehung zu Y kongruent sein, er muß sowohl gegenüber X als auch gegenüber Y bedingungslos wertschätzend und empathisch sein.
Damit ist einerseits ausgedrückt, daß der Auftrag an den klientenzentrierten Therapeuten auch in der Partnertherapie abgedeckt ist durch die Aufforderung, sich um Kongruenz, bedingungslose Wertschätzung und Empathie zu bemühen. Andererseits wird aber auch deutlich, daß das Setting der Partnertherapie gewisse Modifikationen dieses Auftrags verlangt (Auckenthaler 1982b; 1983b). Der Therapeut muß sein Beziehungsangebot *zwei* Klienten machen – und diese Erweiterung auf zwei Klienten bedeutet u. U. gleichzeitig eine Einengung der Bereiche, in denen er therapeutisch wirksam werden kann. Das wieder hängt zusammen mit den Zielen klientenzentrierter Partnertherapie; die Forderungen an den Partnertherapeuten (A5–A7) sind bestimmt durch die

übrigen in Teil A der »Theorie« der klientenzentrierten Partnertherapie angeführten Bedingungen sowie durch Teil B und Teil C. Die u. U. notwendig werdende Einengung auf wenige Bereiche läßt sich aber auch ableiten aus der Definition der bedingungslosen Wertschätzung und der Empathie (vgl. S. 13).

Gerade, *weil* sich am therapeutischen Beziehungsangebot nichts ändert, *weil* der Therapeut sich auch in der Partnertherapie um Kongruenz, bedingungslose Wertschätzung und Empathie bemühen muß (diesmal aber gegenüber *zwei* Klienten), wird sich für den Therapeuten gegenüber der Einzeltherapie sowohl in seinem Erleben als auch in seinem Verhalten einiges ändern. Denn er befindet sich in der Partnertherapie in einer anderen sozialen Situation als in der Einzeltherapie, und diese andere Situation verlangt vom Therapeuten u. U. andere Äußerungsformen seines Bemühens um Kongruenz, bedingungslose Wertschätzung und Empathie und wird ihm u. U. andere Gefühle machen, als er sie von der Einzeltherapie her kennt.

Zur anderen sozialen Situation der gleichzeitigen Anwesenheit zweier – miteinander auch außerhalb der Therapiesituation in Beziehung stehender – Klienten kommt es nur z. T. aufgrund des anderen therapeutischen Ziels einer Verbesserung der Beziehung. Die in Teil C der »Theorie« der klientenzentrierten Partnertherapie beschriebene verbesserte Beziehung der beiden Partner zueinander könnte auch in zwei getrennten Einzeltherapien erreicht werden. Denn nach einer (erfolgreichen) Einzeltherapie müßten beide Partner fähig sein, einander eine andere Art der Beziehung *anzubieten* und das andere Beziehungsangebot ihres Partners *wahrzunehmen* (Rogers 1959, 218). Das Ziel einer Verbesserung der Beziehung verlangt also nur, daß *beide* Partner in Therapie gehen, nicht, daß sie *gemeinsam* in Therapie gehen. Die gleichzeitige Anwesenheit von zwei Klienten in der Therapie ist die Entscheidung der Klienten – die allerdings wieder zusammenhängt mit dem Wunsch der Klienten nach einer Verbesserung ihrer Beziehung zueinander. Der Therapeut akzeptiert – bei Vorliegen der Indikationskriterien – nicht nur dieses Ziel der Verbesserung der Beziehung, sondern auch den Wunsch der Klienten, dieses Ziel in einer gemeinsamen Therapie erreichen zu wollen. Daraus folgt für ihn allerdings, daß er das therapeutische Beziehungsangebot *zwei* Klienten gleichzeitig machen muß.

Sich zwei Klienten gegenüber um Kongruenz, bedingungslose Wertschätzung und Empathie zu bemühen, verlangt vom Therapeuten, damit umgehen zu können,

– daß er seine Wertschätzung und seine Empathie gegenüber den Klienten in unterschiedlichem Ausmaß erleben wird und daß es ihm bei den beiden Klienten unterschiedlich leicht oder schwer gelingen wird, kongruent zu sein;

– daß er seine Wertschätzung und Empathie den beiden Klienten gegenüber vielleicht in unterschiedlicher Art ausdrücken wird;

– daß er sich entscheiden muß, wann er sein einfühlendes Verstehen dem einen, wann dem anderen Partner mitteilt.

Der Therapeut muß nicht nur selbst Unterschiede in seinem Verhalten gegenüber den beiden Klienten aushalten können, er muß auch den Klienten zutrauen, daß sie mit den unterschiedlichen Manifestationen seines therapeutischen Beziehungsangebots zurechtkommen – sowohl, was die Art des Ausdrucks betrifft, als auch, was das Ausmaß betrifft. Das heißt vor allem auch: Es muß den Therapeuten nicht sofort beunruhigen, wenn er merkt, daß er einen der beiden Klienten besser verstehen und akzeptieren kann als den anderen. Allerdings ist es seine Aufgabe, sich bewußt zu machen, *warum* das so ist. Diese Überprüfung seiner Kongruenz muß er sowohl in seiner Beziehung zum einen als auch in seiner Beziehung zum anderen Partner vornehmen. Erst dann, wenn er sein Bemühen um die Verwirklichung der drei »Kernbedingungen« in der Beziehung zu einem der beiden Partner oder zu beiden Partnern aufgegeben hat, ist er von den Forderungen, die in der Situation der Partnertherapie an ihn gestellt sind, abgekommen. Solange er sich jedoch darum bemüht, beide Klienten zu verstehen und bedingungslos zu akzeptieren, dabei aber je nach Klient, je nach angesprochenem Thema usw. unterschiedlich »erfolgreich« ist, kann er diesen Wechsel im Ausmaß an Empathie und Wertschätzung den beiden Klienten gegenüber als Aufforderung dazu nützen, sich wieder um mehr Kongruenz in den Beziehungen zu den beiden Klienten zu bemühen. Auf diesem Weg müßte es ihm gelingen, einen Mangel im Ausmaß an Empathie und bedingungsloser Wertschätzung einem der beiden Partner gegenüber »auszugleichen«. Allerdings kann auch das Bemühen um Kongruenz in der Beziehung zum einen Partner schwieriger sein als in der Beziehung zum anderen. Die beiden Klienten lösen beim Therapeuten wahrscheinlich ganz unterschiedliche Gefühle aus, und der Therapeut wird seine Gefühle je nach Klient unterschiedlich gut zugänglich haben.

Unterschiede in der Zuwendung des Therapeuten zu den beiden Klienten sind zwar »normal« und daher auch kein Grund zu vorschneller Beunruhigung – trotzdem soll hier nicht der Eindruck erweckt werden, als ob damit keine Schwierigkeiten verbunden wären. Erstens ist es für den Therapeuten u. U. verlockend, bei jenem Klienten zu bleiben bzw. auf jenen Klienten auszuweichen, bei dem ihm die Verwirklichung der drei therapeutischen Bedingungen von vornherein besser gelingt; das *kann* dazu führen, daß sich der Therapeut mit dem Grund für seine Schwierigkeiten beim anderen Partner nicht oder zu wenig auseinandersetzt. Zweitens wird es sich bei dem Wechsel in der Zuwendung zu den beiden Klienten auch tatsächlich um einen Wechsel handeln müssen; wenn einer der beiden Partner über zu lange Zeit schlechter verstanden und weniger akzeptiert wird als der andere, so wird das für ihn vermutlich zu bedrohlich werden – selbst wenn er sich vielleicht damit

tröstet, daß dann wohl der Partner, mit dem sich der Therapeut ständig beschäftigt, die Therapie nötiger haben wird.
Mit dem Wechsel in der Zuwendung des Therapeuten zu den beiden Klienten wird noch ein weiteres Problem aufgeworfen. Wenn das therapeutische Beziehungsangebot u. U. nur sehr kurzzeitig in eine Richtung gemacht wird, so wird damit möglicherweise seine Wirksamkeit eingeschränkt. Denn das therapeutische Beziehungsangebot muß über längere Zeit andauern, damit der therapeutische Prozeß in Gang gesetzt wird, und die therapeutische Beziehung ist einer »normalen« Beziehung in Hinblick auf das Ingangbringen des therapeutischen Prozesses ja gerade auch deshalb überlegen, weil hier die »notwendigen und hinreichenden Bedingungen« länger angeboten werden können (Rogers 1957, 101). U. U. sind also die in der Partnertherapie zu erwartenden Begrenzungen des Ausmaßes an konstruktiven Persönlichkeitsveränderungen auch eine Folge von Unterbrechungen des therapeutischen Beziehungsangebots, wie sie durch die gleichzeitige Anwesenheit von zwei Klienten notwendig werden. Andererseits sind diese Unterbrechungen auch nicht überzubewerten; auch in der Einzeltherapie ist der Therapeut gegenüber dem Klienten nicht gleichbleibend empathisch, wertschätzend und kongruent (Biermann-Ratjen et al. 1979, 9 ff.). Im Erleben des Klienten allerdings ist es ein bedeutsamer Unterschied, ob sie – wie in der Einzeltherapie – die Aufmerksamkeit des Therapeuten für sich allein haben oder ob sie – wie in der Partnertherapie – die Aufmerksamkeit des Therapeuten mit ihrem Partner teilen müssen.
Die spezifischen Anforderungen an den klientenzentrierten Partnertherapeuten ergeben sich aber nicht nur daraus, daß er sein Beziehungsangebot *zwei* Klienten machen muß, sondern auch daraus, daß diese zwei Klienten sowohl innerhalb der Therapie als auch außerhalb der Therapie miteinander in Kontakt sein wollen und daß sie in einer ganz bestimmten Art der Beziehung zueinander stehen. Die Tatsache, daß der Therapeut in der Partnertherapie nicht der einzige Beziehungspartner für die Klienten ist, daß außerdem der eigentlich wichtige Partner der Klienten mit in der Therapie ist, bringt den Partnertherapeuten in eine »*Dreieckssituation*«. Der Therapeut weiß, daß er wichtig werden muß für die beiden Partner, wenn sie ihr Ziel einer Verbesserung der Beziehung erreichen sollen. Er muß aber auch respektieren, daß den beiden Klienten selbst in der Therapiesituation der Kontakt zueinander zwischendurch wichtiger ist als der Kontakt zu ihm. Obwohl er weiß, daß er auf die Klienten einwirken muß, damit der therapeutische Prozeß in Gang gesetzt werden kann, muß er bereit sein, sich immer wieder selbst zurückzunehmen – vielleicht sich mehr zurückzunehmen, als er es von der Einzeltherapie her gewöhnt ist. Möglicherweise ist aber dieses Sich-selbst-Zurücknehmen in der Partnertherapie auch schwieriger als in der Einzeltherapie. Denn in der Partnertherapie muß der Therapeut selbst dann – oder sogar: gerade dann – im Hintergrund bleiben, wenn

die Klienten seinem Beziehungsangebot besonders zugänglich sein müßten, in Momenten nämlich, wo sie sich als »beziehungsfähig« erweisen. Andererseits kann die gleichzeitige Anwesenheit beider Partner für den Therapeuten auch entlastend sein: Wird sein Beziehungsangebot nicht angenommen, kann er diese Zurückweisung auf das therapeutische Setting zurückführen – der Grund für das Abprallen mit dem Beziehungsangebot ist leichter faßbar als in einer Einzeltherapie.

Die Dreieckssituation in der Partnertherapie bedeutet für den Therapeuten aber noch mehr als nur »Konkurrenz« durch den (Alltags-) Partner der Klienten. Dadurch, daß innerhalb der Therapiesituation ein Stück Alltag passiert, wird möglicherweise die mit einer Therapie verbundene »Sondererfahrung« für die Klienten abgeschwächt (Binder & Binder 1979, 103 ff.). Der Therapeut muß darauf verzichten können, starke Sondererfahrungen zu vermitteln, und gleichzeitig darauf, den therapeutischen Prozeß in dem Ausmaß in Gang zu setzen, wie er es von der Einzeltherapie her gewohnt ist.

Grenzen der Partnertherapie ergeben sich nicht einfach daraus, *daß* die beiden Partner auch außerhalb der Therapiesituation miteinander in Beziehung stehen, sondern vor allem aus der *Art* der Beziehung zwischen den beiden Partnern. Daß bestimmte Themen ausgeklammert bleiben (müssen), hängt nämlich u. a. damit zusammen, daß die beiden Klienten einander als bedrohlich wahrnehmen und sich in Verteidigungshaltung befinden. Und das Ziel der Partnertherapie gilt deshalb bereits dann als erreicht, wenn nur bestimmte Inkongruenzen aufgehoben sind – jene, die zur Verbesserung der Beziehung nötig sind –, weil die Klienten ihre Inkongruenzen vor allem in ihrer Beziehung zueinander erleben. Die Konzentration auf jene Inkongruenzen, die sich in der Beziehung zwischen den beiden Partnern äußern, hat aber für den Therapeuten zusätzlich zu den damit verbundenen Eingrenzungen auch noch andere Konsequenzen: Weit stärker als in der Einzeltherapie ist er konfrontiert mit dem *Verhaltens*aspekt von Inkongruenzen.

Natürlich erlebt der Therapeut auch in der Einzeltherapie Äußerungen von Inkongruenzen im Verhalten; die Inkongruenzen des Klienten haben Auswirkungen auf die Beziehung des Klienten zum Therapeuten. In der Einzeltherapie ist aber der *in* der Therapiesituation erlebbare Verhaltensaspekt der Inkongruenzen nicht *zwangsläufig* zentrales Thema der Therapie. Klienten, die in eine Partnertherapie kommen, präsentieren dagegen dem Therapeuten in erster Linie ihr Leiden an den *Äußerungen* der Inkongruenzen – zu Beginn der Therapie wahrscheinlich vor allem ihr Leiden an den Äußerungen der Inkongruenzen des Partners. Sie präsentieren es nicht nur in Form des Darüber-Redens. Durch die gleichzeitige Anwesenheit beider Partner in der Therapiesituation ist es dem Therapeuten möglich, selbst mitzuerleben, wie sich die Inkongruenzen der beiden Partner in ihrem Verhalten zueinander äußern.

Damit wird die Situation der Partnertherapie gewissermaßen konkreter

als die Situation der Einzeltherapie. Der Partnertherapeut erfährt die Inkongruenzen der Klienten nicht nur über die Art, wie sie mit ihm in Beziehung treten, und über ihre Selbstdarstellungen, sondern auch über ihr Verhalten gegenüber ihrem Partner. Diese größere Konkretheit liefert dem Therapeuten möglicherweise Daten, die er sonst nicht oder nur mit größeren Schwierigkeiten gewinnen könnte, sie bringt ihn allerdings auch in eine Gefahr: Durch die Konzentration der Klienten auf die Äußerungen der Inkongruenzen im Verhalten wird auch der Therapeut leicht dazu verleitet, sein Hauptaugenmerk auf den Verhaltensaspekt zu richten, sich zu bereitwillig nur noch damit zu beschäftigen, wie die Klienten miteinander kommunizieren. Damit aber wird die Beziehungsebene (als das eigentlich Entscheidende der klientenzentrierten Psychotherapie) verlassen. Es geht dann plötzlich nicht mehr um die Beziehung, welche die Klienten zu sich selbst, zueinander, zum Therapeuten aufnehmen, sondern um so etwas wie die »gute«, »richtige« Kommunikation. Aus einer Therapie, die darauf aufbaut, daß der Therapeut den Klienten eine bestimmte Art von Beziehung anbietet und ihnen so ermöglicht, auch zu sich selbst und zueinander eine *andere Art der Beziehung* aufzunehmen, kann so unter der Hand eine Kommunikationstherapie werden, in der die Klienten dazu gebracht werden sollen, eine *»bessere« Art der Kommunikation* zu lernen. Der Therapeut wird vom Beziehungspartner zum Experten für »gute« Kommunikation und reduziert Beziehungsprobleme der Klienten auf Kommunikationsprobleme (Bauriedl 1980, 209).
Die größere Konkretheit von Partnertherapie ist für den Therapeuten übrigens auch deshalb z. T. eher eine Erschwernis als eine Erleichterung, weil er als direkter »Zeuge« der Beziehungsschwierigkeiten auch erfährt, was an den beiden Partnern den anderen leiden macht. D. h.: Es wird vom Partnertherapeuten verlangt, empathisch und bedingungslos wertschätzend zu sein für Klienten, deren Beteiligung am Leiden eines anderen er unmittelbar miterlebt.

4.3.2. Die Erfüllung der Anforderungen in der therapeutischen Praxis

In Zusammenhang mit der Dreieckssituation und mit der Gleichzeitigkeit von therapeutischer Beziehung und Alltagsbeziehung wird sich der Therapeut in der Partnertherapie bei seinem Bemühen um Kongruenz Fragen stellen müssen, die er von der Einzeltherapie her nicht kennt:

- Was heißt es für mich als Therapeut, wenn ich miterlebe, daß ein Klient für jemand anderen zugänglicher ist als für mich?
- Was heißt es für mich, wenn ich erlebe, daß ein Klient für mich zugänglicher ist als für seinen Partner?
- Was heißt es für mich, wenn ich mich bemerkbar machen muß, gegenüber jemand anderem durchsetzen muß?
- Habe ich Angst, Zweierbeziehungen zu stören? Sind Zweierbeziehungen für

mich etwas, in das man sich nicht einmischen darf? Habe ich Angst, die Kommunikation der Partner durch das eigene Einwirken zu stören?
– Wie geht es mir im Alltag damit, wenn ich Beziehungen zu mehreren Personen aufnehme? Ist das schwierig für mich? Oder bin ich froh, wenn ich Ausweichmöglichkeiten habe? Muß ich wissen, daß ich der wichtigere Partner bin? Sehe ich in Partnertherapien eine Möglichkeit, (zu) enge Beziehungen zu vermeiden?
– Kann ich es ertragen, wenn meine Möglichkeiten zur Vermittlung von »Sondererfahrungen« eingeschränkt werden? Habe ich den Eindruck, in der Partnertherapie zu wenig zeigen zu können, was ich »eigentlich« kann?
– Wie ist es für mich, wenn ich Grenzen, die andere setzen, akzeptieren muß? Halte ich es nur schwer aus, wenn jemand die Auseinandersetzung mit sich selbst abkürzt oder vermeidet?

Selbstverständlich muß der Therapeut auch in der Einzeltherapie die Grenzen beachten, die ein Klient setzt. In der Partnertherapie aber kommt der therapeutische Prozeß mitunter schon zu einem Zeitpunkt ins Stocken, zu dem die persönlichen Grenzen eines Klienten noch längst nicht erreicht sind. Der Partnertherapeut muß auch die Grenzen der Beziehung zwischen den beiden Klienten beachten. Er muß dann nicht nur damit umgehen können, daß er u. U. nicht so »effektiv« sein *kann* wie in einer Einzeltherapie, sondern auch damit, daß er gar nicht so »effektiv« sein *soll.* (»Effektiv« im Sinne des Ingangsetzens des therapeutischen Prozesses in möglichst großem Ausmaß.)

Unzufriedenheit von Therapeuten mit dem in einer Partnertherapie Erreichbaren scheint allerdings vorwiegend ein theoretisches Problem zu sein. Den Praktikern ist der Gedanke daran, sie könnten in einer Partnertherapie weniger erreichen als in einer Einzeltherapie, anscheinend sogar recht fremd. Partnertherapie gilt nicht deshalb als schwierig, weil man dabei vielleicht als Therapeut weniger bewirken kann als in der Einzeltherapie, sondern weil Partnertherapie komplexer sei, weil mehr Ebenen zu beachten seien und weil daher vom Therapeuten eine »höhere Wahrnehmungskapazität« gefordert werde (vgl. Kapitel 1.3.), aber auch deshalb, weil die Intensität des Erlebens in der Partnertherapie größer sei. (Hier und im folgenden stütze ich mich wieder auf die Fragebogen-Antworten der Praktiker; vgl. Kapitel 1.)

Der – scheinbare – Widerspruch zwischen Praxis und »Theorie« löst sich auf, wenn konkretisiert wird, was von den Praktikern, was in der »Theorie« der klientenzentrierten Psychotherapie mit Paaren unter größerer bzw. geringerer Intensität verstanden wird: Während die »Theorie« der klientenzentrierten Psychotherapie mit Paaren darauf aufmerksam macht, daß in der Partnertherapie der therapeutische Prozeß u. U. nur in begrenztem Ausmaß in Gang gesetzt wird (und daher auch die »konstruktiven Persönlichkeitsveränderungen« nur in begrenztem Ausmaß eintreten werden), fürchten die Praktiker in der Partnertherapie jene Intensität, die mit starken positiven Gefühlen der Klienten füreinander oder mit Streit der Klienten zusammenhängt. Das

freilich sind mögliche Hindernisse für das Ingangkommen des therapeutischen Prozesses.
Noch größer als die Angst vor den Emotionen der Klienten scheint bei den Praktikern die Angst vor Parteilichkeit zu sein bzw. die Angst, in Bündnisse verwickelt zu werden. Denn daß der Partnertherapeut unparteiisch sein muß, gilt ihnen als Gesetz (vgl. Kapitel 1.3.). Schwierigkeiten dabei scheinen sich vor allem daraus zu ergeben, daß häufig versucht wird, Unparteilichkeit auf der Verhaltensebene herzustellen. Der Therapeut bemüht sich dann, beide Partner möglichst gleich lang, gleich oft, in gleicher Weise anzusprechen, oder den Partner, der gerade nicht »am Zug« ist, wenigstens durch Fragen danach, wie es ihm gerade geht, was er gerade denkt usw., einzubeziehen. – Die »Theorie« der klientenzentrierten Psychotherapie mit Paaren sagt den Praktikern nicht nur, daß ihre – abwechselnde – Parteinahme für die beiden Klienten kein »therapeutischer Fehler« ist, sie macht auch deutlich, daß Parteilichkeit nicht auf der Verhaltensebene bewältigt werden kann (vgl. Bauriedl 1980, 91 f.). Unterschiedliches Verhalten des Therapeuten gegenüber den beiden Klienten ist notwendige Konsequenz daraus, daß der Therapeut versuchen muß, sein Beziehungsangebot zwei – unterschiedlichen! – Klienten zu machen. Parteilichkeit läßt sich also nicht durch möglichst gleiches Verhalten gegenüber den beiden Klienten auflösen – sie muß auch nicht notwendigerweise »weggebracht« werden. Wohl aber hat der Therapeut die Aufgabe, sich über das Bemühen um Kongruenz seiner Parteilichkeit bewußt zu werden. Stellt er fest, daß er Partei für einen der beiden Klienten ergriffen hat, ist das kein Grund zu Selbstvorwürfen, sondern Anlaß zu einer (weiteren) Überprüfung seiner Kongruenz.
Dieser von der »Theorie« der klientenzentrierten Partnertherapie abgeleiteten Forderung an den Therapeuten entsprechen jene Bewältigungsversuche von Parteilichkeit, bei denen die Praktiker über ihre Parteilichkeit in der Supervision oder zumindest mit ihrem Cotherapeuten sprechen. Aus den Fragebogen-Antworten geht aber auch hervor, daß Praktiker meinen, sie müßten ihre Parteinahme in der Therapiesituation thematisieren. In der »Theorie« der klientenzentrierten Psychotherapie mit Paaren gibt es dafür jedoch keinerlei Anhaltspunkte. Es kann nicht Sache der Klienten sein, dem Therapeuten bei der Auseinandersetzung mit seinen Gefühlen zu helfen.

Bei der sogenannten »Selbsteinbringung« des Therapeuten handelt es sich häufig um Fehlinterpretationen des Kongruenz-Begriffs in Richtung auf ein »anything goes«; im Extrem wird durch die »Selbsteinbringung« des Therapeuten die therapeutische Beziehung auf den Kopf gestellt (vgl. Biermann-Ratjen et al. 1979, 33 f.; Carkhuff & Berenson 1967, 29; Patterson 1969, 17; Truax & Carkhuff 1967, 69). – Der Therapeut ist dann kongruent, wenn er sich aller seiner gefühlsmäßigen Reaktionen auf den Klienten *bewußt* wird (vgl. Rogers 1957, 97); er muß diese Reaktionen nicht sofort »wegbringen« (z. B. indem er sie dem

Klienten mitteilt), er muß sich vielmehr damit auseinandersetzen. Die Möglichkeit dazu bietet ihm die *Supervision*; sie soll gewährleisten, daß der Therapeut sich mit seinem Erleben in der therapeutischen Situation auseinandersetzt – was notwendig ist, damit er den Klienten (wieder) verstehen und bedingungslos wertschätzen kann –, ohne daß er damit den Klienten belastet.

Da den Praktikern das Vermeiden von Parteilichkeit bzw. das Herstellen von »Ausgewogenheit« wichtig ist, dürften sie es als Nachteil empfinden, daß sie keine – oder nur wenig hilfreiche – Kriterien zur Verfügung haben, nach denen sie ihre Aufmerksamkeit auf die beiden Klienten verteilen. Auf dem Hintergrund der »Theorie« der klientenzentrierten Partnertherapie ist dieser Mangel an Kriterien für die Aufmerksamkeitsverteilung allerdings nicht als »Defizit« der betreffenden Therapeuten zu sehen, sondern eher als Ausdruck dafür, daß es tatsächlich unmöglich ist, Verhaltensanweisungen zu entwickeln. Dazu, wie ein Therapeut den beiden Klienten sein Beziehungsangebot machen soll bzw. machen kann, lassen sich keine allgemeingültigen Regeln aufstellen, nicht einmal individuelle Regeln. Der Therapeut weiß nur, daß er sich bei jedem Klienten um Kongruenz, bedingungslose Wertschätzung und Empathie bemühen muß. Wie er den Klienten das *zeigen* wird, muß er bei jedem Klienten, in jeder Situation neu entscheiden.
Während die Praktiker selbst ihre Hauptschwierigkeiten im Umgang mit der Situation der Partnertherapie einerseits im Anspruch der Unparteilichkeit sehen, andererseits im Konfrontiertwerden mit eigenen Beziehungsproblemen (vgl. Kapitel 1.3.), legt die Auseinandersetzung mit der »Theorie« der klientenzentrierten Partnertherapie die Vermutung nahe, die Schwierigkeiten müßten vor allem damit zusammenhängen, daß sich die klientenzentrierten Partnertherapeuten konzeptfremde Funktionen zuschreiben. So glauben die Praktiker z. B., sie müßten für die Klienten eine bestimmte *Atmosphäre* schaffen, »die verfahrene Kommunikation wieder in Gang bringen«, »Modell (sein) für neue Arten zwischenmenschlichen Verhaltens« usw. (vgl. Kapitel 1.3.). Von der Definition der drei Kernbedingungen her allerdings ist die Forderung nach dem Schaffen einer bestimmten (angstfreien, unbedrohlichen) Atmosphäre schlichtweg unsinnig, und der Therapeut ist nach der »Theorie« der klientenzentrierten Partnertherapie auch nicht dazu aufgerufen, als Modell für ein anderes Verhalten zu fungieren. Versucht der Therapeut, diesen – falschen – Ansprüchen zu genügen, merkt er entweder, daß ihm das nicht gelingt, oder er muß den klientenzentrierten Ansatz verlassen und verwickelt sich dabei u. U. in Widersprüche. In beiden Fällen wird er sich unsicher und inkompetent fühlen.

4.4. Ein Rest von Fragen?

Antworten auf die »weiteren Fragen«, die von den Praktikern und in der Literatur diskutiert werden (vgl. Kapitel 1. und Kapitel 2.), lassen sich aus der »Theorie« der klientenzentrierten Psychotherapie mit Paaren nur z. T. ableiten. Eine Stellungnahme zu diesen Fragen auf dem Hintergrund der »Theorie« der klientenzentrierten Partnertherapie aber ist möglich.

– Fragen nach der Notwendigkeit von Kombinationen, »Integration«, Verwendung zusätzlicher therapeutischer Verfahren erhalten auf dem Hintergrund der theoretischen Modellierung der klientenzentrierten Partnertherapie eine andere Bedeutung. Wenn der Therapeut im Grunde alles »machen« darf, solange er es aus dem Bemühen um Kongruenz, bedingungslose Wertschätzung und Empathie gegenüber den beiden Klienten heraus macht, besteht für ihn weder ein Grund, auf »Kombinationen« stolz zu sein, noch muß er sich dafür rechtfertigen. Fest steht, daß Empathie und bedingungslose Wertschätzung sich auf vielerlei Arten ausdrücken lassen. Entdeckt der Therapeut, daß er für diese Ausdrucksformen Anleihen bei fremden Ansätzen nimmt oder daß er sich anders verhält als in der Einzeltherapie, besteht seine Aufgabe einerseits in einer Überprüfung seiner Kongruenz, andererseits – falls das nach der Kongruenz-Überprüfung überhaupt noch nötig ist – in der Auseinandersetzung mit der Frage, ob er durch die Anleihen bei fremden Ansätzen nicht mit den Zielen der klientenzentrierten Partnertherapie in Konflikt gerät. Ist der Therapeut kongruent, und zeigt sich, daß ein Vorgehen, das er eigentlich von einem anderen Ansatz her kennt, Möglichkeit zum Ausdruck von Empathie und bedingungsloser Wertschätzung gegenüber den Klienten ist, so ist er jedenfalls seinem therapeutischen Auftrag treu geblieben. Ob man dabei von »Kombination« bzw. »Integration« sprechen kann oder nicht, ist zwar eine theoretisch interessante Frage, für Therapeuten in der Praxis aber ist zunächst nur wichtig, sich bewußt zu machen, daß alle – auch: »fremde« – Mittel erlaubt sind, wenn sie Äußerungsformen der Kongruenz, der bedingungslosen Wertschätzung und der Empathie des Therapeuten gegenüber den Klienten sind.

– Zu den Diskussionen zum Setting von Partnertherapie liefert die »Theorie« der klientenzentrierten Psychotherapie mit Paaren nur indirekte Beiträge: Sie stützt jene Vermutungen, wonach Cotherapie eher ein Anliegen der Therapeuten sei als ein Anliegen der Klienten (vgl. Kapitel 2.4.). Wenn Therapeuten die Dreiersituation spannungsgeladener finden als die Vierersituation und sich in der Dreiersituation isoliert und fehl am Platz fühlen, so ist das zwar auf dem Hintergrund des Miteinander-in-Kontakt-sein-Wollens der beiden Klienten verständlich; solche Gefühle sind aber in erster Linie Aufforderung an den Therapeuten, seine Kongruenz zu überprüfen. Cotherapie wäre jedenfalls dann unter die therapeutischen »Fehler« einzureihen, wenn sie dazu führen sollte, derartige Gefühle zuzudecken und so das Bemühen des Therapeuten um Kongruenz zu verhindern bzw. vorschnell zu stoppen.

– Das Auftauchen neuer Fragen allein ist natürlich kein Argument

gegen die Durchführung von Partnertherapien im Setting der Cotherapie. Auch in der derzeitigen Formulierung läßt die »Theorie« der klientenzentrierten Psychotherapie mit Paaren viele Fragen offen – in bezug auf Detailprobleme mehr als nur einen »Rest von Fragen«. Während aber in Zusammenhang mit der Erweiterung auf zwei Therapeuten Fragen auftauchen würden, die evtl. erst durch die *Abweichung* vom therapeutischen Auftrag entstehen (falls die Entscheidung für Cotherapie Ausdruck dafür ist, daß die Kongruenz-Überprüfung vermieden wird), können und müssen andere Fragen *wegen* des therapeutischen Auftrags offen bleiben. Ob z. B. zusätzliche Einzelsitzungen notwendig, erlaubt, sinnvoll etc. sind oder nach wievielen Kontakten eine Partnertherapie beendet werden sollte, *läßt* sich nicht allgemeingültig festlegen. Entscheidungen darüber sind individuell – aus dem Bemühen um Kongruenz, bedingungslose Wertschätzung und Empathie gegenüber zwei konkreten Klienten heraus – zu treffen.
Die Frage nach der optimalen Dauer von Partnertherapie-Sitzungen gehört ebenfalls zu jenen Fragen, die von der »Theorie« der klientenzentrierten Partnertherapie nicht beantwortet werden. Da aber die Durchführung von Partnertherapien kaum weniger anstrengend sein dürfte als die Durchführung von Einzeltherapien, da außerdem z. T. wieder konzeptfremde Gründe für die Verlängerung der Sitzungszeit angeführt werden, ist die Bereitschaft, die Sitzungszeit für die Partnertherapien von den sonst üblichen 45–50 Minuten auf 90–120 Minuten zu verlängern, zumindest kritisch zu hinterfragen. Möglicherweise hängt das Bedürfnis nach längeren Sitzungen mit dem Wunsch der Therapeuten zusammen, den therapeutischen Prozeß schneller voranzubringen, sich »effektiver« vorkommen zu können. Vielleicht brauchen Partnertherapeuten die langen Sitzungen auch, um an der Überzeugung von der besonderen Schwierigkeit und von der Höherwertigkeit von Partnertherapie festhalten zu können. Sollte sich herausstellen, daß eine Verlängerung der Sitzungen tatsächlich auch im Interesse der Klienten ist, müßte die Frage nach der Sitzungsdauer (neu) diskutiert werden. Im Moment scheint die Notwendigkeit der Einführung von Sonderarrangements für die Partnertherapie weder hinsichtlich der Sitzungsdauer noch hinsichtlich der Anzahl der Therapeuten gegeben zu sein.

4.5. Die »Theorie« der klientenzentrierten Psychotherapie mit Paaren als Ansatzpunkt für die Überwindung des technischen Eklektizismus

Die themenzentrierte Auseinandersetzung mit der »Theorie« der klientenzentrierten Partnertherapie hat gezeigt, daß klientenzentrierte Therapeuten ihren eigenen Ansatz als Orientierungsgrundlage für die Durchführung von Partnertherapie verwenden können. Aus der »Theorie« der klientenzentrierten Psychotherapie mit Paaren konnten

Antworten auf Fragen nach den Zielen, der Indikation und den Forderungen an den Therapeuten abgeleitet werden. Klientenzentrierte Therapeuten sollten dadurch bei der Durchführung von Partnertherapie unabhängig(er) von anderen therapeutischen Richtungen werden können.

Die »Theorie« der klientenzentrierten Psychotherapie mit Paaren läßt aber auch eine Reihe von Fragen *offen.* Der klientenzentrierte Partnertherapeut hat dadurch Freiräume zur Verfügung, die er individuell nützen kann (bzw. soll). Damit gewinnt er einerseits Unabhängigkeit von anderen Ansätzen; andererseits legen ihm diese Freiräume aber auch die Verpflichtung auf, Entscheidungen möglichst flexibel, weil situationsangemessen zu treffen. D. h. er muß sich so weit als möglich von generellen (und dadurch rigiden) »Selbstverständlichkeiten« freimachen. Das bedeutet im Optimalfall jedoch auch wieder eine Steigerung seiner Unabhängigkeit: Da er jetzt weiß, daß er individuelle Entscheidungen treffen *muß,* ist Gruppenkonsens bis ins letzte Detail therapeutischen Handelns für ihn nicht mehr wichtig.

Mit der »Theorie« der klientenzentrierten Partnertherapie als Orientierungsgrundlage kann der klientenzentrierte Partnertherapeut auf einen technischen Eklektizismus verzichten – z. T., weil er jetzt Antworten auf seine Fragen *hat,* z. T., weil er nicht auf alle Fragen allgemeingültige Antworten *braucht.* D. h.: Er gewinnt nicht nur deshalb mehr Sicherheit, weil zentrale Fragen beantwortet sind, sondern auch deshalb, weil er jetzt bestimmte Fragen offen lassen kann und sie nicht mehr mit vorschnellen – inkohärenten – Antworten schließen muß. Das aber läßt neue Möglichkeiten des Umgangs mit dem Wissen aus anderen partnertherapeutischen Ansätzen zu. Ideen, die von außen kommen, müssen für den klientenzentrierten Therapeuten nicht mehr bedrohlich sein; er muß in ihnen nicht mehr die Aufforderung sehen, das eigene therapeutische Handeln sofort entsprechend »umzustellen«, kann sie nützen oder ablehnen. Da er sich mit den anderen Richtungen auf dem Hintergrund seiner eigenen therapeutischen Richtung auseinandersetzt, muß er weder fürchten, seinem Ansatz »untreu« zu werden, noch muß er sich mangelnde Offenheit für die Erkenntnisse anderer Ansätze vorwerfen. Es ist zu vermuten, daß der Therapeut auf diese Weise in seinem Handeln freier und flexibler wird; er kann jetzt z. B. »kombinieren«, ohne seinen ursprünglichen therapeutischen Ansatz dabei aufzugeben.

Damit ist ein (nicht unbeträchtlicher) Teil der Überwindung des technischen Eklektizismus in der konkreten Therapiesituation dem Therapeuten aufgebürdet. Allerdings ist mit der expliziten Modellierung einer klientenzentrierten Partnertherapie und der Darstellung ihrer Konsequenzen in der Praxis (vgl. S. 69ff.) der Beliebigkeitsbereich hinsichtlich theoriekohärenter Technologieadaptationen und -entscheidungen ja schon erheblich eingeschränkt; der Praktiker kann die bisher ausgearbeiteten Entscheidungshilfen als beispielhafte Grundlage und als Rahmen für die verbleibenden situativen Entscheidungen über Kohärenz oder Nicht-Kohärenz »fremder« Technologien mit dem klientenzentrierten Ansatz nehmen. Mehr ist derzeit auf dem Hintergrund der bisherigen Entwicklung des klientenzentrierten Ansatzes im Bereich der Partnertherapie wohl nicht erreichbar. Mit dem herausgearbeiteten Kohärenzrahmen dürfte aber zumindest der Ansatzpunkt für die Überwindung des technischen Eklektizismus gegeben sein; die weitere Ausfüllung durch den Praktiker wird bei der konkreten Vielfalt der Therapiesituationen und infolge der Ausrichtung des klientenzentrierten Ansatzes auf die strukturelle Ebene des (therapeutischen) Beziehungsangebotes sowieso immer notwendig und unvermeidbar sein (Howe 1982, 13).

5. Wirklichkeit und Möglichkeiten in der Praxis: Zwei Beispiele

Motiv für die theoretische Modellierung der klientenzentrierten Psychotherapie mit Paaren war die Annahme, daß die Schwierigkeiten der Praktiker mit der Situation der Partnertherapie z. T. auf das Ungenügen von Rogers' »Theorie der Therapie«, z. T. auf die unzureichende Aktualisierung des Wissens über diese »Theorie« zurückzuführen sind. Es wurde gezeigt, daß die »Theorie« der klientenzentrierten Psychotherapie mit Paaren Antworten auf jene Fragen gibt, die als die zentralen Fragen therapeutischer Praxis bezeichnet wurden: auf die Fragen nach der Indikation, nach der Rolle des Therapeuten, nach den Zielen bzw. nach den Möglichkeiten der Feststellung eingetretener Veränderungen. Damit werden Alternativen zu einem technisch-eklektischen Vorgehen geschaffen, und die Basis für eine Praxisverbesserung ist damit vorhanden. Ob diese Antworten tatsächlich dazu beitragen können, dem Praktiker den Umgang mit der Situation der Partnertherapie zu erleichtern, läßt sich erst in der Praxis selbst entscheiden.

Im folgenden soll daher die »Theorie« der klientenzentrierten Psychotherapie mit Paaren noch näher an die Praxis herangeführt werden: Am Beispiel der Partnertherapie von Frau und Herrn K., die vor dem Zeitpunkt der theoretischen Modellierung durchgeführt wurde, wird durchgespielt, wo und wie durch ein theoriegeleitetes Handeln Verbesserungen möglich sind.

Der Wert der »Theorie« der klientenzentrierten Partnertherapie für die Praxis soll aber nicht nur anhand eines Vergleichs von »theorieloser« und theoriegeleiteter Praxis bestimmt werden, sondern zusätzlich auch anhand der Einschätzung ihrer »Leistungen« durch die Klienten selbst: Wie beurteilen Klienten eine Partnertherapie, die der »Theorie« der klientenzentrierten Psychotherapie mit Paaren entspricht? – Die Partnertherapie von Frau und Herrn A. ist Beispiel dafür, daß für – bestimmte! – Klienten die durch eine klientenzentrierte Psychotherapie mit Paaren erreichbaren Veränderungen genau das sind, was sie eine Therapie als erfolgreich erleben läßt. Dieses Beispiel ist allerdings kein Beleg dafür, daß theoriegeleitetes Handeln zu »erfolgreichen« Therapien führt. Die Partnertherapie von Frau und Herrn A. wurde ebenfalls *vor* der theoretischen Modellierung der klientenzentrierten Psychotherapie mit Paaren durchgeführt, und es existieren von dieser Therapie keine Aufzeichnungen der Supervisionssitzungen. Daher läßt sich auch im nachhinein nicht mehr überprüfen, ob die für die klientenzentrierte Psychotherapie mit Paaren notwendigen Bedingungen gegeben waren. Es scheint zwar ziemlich sicher zu sein, daß die Indikationskriterien für die klientenzentrierte Psychotherapie mit Paaren vorlagen, ob aber die

Therapeutin die an sie gestellten Forderungen erfüllt hat, ist nicht mehr nachweisbar.
Selbstverständlich lassen sich die anhand von zwei Beispielen gewonnenen Aussagen nicht generalisieren. Der Wert des Ergebnisses von Einzelfallstudien liegt vielmehr »darin, daß es eine Theorie oder Methode exemplifiziert, als Hypothese für weitere Untersuchungen benutzt werden kann oder die Existenz eines bestimmten Phänomens bzw. Effektes nachweist« (Tack 1980, 48).

Damit soll deutlich werden, daß Einzelfallstudien nicht ein *geringerer,* sondern ein *besonderer* Stellenwert zukommt (Goldman 1978; Westmeyer 1979). In der Einschätzung des Stellenwerts von Einzelfallstudien ist man allerdings unterschiedlicher Auffassung: Während einige Autoren Einzelfallforschung vor allem in der hypothesengenerierenden Phase ansiedeln und eher als Vorbereitung für spätere Forschung sehen (Gelso 1979, 9; Mitchell 1969, 527) bzw. ihren Einsatz nur dann befürworten, wenn methodisch-pragmatische Gründe eine Gruppenstudie verbieten (Huber 1978), betonen andere, daß Einzelfallstudien einen besseren Einblick in den Veränderungsprozeß geben als Gruppenstudien und daß sie Aspekte aufdecken können, die traditioneller Forschung nicht zugänglich sind (Anton 1978, 117). – Zur Diskussion von Einzelfallstudien vgl. z. B. Huber 1978; Kratochwill 1978; Petermann 1978; 1981; Petermann & Hehl 1979; Strotzka 1979.

Die beiden Fallbeispiele stellen also keine Prüfung der »Theorie« im Hinblick auf deren empirische Bewährung dar, und zwar vor allem, weil sich der Ansatz von Rogers dezidiert dem Erfahrungsbegriff der im engeren Sinne empirisch-experimentellen Psychologie entzieht. Innerhalb des weiteren, auch die klinische Praxis einbeziehenden Erfahrungsbegriffs sind sie als Demonstration der Brauchbarkeit des entwickelten »theoretischen Modells« klientenzentrierter Partnertherapie anzusehen.
Daß beide Partnertherapien *vor* der theoretischen Modellierung der klientenzentrierten Psychotherapie mit Paaren durchgeführt wurden, ist Nachteil *und* Vorteil. Vorteil, weil damit Forderungen nach einer Forschung in der »natürlichen Umgebung«, unter »ursprünglichen Bedingungen« erfüllt werden (Goldman 1978, 5; 1979, 42; Meltzoff 1979, 37; Mischel 1977, 248 f.; Sprinthall 1975, 314); Nachteil, weil gerade *durch* das Bleiben bei den »urspünglichen Bedingungen« die Auswirkungen theoriegeleiteten Handelns *nicht* in der »realen Welt« überprüft werden konnten. Die Ausschnitte aus Therapie- und Supervisionssitzungen geben eine Praxis wieder, die zwar von den Prinzipien des klientenzentrierten Ansatzes im allgemeinen, aber nicht von der »Theorie« der klientenzentrierten Psychotherapie mit Paaren geleitet war.

Die gewählte Darstellungsart bringt es allerdings mit sich, daß nicht einmal diese Orientierung an den »Prinzipien des klientenzentrierten Ansatzes im allgemeinen« richtig deutlich wird. Die Praxis, die hier – unvollständig – wiedergegeben wird, als »die« derzeitige Praxis zu bezeichnen, ist also nicht nur aufgrund des Stellenwerts von Einzelfallstudien problematisch.

Der Beschreibung konkreter Alltagspraxis entsprechend, weicht die folgende Gliederung von der im 1., 2. und 4. Kapitel gewählten Reihenfolge ab. Zieldiskussionen werden – derzeit – in der Praxis, wenn überhaupt, so meist erst dann geführt, wenn es bereits um die Feststellung eingetretener (oder auch: nicht eingetretener) Veränderungen geht. In den frühen Therapie- und Supervisionsstunden stehen andere Fragen im Vordergrund: ob Partnertherapie indiziert ist, ob es dem Therapeuten gelingt, den Klienten empathisch, bedingungslos wertschätzend und kongruent zu begegnen. Natürlich lassen sich dabei Fragen nach den Zielen nicht ausklammern; trotzdem wird hier die chronologische Art der Darstellung gewählt.
Eine weitere Abweichung von der Gliederung in den früheren Kapiteln ergibt sich aufgrund von Raumproblemen. Die Anforderungen an den Therapeuten werden hier nicht in einem eigenen Abschnitt diskutiert; da aber auch die Indikationsklärung und die Evaluation einer Therapie nur über die Erfüllung des therapeutischen Auftrags gelingen, werden die Forderungen an den Therapeuten ohnehin bei diesen Themen mitdiskutiert. Die »weiteren Fragen« wurden aus der »Fall«darstellung deshalb herausgenommen, weil sie bei einer theoriegeleiteten Praxis ohnehin nur periphere Bedeutung haben.
Als Beispiel für die Auseinandersetzung der Therapeutin und der Supervisionsgruppe mit der Indikationsfrage werden ausschließlich Beispiele aus der Partnertherapie von Frau und Herrn K. herangezogen. Die Evaluation dagegen wird für *beide* Partnertherapien vorgenommen.

5.1. Datenbasis

Wenn im folgenden nach Möglichkeit – also immer dann, wenn Protokolle der Supervisionssitzungen vorliegen – nicht von der Therapie selbst, sondern von der Supervision ausgegangen wird, so hat das sowohl mit einem bestimmten Verständnis von Psychotherapie als auch mit einem bestimmten Forschungsverständnis zu tun:
– Da die Forderungen an den klientenzentrierten Therapeuten nicht auf der Verhaltensebene gestellt werden, läßt sich auch nicht auf der Verhaltensebene entscheiden, ob er sie erfüllt. »Fall«berichte, die sich auf eine bloße Wiedergabe von Therapieausschnitten stützen, verleiten dazu, sich darüber Gedanken zu machen, ob der Therapeut sich wohl »richtig« oder »falsch« verhält. Sie verleiten außerdem dazu, sich den Problemen der Klienten von einem Außenstandpunkt her zu nähern (Wo liegen die Probleme? Wie versuchen die Klienten, diese Probleme zu lösen? Kenne ich diese Probleme aus eigener Erfahrung?). Einem

bestimmten Sprechverhalten, einem bestimmten Inhalt wird mehr Beachtung geschenkt als der Beziehung zwischen dem Therapeuten und den Klienten und dem Erleben von Therapeut und Klienten (Bauriedl 1980, 90). Der Auftrag an den klientenzentrierten Therapeuten besteht aber darin, eine bestimmte Art der Beziehung zum Klienten herzustellen, und ein zentraler Aspekt dieses Auftrags ist die Auseinandersetzung des Therapeuten mit seinem eigenen Erleben – mit den Gefühlen, die er in der Beziehung zu diesem Klienten erlebt. In der Therapiesituation selbst wird er die Mitteilung dieser Gefühle meist vermeiden, weil er fürchten muß, den therapeutischen Prozeß des Klienten zu hemmen. Die Funktion der Supervision dagegen liegt gerade darin, dem Therapeuten über die Auseinandersetzung mit seinem eigenen Erleben ein besseres Verstehen und Akzeptieren des Klienten zu ermöglichen.
Supervisionsprotokolle können aber nicht nur deutlich machen, daß das Erleben des Therapeuten für das Gelingen der therapeutischen Beziehung weit wichtiger ist als ein bestimmtes Verhalten; sie können auch zeigen, daß alle Daten, die der Therapeut für seine Entscheidungen im Verlauf einer Therapie und für die Evaluation einer Therapie braucht, auf dem Weg über das Bemühen um Kongruenz, bedingungslose Wertschätzung und Empathie zu gewinnen sind (Auckenthaler 1980b). Um zu wissen, ob ein Klient inkongruent ist, ob er seine Inkongruenz erfährt etc. (und das muß er für die Indikationsklärung wissen), muß der Therapeut den inneren Bezugsrahmen des Klienten genau wahrnehmen, d. h. er muß empathisch sein – was ihm nur zusammen mit seiner Kongruenz und seiner bedingungslosen Wertschätzung gegenüber dem Klienten gelingen kann (Biermann-Ratjen et al. 1979, 9ff.).[22]

Bei allen Vorteilen der Verwendung von Supervisionsprotokollen für die Psychotherapieforschung und für die Darstellung von Therapien (Graupe 1979; Levine 1974, 675; Schulz 1979, 36ff.) sehe ich bei der Veröffentlichung von Supervisionsprotokollen auch Gefahren: In der Supervision sagt der Therapeut auch das – oder gerade das –, was er aus der Therapiesituation heraushielt, weil er den therapeutischen Prozeß des Klienten nicht hemmen wollte. Er *muß* es hier sagen, um therapeutisch wirksam zu bleiben bzw. zu werden. Abgesehen davon, daß jene Klienten, um die es konkret in der Supervision geht, so doch noch nachträglich durch die »Selbsteinbringung« des Therapeuten belastet werden, ist es vielleicht für Klienten *generell* belastend, wenn sie erfahren, daß Therapeuten ihnen gegenüber auch noch ganz andere Gefühle und Gedanken haben, als jene, die sie in der Therapiesituation äußern. Die Supervisionsgruppe konzentriert sich noch dazu vor allem auf jene Phasen der Therapie, wo der Therapeut bei seinem Bemühen um die Herstellung des therapeutischen Beziehungsangebotes Schwierigkeiten hat. Supervisionsprotokolle zeigen also den Therapeuten in seiner Unsicherheit, seiner Hilflosigkeit, seinen Ängsten, damit aber fast zwangsläufig auch als jemanden, der die Klienten eben *nicht immer* bedingungslos akzeptiert – sie machen ihn ja auf seine Hilflosigkeit aufmerksam –, die Klienten *nicht ständig* einfühlend versteht.

– Das Einbeziehen des Erlebens von Therapeuten und Supervisionsteilnehmern in die »Fall«darstellung entspricht nicht nur dem klientenzentrierten Ansatz, sondern deckt sich auch mit einem Forschungsverständnis, nach dem der Wissenschaftler als emotionales Subjekt gilt, dessen emotionale Betroffenheit nicht nur nicht ausgeblendet, sondern sogar ausdrücklich in den Forschungsprozeß einbezogen werden soll (Balaban 1978; Devereux 1973; Kwiatkowski 1980, 36 f.; Levine 1974, 666 ff.). Dementsprechend wird auch die enge Beziehung zwischen Therapeut und Klient einerseits, Therapeut und Supervisionsteilnehmern andererseits nicht als störende Fehlerquelle gesehen, sondern als Basis für die Gewinnung besonders wichtiger Erkenntnisse (Devereux 1973, Douglas 1976, 107 ff.; Gadlin & Ingle 1975, 1008; Köckeis-Stangl 1980, 355 ff.; Krappmann 1976; Mertens & Fuchs 1978, 140 ff.). Ebenso wird auch die Auswahl bestimmter Therapieausschnitte durch den Therapeuten selbst (= die Auswahl jener Therapieausschnitte, die der Therapeut in die Supervision bringt) nicht als Verzerrung interpretiert; der subjektiven Bedeutsamkeit, die bestimmte Therapieausschnitte oder bestimmte Daten für den Therapeuten haben, kommt im Gegenteil besondere Bedeutung zu (Sargent 1961, 99).

Der Anspruch, der mit der Verwendung von Supervisionsprotokollen ursprünglich verbunden war, ließ sich allerdings nur teilweise einlösen: Das hängt zusammen mit dem Ziel dieses Kapitels: Nicht die vollständige Abbildung therapeutischer Praxis steht im Vordergrund, sondern die Frage, ob die derzeitige Praxis durch die Orientierung an der »Theorie« der klientenzentrierten Partnertherapie verbessert werden könnte. Daher wurden jene Ausschnitte aus den Supervisionsprotokollen, wo die Therapeutin der Forderung nach einer Auseinandersetzung mit ihren (gefühlsmäßigen) Reaktionen auf die Klienten ohnehin auch so nachkam, ausgeklammert; *der* zentrale Aspekt der Supervision geht also bei dieser Art der Darstellung verloren. D. h. aber auch, daß durch die ausgewählten Supervisionsausschnitte ein unvollständiger Eindruck von der Art der Datenerhebung entsteht: *Wahrnehmungen* der Therapeutin und der Supervisionsmitglieder stehen im Vordergrund; gefühlsmäßige Reaktionen klingen zwar an, werden aber nicht zum Anlaß für eine Kongruenzüberprüfung genommen. Erhalten bleibt allerdings *ein* Charakteristikum der Supervision: Die Aussagen der Therapeutin und der übrigen Supervisionsteilnehmerinnen haben *Hypothesen*charakter. Ob die Supervisionsmitglieder die Klienten »richtig« verstanden haben, läßt sich immer erst durch Einbeziehen der Therapiesitzungen feststellen. Bis zu einem gewissen Grad ist diese Kontrolle der erhobenen Daten in der Supervisionssituation selbst möglich; spätere Ausschnitte aus den Therapiebändern dienen der Bestätigung oder der Korrektur der ursprünglichen Hypothesen. Die eigentliche Bestätigung aber kann erst in späteren Therapiesitzungen erfolgen. Denn Empathie muß zwischen Therapeut und Klienten »in einem beiderseitigen Verständigungs- und Rückversicherungsprozeß ... aufgebaut werden« (Kwiatkowski 1980, 107; vgl. auch Rogers 1964).

Um einen Einblick in diesen »beiderseitigen Verständigungs- und Rückversicherungsprozeß« zu geben, werden auch bei den folgenden »Fall«darstellungen mehrfach Ausschnitte aus den Therapiesitzungen selbst herangezogen. Bei der

Partnertherapie von Frau und Herrn A. konnten überhaupt *nur* Therapieprotokolle verwendet werden, da die Supervisionssitzungen damals noch nicht auf Tonband aufgenommen worden waren. Die Therapieprotokolle werden in diesem Fall aber ergänzt durch Antworten der Klienten auf Fragen nach ihrer Zufriedenheit mit der Therapie und nach ihrer Einschätzung des Therapie»erfolgs« (»Strupp-Fragebogen«; Strupp et al. 1964).

Die Ausgangssituation von Frau und Herrn A. ist bereits aus dem 3. Kapitel bekannt (vgl. S. 63f.). Das Paar war mit dem expliziten Wunsch nach einer *Partner*therapie in die Beratungsstelle gekommen. Die Therapie wurde nach 15 Sitzungen (à 45 Minuten) beendet; der 16. Kontakt diente als Abschlußgespräch. Für die Darstellung dieser Therapie dienen Tonbandtranskripte vom 14., 15. und 16. Kontakt.
Auch bei Frau und Herrn K. stand der Wunsch nach einer *Partner*therapie bereits vor dem ersten Kontakt mit mir fest. Auch sie kamen daher von Anfang an zu zweit in die Therapie (Problemdefinition in der ersten Sitzung: »Wir haben keine guten Gespräche.«). Die Therapie wurde nach 13 Sitzungen (wieder: à 45 Minuten) beendet. Zusätzlich zu den Tonbandaufnahmen der Therapiesitzungen existieren Tonbandaufnahmen der Supervisionssitzungen zum 3., 8. und 10. Kontakt. Die Darstellung dieser Therapie stützt sich auf die Tonbandtranskripte vom 3., 8., 10. und 13. Kontakt. Die Auswahl des 3., 8. und 10. Kontakts ergab sich aus dem Vorhandensein der dazugehörigen Supervisionsprotokolle[23], das Einbeziehen des 13. (= letzten) Kontakts sollte die Einschätzung des Erfolgs der Therapie ermöglichen. Alle Äußerungen aus diesen Sitzungen wurden getrennt für Frau K. (abgekürzt: F) Herrn K. (M) und die Therapeutin (Th) durchnumeriert. Auch in den Tonbandskripten der Supervisionssitzungen wurden alle Äußerungen durchnumeriert. Die Supervisionsgruppe bestand aus fünf Teilnehmerinnen (A, B, G, H, N); A ist die Therapeutin.
Sowohl bei den Therapieprotokollen als auch bei den Supervisionsprotokollen handelt es sich um wörtliche Transkripte; lediglich einige Dialektausdrücke wurden in die Hochsprache übersetzt. Die Namen der Klienten wurden geändert; persönliche Daten, die eine Identifizierung der Klienten ermöglichen würden, wurden gestrichen. Die Therapeutin ist bei beiden Therapien die Autorin selbst.

5.2. Indikation zur klientenzentrierten Psychotherapie mit Paaren in der Praxis

5.2.1. Indikationsklärung unter traditionellen Bedingungen

Die Indikation einer klientenzentrierten Partnertherapie für Frau und Herrn K. wurde in den Supervisionssitzungen vor allem anhand von drei Fragenkomplexen diskutiert:

1. Liegen bei Herrn K. Inkongruenzen vor, die er auch *erfährt?* Will er überhaupt etwas an sich ändern? Ist er zur Therapie motiviert?
2. Sind sowohl Frau K. als auch Herr K. durch klientenzentrierte Psychotherapie ansprechbar?
3. Ist Frau K. die »Hauptklientin«? Und wenn ja: Ist sie durch die Situation der Partnertherapie überfordert?

Aus der Art dieser Fragen wird einerseits die Orientierung der Supervisionsteilnehmerinnen an der »Theorie« der klientenzentrierten Psychotherapie im allgemeinen deutlich, andererseits ihre Unsicherheit im Umgang mit der Situation der Partnertherapie. Die Supervisionsausschnitte zeigen dann auch, daß zwar z. T. bereits die richtigen (d. h. hier: die der »Theorie« der klientenzentrierten Partnertherapie entsprechenden) Fragen gestellt wurden, daß die Supervisionsteilnehmerinnen aber hinsichtlich der notwendigen Konsequenzen entscheidungsunfähig waren.

Noch einmal: Der Eindruck, der hier von der Art der Supervision innerhalb des klientenzentrierten Ansatzes vermittelt wird, ist unvollständig; die Auseinandersetzung der Therapeutin mit ihren gefühlsmäßigen Reaktionen auf die Klienten fehlt. Trotzdem gehen die folgenden Supervisionssausschnitte nicht völlig an der Realität vorbei; auch solche Ausschnitte sind realer Bestandteil von Supervisionssitzungen (den man höchstens dezent verschweigen könnte). Außerdem wurden in der damaligen Supervision mehrere der hier nur anklingenden Ansatzpunkte für eine Kongruenzüberprüfung tatsächlich aufgegriffen (vgl. z. B. den Ärger der Therapeutin darüber, daß Herr K. die Normen seiner Frau akzeptiert – Supervisionsausschnitt Nr. 6 –, die Angst der Therapeutin, von Frau K. zurückgewiesen zu werden – Supervisionsausschnitt Nr. 10). *Trotz* des Bemühens der Therapeutin um Kongruenz konnte die Indikationsfrage damals nicht geklärt werden. Will man sich nicht dem vertrauten Einwand anschließen, daß sich die Therapeutin eben um noch mehr Kongruenz hätte bemühen müssen, bietet sich hier eine Möglichkeit zur Überprüfung der Frage an, ob vielleicht die Orientierung an der »Theorie« der klientenzentrierten Partnertherapie zum besseren Verstehen der Klienten hätte beitragen können.

Im folgenden werden zu jedem der drei genannten Fragenkomplexe Ausschnitte aus den Supervisionsprotokollen gebracht. Die Zahlen am rechten Rand beziehen sich auf die Indikationskriterien zur klientenzentrierten Psychotherapie mit Paaren (vgl. Kapitel 4.2.3.). Der »Theorie« der klientenzentrierten Psychotherapie mit Paaren entsprechend, werden die Indikationskriterien für Frau K. (F) und Herrn K. (M) getrennt überprüft. Die Zuordnung der Indikationskriterien zu den Daten bedeutet nicht unbedingt, daß die Kriterien *gegeben* sind, sondern daß sie in Zusammenhang mit diesen Daten *diskutiert* werden müßten.

1. Erfährt M seine Inkongruenzen? Will er etwas an sich ändern?

Supervisionsausschnitt Nr. 1 (aus der Supervision zum 3. Therapiekontakt):

		Zuordnung zu den Indikationskriterien
H 31:	Was mir jetzt auch noch so aufgefallen ist, nur von diesem Stück her jetzt, daß eigentlich ja nur sie mit – oder fast nur sie mit ihm unzufrieden ist oder irgendwie etwas auszusetzen hat, daß er –	4_{F+M}
A 80:	Sagt er.	
H 32:	– er fühlt sich – ja, wohl wird er sich nicht fühlen, aber –	
A 81:	Nein, er sagt, ihn stört nicht so viel an ihr.	4_{M}
H 33:	Und ich kann mir vorstellen, daß ihn an sich selber auch nicht so viel stört. Ich habe noch nie gehört, daß er mehr reden möchte z. B., nicht?	4_{M}
A 82:	Nein, das ist sicher – und da ist für mich immer wieder die Frage: Ja, inwieweit kommt er jetzt wirklich gern da her? Also, da ist es für mich einfach noch nicht geklärt, ob er nicht doch ... halt ihr zuliebe –	1_{M}

Supervisionsausschnitt Nr. 2 (aus der Supervision zum 8. Therapiekontakt):

		Zuordnung zu den Indikationskriterien
H 43:	Weißt, ich frage mich, ob sie das nicht einfach deshalb auch sagt, weil sie irgendwo genau spürt: Er will sich nicht ändern. Also, da geht kein Weg hin. Wenn, dann muß sie Abstriche machen. Er steht da bombenfest. Er sagt nur so: »Nimm mich, wie ich bin.«	4_{M}, 6_{M}
A 104:	Ja, wobei er ein ziemlich schlechtes Gewissen dabei hat, ist jetzt in der letzten Stunde herausgekommen. Daß er das so recht ungerecht findet, daß er eigentlich zufrieden ist und sie nicht ...	

Supervisionsausschnitt Nr. 3 (aus der Supervision zum 8. Therapiekontakt):

		Zuordnung zu den Indikationskriterien
H 47:	... Und bei ihm ist mir so vorgekommen: Das ist eigentlich so recht o.k. momentan, was er macht, und das finde ich nämlich nicht. Also mir kommt eben vor, ja, er steht halt auch stur auf seinem Ding, und das müßte man ihm vielleicht auch einmal hie und da wenigstens wieder –	3_{M}

H 48:	Ja aber, ich habe das jetzt nimmer so im Kopf, und vorher – ich habe gar nicht so das Gefühl, daß er so meint, er macht so viel falsch.	
A 114:	Na, mir ist das schon sehr wichtig gewesen an dieser ganzen Sache, daß er das angesprochen hat, daß er sich wie ein Versager vorkommt. Das ist vorher gewesen und da noch einmal angeklungen. Wo ich mir dann auch gedacht habe: »Ja, das ist für ihn schon auch ein Problem.« Weil bisher habe ich auch eher gedacht: »Na ja, er sitzt halt da ihr zuliebe irgendwie, aber nicht, daß er jetzt da drunter leidet unter der Situation.« Aber da, von da weg habe ich ihm eigentlich schon abgenommen, daß er schon auch für sich drunter leidet und nicht nur weil –	1_M, 4_M

Supervisionsausschnitt Nr. 4 (aus der Supervision zum 8. Therapiekontakt):		Zuordnung zu den Indikationskriterien
A 125:	Ja, für ihn – zuerst hat er gesagt: Für ihn ist's halt nur schwierig, weil sie darunter leidet. Und insofern möchte er, daß etwas geändert wird. Aber jetzt eben in der Stunde ist herausgekommen, daß er sich als Versager fühlt, wenn sie sagt, sie muß zurückstekken. Und jetzt in der allerletzten Stunde ist auch herausgekommen, daß für ihn das Zurückstecken eigentlich schon, ja, der erste Schritt raus aus der Beziehung ist, daß er Angst hat, die Beziehung könnte dann ganz aus sein.	4_M

Supervisionsausschnitt Nr. 5 (aus der Supervision zum 8. Therapiekontakt):		Zuordnung zu den Indikationskriterien
N 67:	Mich stört auch, daß er eigentlich zufrieden war ... Also fehlt da auch etwas an der Wahrnehmung. Und daß er's weiter so haben will, das ist für ihn wahrscheinlich auch sehr bequem. (A: Ja, sicher.) Ja, und was hat er gehabt, was ihm paßt? Also, daß da bei ihm auch viel tot ist, was er gar nicht spürt.	3_M, 4_M

Supervisionsausschnitt Nr. 6 (aus der Supervision zum 10. Therapiekontakt):		Zuordnung zu den Indikations-kriterien
A 164:	Und mich hat irgendwie das so gestört, glaube ich, da in der Stunde auch: zu sehen, daß eigentlich sie sich mit ihrer Norm so durchgesetzt hat, obwohl ich auf der anderen Seite sagen muß, daß ich ja auch diesen Anspruch hab': Man muß möglichst alles merken und sensibel sein und so, aber da hat's mich einfach – ja fast noch mehr geärgert, daß *er* das also anerkennt, aber vielleicht auch deshalb, weil er ja im Grunde sehr viel nicht tut, daß sich was ändert, sondern er steht jetzt da und sagt: Eigentlich möchte ich ja auch so sein wie du, aber ich kann's halt nicht.	4_M
H 65:	Weißt, was mir jetzt so vorgekommen ist fast: Jetzt deklariert er sich plötzlich als Patient, so: Ich weiß schon, das liegt an mir, aber dafür –	
B 101:	Ja, ja.	
H 66:	Und auch so – drum hab ich auch vorher Patient gesagt: Einer, der unter einem Mangel leidet oder einer, der unter irgendetwas – Und als Patient bin ich auch irgendwie so weg von Verantwortung dann auch wieder, weißt du so. Drum ist mir auch der ›Patient‹ eingefallen.	4_M
B 102:	Aber er will sich ja sicher ändern, also er –	
	Irgendeine Teilnehmerin: Das glaube ich nicht.	
A 165:	Da war ich mir eben auch nicht so sicher.	
B 103:	Aber sagt er das nicht jetzt, deutet er das nicht jetzt gerade im letzten Satz an? Er möchte sich ändern, aber er weiß noch nicht wie.	4_M
A 166:	Ja, also ich hab' ihm da schon – zwischendurch jedenfalls abgenommen, daß er was tun will und ich hab' das dann auch – weil sie dann eben so getan hat, ja, so – na ja quasi: Du tust ja nichts. Ich hab' das dann auch so angesprochen, daß sie das eigentlich nicht glaubt, daß er was tun will oder so.	

2. *Sind F und M durch klientenzentrierte Psychotherapie ansprechbar?*

a) Ansprechbarkeit von F

Supervisionsausschnitt Nr. 7 (aus der Supervision zum 3. Therapiekontakt):		Zuordnung zu den Indikations-kriterien
A 49:	... Ich meine, sie sagt ja schon so schnell irgendetwas »Ja, ja, es ist schon in Ordnung.« und so, aber redet in ihrem Ding weiter.	5_F

Supervisionsausschnitt Nr. 8 (aus der Supervision zum 3. Therapiekontakt):	Zuordnung zu den Indikations-kriterien
B 44: Ja, aber an sie kommt man ja noch nicht heran. Ich meine, sie hat mit dem Ganzen ja einen ganzen Wall vor sich einmal aufgebaut ... Und bis sie einmal so weit ist, daß sie ihre Emotionen ihm gegenüber dann auch irgendwie auf eine andere Weise herausläßt – das wird aber noch eine Zeit brauchen.	3_F

Supervisionsausschnitt Nr. 9 (aus der Supervision zum 8. Therapiekontakt):	Zuordnung zu den Indikations-kriterien
A 141: ... da war das: Was bedeutet die Therapiesituation für sie? Und wo sie schon irgendwie auf das Bedrohliche – ja, ein bißchen eingegangen ist, auf der anderen Seite dann natürlich wieder: »Nein, nein.« Und wo's mir da aufgefallen ist, daß sie einen Satz, der also wirklich deutlich war – ich habe ihn mir nachher noch einmal angehorcht –, daß sie den plötzlich nicht versteht, wo sie sonst wirklich gut versteht, was ich sage. Aber da ist – ich habe das Gefühl gehabt, das ist deshalb, weil ich sie zu sehr – zu deutlich angesprochen habe. Und da hat sie: »Na, jetzt verstehe ich Sie nicht, wieso, was meinen Sie jetzt?« Und eben jetzt in der Stunde wieder, in der letzten, daß sie fragt bzw. sagt: »Ja, der letzte Satz von Ihnen ist mir – den verstehe ich immer noch nicht.« Und dann hat sie ihn gesagt, so kompliziert, daß ich wirklich sagen habe müssen: »So kompliziert verstehe ich ihn auch nicht.«	1_F, 3_F 4_F, 5_F

Supervisionsausschnitt Nr. 10 (aus der Supervision zum 10. Therapiekontakt):	Zuordnung zu den Indikations-kriterien
A 160: Ja, das war einmal in einer frühen Stunde, wo ich sie auf das angesprochen hab', aber da – ich weiß nicht, da – irgendwie trau' ich mich gar nicht mehr, weil ich so das Gefühl hab', da weist sie mich eh nur zurecht, ganz gleich, was es ist, wenn ich irgendetwas von ihren Gefühlen sag': entweder sie hat das Gefühl, sie hat sich jetzt zu wenig gefühlvoll gezeigt mir gegenüber oder eben ich unterstell' ihr zu viele Gefühle. ...	

Das war nämlich auch recht interessant: wo er eigentlich etwas – über etwas geredet hat, was ihm sehr wichtig war, habe ich jedenfalls so den Eindruck gehabt, wo *sie* dann die längste Zeit so dasitzt und so tut, als ob sie das unheimlich beschäftigen würde und dann aber von sich spricht, wo sie Angst hat, sie würde sich jetzt zu sehr als Empfindsame in den Vordergrund spielen, sagt sie. Und da war zum Beispiel auch wieder so eine Situation, wo ich wahnsinnig gern das angesprochen hätte, daß sie ihm eigentlich gar nicht zuhorchen kann, sondern mit sich beschäftigt ist. Und während ich noch nach Worten gesucht hab', ist's schon wieder weitergegangen. Das ist – ich komm' nicht rein! Und ärgere mich dann auch, daß sie mich nicht reinkommen läßt. 1_F, 4_F, 5_F

b) Ansprechbarkeit von M

Supervisionsausschnitt Nr. 11 (aus der Supervision zum 3. Therapiekontakt):		Zuordnung zu den Indikations-kriterien
B 45:	... mir kommt vor, sobald du dich ihm zuwendest, ist er auch fähig und bereit, von sich zu reden. – Vielleicht hat er's in der ersten Stunde sowieso nicht geschafft und in der zweiten Stunde deshalb nicht, weil er –	1_M, 5_M
A 49;	Ja, ich weiß schon, ich bin mir wahnsinnig, ja, so belohnt vorgekommen, wie ich zuerst gesagt habe. Aber gleichzeitig habe ich dann schon auch ein bißchen Angst gekriegt, das könnte jetzt dazu führen, daß ich dann sie links liegen lasse, weil – von ihm werde ich ja belohnt ...	

Supervisionsausschnitt Nr. 12 (aus der Supervision zum 10. Therapiekontakt):		Zuordnung zu den Indikations-kriterien
A 200:	... Ja, und was ich vielleicht wirklich so – daß diese Stummheit jetzt einmal durchbrochen worden ist, wo du, glaube ich, auch einmal gemeint hast, daß das eine feine Waffe für ihn ist, und wo ich von daher wahrscheinlich jetzt so das Gefühl gehabt hab', jetzt läßt er sich einmal mehr auf die Situation ein. Jetzt nicht einmal unbedingt nur auf sie, sondern daß ich auch das Gefühl gehabt hab', jetzt ist er auch in der Therapie.	1_M, 5_M

3. Ist F Hauptklientin?

Supervisionsausschnitt Nr. 13 (aus der Supervision zum 3. Therapiekontakt):	Zuordnung zu den Indikationskriterien
H 3: Was mich gewundert hat, ist, daß du gesagt hast, daß du dich jetzt auch fragst, was du da machst, weil das ist etwas, was ihr sehr entgegenkommt und ihm eigentlich weniger. Und ich hätte mir eigentlich eher das genau Umgekehrte gedacht. Ihm kommt das vielleicht viel mehr zugute als ihr. Weil, ich denke mir, wenn sie viel redet, dann ist sie auch irgendwie momentan recht angreifbar unter Umständen. Und daß ihr das vielleicht gar nicht mehr so passen wird, wenn sie das – daß sie eben so viel redet ... Und mir ist es nur deshalb eingefallen, weil wir bei ihr jetzt gleich viel mehr gesehen haben und Negatives gesehen haben auch und so Sachen, die vielleicht verändert gehören oder –	6_F

Supervisionsausschnitt Nr. 14 (aus der Supervision zum 8. Therapiekontakt):	Zuordnung zu den Indikationskriterien
H 44: Na, ich denke mir gerade auch – ich habe das nicht beobachtet, ich überlege das jetzt nur – ob er nicht dadurch eben auch so durchsetzungsfähiger oder kräftiger oder was wird, wenn er so merkt, daß du dich so auf sie konzentrierst, also, daß sie eigentlich mehr so die Klientin ist, also, daß sie's offenbar mehr braucht, daß du mit ihr redest, wenn sie mehr dran ist. – Und so das – ja, gerade als Bestätigung dafür: Bei ihr müßte sich etwas ändern und bei ihm nicht. Weißt, mir – was mich, glaube ich, ein bißchen stört, ist, daß – ja eben das, daß sie jetzt eigentlich die Hauptklientin ist, und er so –	6_F

Supervisionsausschnitt Nr. 15 (aus der Supervision zum 8. Therapiekontakt):	Zuordnung zu den Indikationskriterien
H 47: ... weißt von dem auch – ich habe das jetzt noch so im Ohr von der Erzählung her eben: Sie geht mit ihren Gefühlen nicht richtig um. Sie will ihn anders haben. Sie hat ein bestimmtes Bild. Das klingt alles so – nicht negativ, aber so veränderungswürdig oder so veränderungswichtig	3_F, 6_F

Supervisionsausschnitt Nr. 16 (aus der Supervision zum 10. Therapiekontakt):	Zuordnung zu den Indikations-kriterien
A 196: ... bisher war's doch wirklich eher so, daß man bei ihm oft das Gefühl gehabt hat, er hält sich schön raus und *sie* ist die Klientin, um die man sich kümmern muß, und er steigt ganz gut aus dabei. Also, ich glaube, daß das vielleicht jetzt ganz gut ist, daß sich da einmal ein bißchen was geändert hat, aber mir ist es z. B. in der Stunde so gegangen – gerade jetzt in dem Ausschnitt – wo er so drüber redet, wie das für ihn ist – da hat eigentlich wirklich, da war ich wahnsinnig froh, daß er das sagt, daß wir jetzt bei ihm sind, und eigentlich hat's mich sehr interessiert, was er denkt. Und ich hab' eigentlich eine Wut dann auf sie gekriegt, daß sie die ganze Zeit ablenkt mit ihrem – gedankenschwangeren Dasitzen. Ja, sicher hat sie's erreicht, daß wir uns beide wieder irgendwie hingewandt haben, wobei ich mir immer gedacht habe: Ist ja nicht schlimm, daß ich jetzt bei ihr bin, aber ich müßte eben ansprechen, was sie jetzt da *macht,* daß sie jetzt von ihm ablenkt und daß sie das gar nicht interessiert, was er sagt. Und das habe ich aber nicht geschafft.	2_F, 4_F, 6_F

Vor allem auf dem Hintergrund des Eindrucks, daß F ohnehin die Therapie mehr in Anspruch nimmt als M (sie redet mehr; sowohl die Therapeutin als auch die Supervisionsgruppe beschäftigen sich mehr mit ihr als mit M; sie ist diejenige, die ihre Inkongruenzen mehr spürt), wird in der Supervision auch besprochen, ob es nicht vielleicht günstiger wäre, statt einer Partnertherapie eine Einzeltherapie mit Frau K. durchzuführen:

Supervisionsausschnitt Nr. 17 (aus der Supervision zum 8. Therapiekontakt):	Zuordnung zu den Indikations-kriterien
B 94: Ich frage mich, inwieweit sie jetzt überfordert ist neben ihm, sich so offen zu zeigen. So die massiven Ängste, die sie natürlich auch vor einer Trennung hat, da drei Kinder oder wieviel. Also das, was du von ihr verlangst oder erwartest, daß sie mit ihren wahren Gefühlen rauskommt, ob sie das sich neben ihm eigentlich leisten kann, ob da nicht die Angst, die	

dann kommt, viel zu groß ist. – Eine prinzipielle Frage, ob sie das sich neben ihm eigentlich leisten kann, ob da nicht die Angst, die dann kommt, viel zu groß ist. – Eine prinzipielle Frage, ob sie vielleicht Einzeltherapie bräuchte? 2_F, 6_F

A 153: Du, ich habe mit H. einmal darüber geredet auch, und ja, dann sind einfach so die praktischen Probleme auch für mich aufgetaucht: Ich kann – wenn ich jetzt sage, ob sie nicht lieber Einzeltherapie macht, dann ist es völlig klar, daß sie die Klientin ist. Dann ist er erst recht aus dem Schneider. Das ist, wovor – ich habe wirklich auch das letzte Mal wieder darauf geachtet, die Bereitschaft ist schon von ihm auch da. Und dann denke ich mir: Ja, dann ist es einfach schon von dieser Etikettierung her besser, das weiter zu zweit zu machen, auch wenn ich vielleicht mehr auf so Dinge aufpassen muß, ja, das schon.

H 59: Und ich meine, eine Möglichkeit wäre noch, ihnen zu sagen, daß es vielleicht günstiger ist, wenn sie beide einzeln einmal jetzt sich klarer werden; nur dann ist der, der zu jemandem Neuen kommt, natürlich auch wieder im Nachteil, weil einer hat die Anna weiter als Therapeutin von Anfang an, die jetzt da auch schon viel mehr Einblick hat, wie's da weitergeht, und der andere muß praktisch bei Null wieder anfangen. 6_F

A 155: ... Aber die Frage habe ich mir wirklich gestellt, ob da Partnertherapie –

B 96: Ja, gerade jetzt ist sie, sie ist ja bereits jetzt die Patientin. Sie sitzt da und weint ... Also, das ist jetzt alles auf sie konzentriert und er ist momentan total draußen. 4_F, 6_F

H 61: Ja, momentan, was nicht heißt, daß er nicht fünf Minuten später schon wieder drin sein kann. Und er muß sich – was ich auch ganz wichtig finde – er muß sich auch mit der Gefahr auseinandersetzen, weil es kann einen nicht kalt lassen, wenn sie dasitzt und weint, irgendwas löst das bei ihm schon aus ... 6_{F+M}

5.2.2. Skizzen einer theoriegeleiteten Indikationsklärung

Die Randbemerkungen zu den Supervisionssitzungen zeigen, daß für Frau K. zu allen Indikationskriterien, für Herrn K. zu allen Kriterien mit Ausnahme des zweiten Kriteriums Aussagen gemacht wurden. Trotzdem war damals auch in der Supervision zum *zehnten* Therapiekontakt noch nicht entschieden, ob bei Frau und Herrn K. eine Partnertherapie indiziert war oder nicht. Das ist nur z. T. darauf zurückzuführen, daß die für die Entscheidung dieser Frage notwendigen Informationen nicht vorlagen. Zu einem anderen Teil liegt es daran, daß die vorliegenden Informationen nicht entsprechend verarbeitet wurden. Das soll jetzt in zwei Stufen nachgeholt werden: Zuerst wird die Indikationsklärung zur klientenzentrierten Partnertherapie anhand jener Supervisionsausschnitte vorgenommen, die sich explizit mit dem Indikationsthema befassen; es wird gefragt, *ob* die Indikationskriterien gegeben sind, und *warum* man annehmen kann, daß sie gegeben bzw. nicht gegeben sind. Die »Belege« für das Vorliegen der Indikationskriterien sind – dem Hypothesencharakter der erhobenen Daten entsprechend – als *mögliche Hinweise* auf die jeweiligen Indikationskriterien zu interpretieren. Anschließend wird versucht, anhand von Ausschnitten aus den Therapiesitzungen selbst Antworten auf jene Fragen zu finden, die durch die Supervisionsprotokolle nicht beantwortet werden konnten.

Theoriegeleitete Indikationsklärung am Beispiel von Frau K.

Indikationskriterium	gegeben?	»Beleg«	Begründung
1. F in psychologischem Kontakt zur Therapeutin?	ja	Supervisionsausschnitte Nr. 9, 10	F zeigt, daß sie sich des Kontakts zur Therapeutin bewußt ist; sie reagiert auf die Therapeutin.
2. Wunsch nach Kontakt mit M (im Sinne des 2. Indikationskriteriums)?	eher nein	Supervisionsausschnitte Nr. 16, 17	F scheint sich für das, was M sagt, nicht zu interessieren, sie kann neben M auch nicht mit ihren wahren Gefühlen herauskommen, ist also weder bereit, M besser zu verstehen, noch, sich von M besser verstehen zu lassen.
3. Zustand der Inkongruenz?			
a) Diskrepanzen zwischen Erfahrung und Selbst?	ja	Supervisionsausschnitte Nr. 8, 9, 15	F läßt bestimmte Erfahrungen (vor allem: Gefühle) nicht an sich heran; sie schirmt sich ab gegenüber Bedrohlichem. F ist zumindest verletzbar, eher aber ängstlich.

Indikationskriterium	gegeben?	»Beleg«	Begründung
b) Diskrepanzen zwischen Selbst und Mitteilung vor Diskrepanzen zwischen Erfahrung und Selbst?	nein	Supervisionsausschnitt Nr. 8	F ist noch nicht so weit, daß sie sich vor M richtig öffnen kann (vgl. Begründung beim 2. Indikationskriterium). Daher geht es (noch) nicht um eine andere Art der Selbst-Mitteilung von F an M; bevor sie bereit sein kann, sich von M besser verstehen zu lassen, muß sie sich erst selbst besser verstehen.
4. a) Erfahren eigener Inkongruenzen?	ja	Supervisionsausschnitte Nr. 1, 9, 10, 16, 17	F erlebt die Therapiesituation, das Ansprechen ihrer Gefühle als bedrohlich, erlebt Spannung. Die Therapeutin erfährt das über ihre emotionale Reaktion F gegenüber: Sie hat den Eindruck, sich um F kümmern zu müssen.
b) Vorwiegend Erfahren von Inkongruenzen, auf die sie durch M aufmerksam wird?	eher nein	Supervisionsausschnitt Nr. 1	F kann zwar M nicht bedingungslos akzeptieren, sie erlebt die Beziehung zu M als unbefriedigend, aber sie erfährt ihre Inkongruenzen auch unabhängig von der Beziehung zu M.
c) Erfahren der Inkongruenzen von M?	?	Supervisionsausschnitt Nr. 1	Ob die Unzufriedenheit von F mit M und mit der Beziehung in Zusammenhang mit Inkongruenzen von M steht, läßt sich nicht entscheiden, solange nicht klar ist, ob M tatsächlich inkongruent ist.
5. Annehmen des Beziehungsangebots der Therapeutin? (Zunahme von Selbstexploration?)	eher nein	Supervisionsausschnitte Nr. 7, 9, 10	Die Reaktionen von F auf die Therapeutin sind zwar mögliche Hinweise darauf, daß F das Beziehungsangebot der Therapeutin *wahr*nimmt; sie kann es aber (noch) nicht *an*nehmen.

Indikations-kriterium	ge-geben?	»Beleg«	Begründung
6. Aufhebung von Inkongruenzen mit Konsequenzen für die Beziehung vordringlich?	nein	Supervisionsausschnitte Nr. 13, 14, 15, 16, 17	Bei F wird zwar viel »Veränderungswichtiges« gesehen, gleichzeitig stellt sich die Frage, inwieweit sie sich in Anwesenheit von M überhaupt ändern kann. Da sie selbst »Hauptklientin« sein will (z.B. interessiert sie sich gar nicht dafür, wenn M sich mit sich selbst auseinandersetzt), scheint es vordringlich darum zu gehen, daß F zunächst fähig wird, sich selbst besser zu verstehen.

Damit ist – immer unter der Voraussetzung, daß die Hypothesen der Supervisionsteilnehmerinnen »stimmen« – die Entscheidung über die Indikation zu klientenzentrierter Psychotherapie mit Paaren bereits gefallen; wenn bei einem der beiden Klienten nur eines der Indikationskriterien nicht gegeben ist, gilt klientenzentrierte Partnertherapie als kontraindiziert.

Zur »Verstehenskontrolle« werden nun die Therapiekontakte selbst herangezogen.

»Verstehen« innerhalb der Supervisionsgruppe meint dabei, daß die Supervisionsgruppenmitglieder mögliche alternative Bezugsrahmen für den Klienten entwerfen, die diesem evtl. angemessener sind als der im Bemühen um Empathie in der Therapiesitzung selbst vom Therapeuten angesetzte Bezugsrahmen. Die Brauchbarkeit solcher alternativer Bezugsrahmenhypothesen aber ist grundsätzlich nicht innerhalb der Supervisionsgruppe (allein) klärbar; sie kann sich letztlich nur darin manifestieren, daß das auf einen alternativen Bezugsrahmen zurückgreifende empathische Verstehen des Klienten durch den Therapeuten ein stärkeres Potential der Verbesserung des therapeutischen Prozesses besitzt als das ursprüngliche Verstehen. Dieses Verbesserungspotential für den therapeutischen Prozeß ist naturgemäß nur innerhalb von Therapiesitzungen selbst feststellbar: »Kontrolle« (des so definierten Verstehens der Supervisionsgruppe) meint also die Feststellung dieses Verbesserungspotentials in den folgenden Therapiesitzungen. Zu diesem Zweck wird im weiteren auf Protokolle der Therapiesitzungen selbst zurückgegriffen. Außerdem soll in diesen Protokollen nach Antworten auf bisher ungeklärte Indikationsfragen gesucht werden. Aus Raumgründen wird nur *ein* Therapieausschnitt wörtlich wiedergegeben. Dabei werden zusätzlich zu den Indikationskriterien in Klammern auch die Sätze aus der »Theorie« der klientenzentrierten Psychotherapie mit Paaren angeführt, auf die sich die Indikationskriterien beziehen; z. T. werden dadurch differenziertere Aussagen möglich. Die Zuordnung bedeutet diesmal, daß die betreffenden Kriterien als gegeben gelten können.

Therapieausschnitt Nr. 1 (aus dem 8. Therapiekontakt):		Zuordnung zu den Indikations-kriterien
Kontext:	Frau K. hat die Therapeutin gebeten, theoretische Modelle über Beziehungen vorzustellen.	
Th 41:	Für mich klingt's ein bißchen – ja: ich denke gern drüber nach und ich probiere auch ganz gerne etwas aus, aber jetzt mich voll drauf einzulassen, das möchte ich lieber ein bißchen noch auf die Seite schieben.	3_F (A3)
F 76:	Ach, mir kommt vor, also, mich voll drauf einlassen – (Längere Pause.)	
Th 42:	Wirkt fast ein bißchen bitter.	
F 77:	Ja, weil mir kommt vor, das habe ich also in den zehn Jahren schon sehr oft getan, und das ist – nimmt mich aber auch oft so her (weint) und das geht auch oft über meine Kraft einfach und – ja, vielleicht will ich mich einfach jetzt einmal davor schützen, weil –	5_F (A8; B2)
Th 43:	Da sehen Sie keine Chance drin, sondern eigentlich eine Überforderung.	
F 78:	Ja. (Pause.)	
Th 44:	Und da müssen Sie so richtig drauf schauen, daß *Sie* es schaffen, auf sich aufzupassen.	
F 79:	Ja. Ja. (Pause.)	
Th 45:	Und das geht dann, wenn Sie so die Bedingungen festlegen.	
F 80:	(hat sich wieder gefaßt) Wie, was für Bedingungen?	
Th 46:	Wenn Sie jetzt festlegen: Das und das machen wir. Da traue ich mich hinein.	
F 81:	Ja, ja, das stimmt. Da würde ich eine Möglichkeit sehen, wenn wir uns beide dann auf so etwas – also, dann einlassen oder eben den Versuch wagen. – Ja, ich klammere mich da anscheinend an irgendsoetwas Drittes: Schau, das steht da. Bitte halte du dich dran, ich werde mich auch dran halten. So ungefähr.	5_F (A8)
Th 47:	So wie ein Vertrag fast.	
F 82:	Ja, so in der Richtung. Weil mir ist oft vorgekommen. Ich habe – so und so viel Energie steht mir eben zur Verfügung. Jetzt bin ich so am Boden, ich bin für nichts anderes mehr fähig, ausgepumpt und so ausgelaugt, und irgendwie rapple ich mich halt wieder auf, und das –	5_F (A8)
Th 48:	Eigentlich steht's viel schlimmer um Sie, als Sie so nach außen kundtun können.	
F 83:	Momentan nicht so sehr. Ich schütze mich ja irgendwie. Ich meine, wenn ich zurückdenke, wo ich mich nicht geschützt habe – das möchte ich nimmer. Weil da –	5_F (A8)

Gegenüber der ersten Stufe der Indikationsklärung ergibt sich durch Therapieausschnitt Nr. 1 insofern eine Relativierung, als Frau K. in diesem Abschnitt auf das Beziehungsangebot der Therapeutin mit zunehmender Selbstexploration reagiert; sie scheint sich hier auf den therapeutischen Prozeß einzulassen. Im Gesamtverlauf der Therapie konnte diese Zunahme der Selbstexploration allerdings nicht bestätigt werden.

Die übrigen Therapieprotokolle bringen kaum Zusatzinformationen. Zwar zeigt sich, daß bei Frau K. auch Diskrepanzen zwischen Selbst und Mitteilung vorliegen – so fordert sie z. B. von ihrem Mann *direkt* nur, daß er sich anders mitteilt, *indirekt* aber wirft sie ihm gleichzeitig vor, daß sie sich mit ihm nicht versteht, daß er keine eigene Meinung hat usw. –, die Inkongruenzen zwischen Selbst und Mitteilung stehen aber nicht im Vordergrund der Inkongruenzen von Frau K. Die widersprüchliche Mitteilung ist Ausdruck der Schwierigkeit von Frau K., sich einzugestehen, daß sie Forderungen an ihren Mann hat, daß sie ihn anders haben will, als er ist – also Ausdruck einer Inkongruenz zwischen Selbst und Erfahrung. Da sie außerdem – wie durch die Therapieprotokolle bestätigt wird – weder bereit ist, sich von ihrem Mann besser verstehen und akzeptieren zu lassen, noch dazu, umgekehrt auch ihren Mann besser zu verstehen und zu akzeptieren, ist für Frau K. eine Einzeltherapie angemessener als eine Partnertherapie. Möglicherweise ist auch der Mangel an Selbstexploration, der *nicht durchgängig* gegeben ist, in Zusammenhang mit der partnertherapeutischen Situation zu sehen; daß sie an sich »ansprechbar« ist, hat sich ja in Therapieausschnitt Nr. 1 gezeigt. Obwohl – gemessen an der »Theorie« der klientenzentrierten Psychotherapie mit Paaren – Partnertherapie bei Frau K. kontraindiziert ist, scheint eine Entscheidung gegen das *Setting* der Partnertherapie nicht angeraten. Nicht einmal ihr Wunsch, »Hauptklientin« zu sein, bedeutet unbedingt, daß sie *allein* Klientin sein will. Frau K. hat ausdrücklich eine *Partner*therapie gewünscht (vgl. ihre Problemdefinition im Erstgespräch: »Wir haben keine guten Gespräche.«) und damit ausgedrückt, daß ihr die Anwesenheit ihres Mannes in der Therapie wichtig ist. Was das für die Indikationsentscheidung heißen müßte, soll nach der Indikationsklärung für Herrn K. diskutiert werden.

Theoriegeleitete Indikationsklärung am Beispiel von Herrn K.

Daß eine klientenzentrierte Partnertherapie bei Frau und Herrn K. kontraindiziert war, steht bereits durch die Indikationsklärung für Frau K. fest. Es geht daher auch im folgenden weniger um eine zusätzliche Bestätigung der Kontraindikation als darum, herauszufinden, was Herr K. eigentlich gebraucht hätte, und darum, jene Daten darzustellen, die auch in Zusammenhang mit der Evaluation der Therapie von Bedeutung sind.

Indikationskriterium	gegeben?	»Beleg«	Begründung
1. M in psychologischem Kontakt zur Therapeutin?	?	Supervisionsausschnitte Nr. 1, 3, 11, 12	M ist zwar bereit, auf die Therapeutin zu reagieren; trotzdem bleibt Unsicherheit darüber, ob er nicht nur F zuliebe »beisitzt«, ob ihm die Therapeutin »etwas bedeutet«.
2. Wunsch nach Kontakt mit F (im Sinne des 2. Indikationskriteriums?)	?	–	
3. Zustand der Inkongruenz?			
a) Diskrepanzen zwischen Erfahrung und Selbst?	eher ja	Supervisionsausschnitte Nr. 3, 5	Bei M nur aufgrund dieser beiden »Belege« auf Diskrepanzen zwischen Erfahrung und Selbst zu schließen, wäre nicht gerechtfertigt ohne Rückgriff auf weitere Belege und auf die theoretischen Annahmen des klientenzentrierten Ansatzes. Demnach ist ein Zustand völliger Kongruenz ohnehin bei niemandem anzunehmen.
b) Diskrepanzen zwischen Selbst und Mitteilung vor Diskrepanzen zwischen Erfahrung und Selbst?	?	–	
4. a) Erfahren eigener Inkongruenzen?	eher nein	Supervisionsausschnitte Nr. 1, 2, 3, 4, 5, 6	Das einzige – mögliche! – Zeichen dafür, daß M eigene Inkongruenzen erfährt, ist sein Gefühl, versagt zu haben bzw. seine Angst, die Beziehung zu F könnte auseinandergehen. Sonst gibt es keine Hinweise darauf, daß er Gefühle von Angst oder Bedrohung erlebt.

Indikations-kriterium	gegeben?	»Beleg«	Begründung
b) Vorwiegend Erfahren von Inkongruenzen, auf die er durch F aufmerksam wird?	ja	Supervisionsausschnitte Nr. 3, 4	Vorausgesetzt, M erfährt seine Inkongruenzen *überhaupt,* dann ausschließlich solche, auf die er durch F aufmerksam wird.
c) Erfahren der Inkongruenzen von F?	?	Supervisionsausschnitte Nr. 1, 4	M ist zwar mit der Beziehung zwischen sich und F an und für sich nicht unzufrieden, findet aber die Situation schwierig, weil F darunter leidet. Insofern *könnte* F für ihn bedrohlich, die Beziehung unbefriedigend sein.
5. Annehmen des Beziehungsangebots der Therapeutin? (Zunahme von Selbstexploration?)	?	Supervisionsausschnitte Nr. 11, 12	Es wird durch die »Belege« nur deutlich, daß M bereit ist, über sich zu reden, wenn die Therapeutin sich ihm zuwendet; ob seine Selbstexploration zunimmt, bleibt unklar.
6. Aufhebung von Inkongruenzen mit Konsequenzen für die Beziehung vordringlich?	nein	Supervisionsausschnitte Nr. 2, 17	M will zwar, daß sich die Situation ändert, ist aber nicht bereit, sich selbst zu ändern. Partnertherapie ist für ihn höchstens eine Möglichkeit, mehr damit konfrontiert zu werden, wie schlecht es F geht; das aber ist kein therapeutischer, sondern ein pädagogischer Anspruch.

Die Therapieprotokolle bestätigen im großen und ganzen die anhand der Supervisionsprotokolle durchgeführte Indikationsklärung. Allerdings gibt es in den Therapieprotokollen Hinweise darauf, daß Herr K. die Inkongruenzen seiner Frau erfährt (Therapieausschnitte Nr. 2 und Nr. 3); diese Inkongruenzen stellen für ihn persönlich aber kein Problem dar – höchstens insofern, als es ihn stört, daß seine Frau darunter leidet. Ähnlich zeigt sich dort, wo – aufgrund der Verteidigungshaltung von Herrn K. – das Vorliegen eigener Inkongruenzen vermutet werden kann (Therapieausschnitte Nr. 4 und Nr. 5), daß er sich auch dadurch nicht ernsthaft bedroht fühlt:

Therapieausschnitt Nr. 2 (aus dem 3. Therapiekontakt):

M 18: Ja, das ist eben, was ich schon öfter gesagt habe und was mir auch vorkommt. Du erwartest eine bestimmte Art, wie ich reagiere. Wenn ich mich auf eine andere Art freue oder versuche, das zu sagen, dann kommt das bei dir gar nicht so an, weil ich es nicht so gesagt habe, wie du das gern (F unterbricht) – weil du dir das vorher schon ausdenkst, was ich jetzt sagen könnte. (F: Ja, den Vorwurf –) Und wenn ich's nicht sage – das kommt öfter vor, und dann, ja –

Therapieausschnitt Nr. 3 (aus dem 3. Therapiekontakt):

M 58: ... es ist halt so – wenn ich, sagen wir, irgendetwas anfange, irgendetwas sage, und wenn das nicht sofort so herauskommt, daß man sofort weiß, was ich sage – das hab' ich dir ja auch schon öfter gesagt – ich fange an, z. B. ich sage ihr das – das hat mir nicht gefallen – daß du mich gar nicht weiterreden läßt, wenn ich sagen möchte, was – »Ja, was denn?« oder gleich so ungehalten irgendwie mich unterbrichst, daß – ja, da vergeht mir einfach – das vergeht mir halt meistens dann – oder ich denke mir, ach – wenn ich etwas nicht so richtig formuliere (unverständlich) und jetzt weiß man nicht gleich, was ich sagen möchte, dann ist das sehr oft –

Therapieausschnitt Nr. 4 (aus dem 3. Therapiekontakt):

M 55: Ja, es ist auch bei uns so ungefähr, schon – daß man immer irgendetwas vorhält, oder – oder oft jedenfalls.

Therapieausschnitt Nr. 5 (aus dem 3. Therapiekontakt):

Kontext: F beklagt, daß M von sich aus gar kein Bedürfnis zu haben scheint, über Probleme zu sprechen, die in ihrer Beziehung auftreten. Er würde sich nur verteidigen, statt zu sagen, was ihn an ihr bzw. an der Beziehung stört.

M 57: ... Entweder ist die Situation so, daß die Kinder dabei sind, und da mag ich nicht ... und dann, hinterher hab' ich's wieder vergessen. Das geht mir schon oft so.

Da kein einziger *sicherer* Beleg gefunden werden konnte, daß Herr K. seine Inkongruenzen als belastend empfindet, daß er den Wunsch hat, sich selbst und/oder seine Frau besser zu verstehen und zu akzeptieren, oder den Wunsch, sich von seiner Frau besser vestehen und akzeptieren zu lassen, ist das Angebot eines klientenzentrierten Partnertherapeuten, ihm zu mehr Kongruenz, zu mehr Selbst- und Fremdempathie und zu mehr Selbst- und Fremdwertschätzung zu verhelfen, weder etwas, was er sucht, noch etwas, was er braucht. Bei Herrn K. ist aber nicht nur eine klientenzentrierte Partnertherapie kontraindiziert, sondern auch eine klientenzentrierte Einzeltherapie. Was er im Moment braucht, ist einzig und allein die Bereitschaft der Therapeutin, zu akzeptieren, daß er sich auf den therapeutischen Prozeß derzeit weder einlassen kann noch einlassen will.[24]

Nun hat aber Herr K. im Erstgespräch betont, daß auch er die gemeinsame Therapie will. Bei Frau K. spricht einiges dafür, daß es ihr überhaupt nur in der sozialen Situation der Partnertherapie möglich ist, Klientin zu sein. Auf diesem Hintergrund müßte die Indikationsentscheidung für Frau und Herrn K. heißen: Klientenzentrierte Psychotherapie von Frau K. in Anwesenheit von Herrn K., genauer: Der therapeutische Prozeß kann nur bei Frau K. in Gang gesetzt werden, und auch bei Frau K. nur innerhalb jener Grenzen, die durch das Setting einer Partnertherapie vorgegeben sind; trotzdem ist es auf dem Hintergrund des Wunsches der beiden Klienten nach einer gemeinsamen »Therapie« sinnvoll, wenn die Therapeutin sich auch Herrn K. gegenüber um Kongruenz, bedingungslose Wertschätzung und Empathie bemüht. Da es bei ihm *nicht* um das Ziel konstruktiver Persönlichkeitsveränderungen geht, ist es zwar nicht notwendig, daß zwischen ihm und der Therapeutin die therapeutische Beziehung *zustandekommt* (indem Herr K. das Beziehungsangebot der Therapeutin auch *annimmt*), die Therapeutin kann aber nur über das Bemühen um die Herstellung der drei therapeutischen Bedingungen verstehen, *daß* diese Beziehung nicht zustandekommen muß und was Herr K. stattdessen braucht. Denn das Bemühen des Therapeuten um Kongruenz, bedingungslose Wertschätzung und Empathie gegenüber den Klienten ist nicht nur innerhalb einer Psychotherapie notwendig; es dient ganz allgemein als Zugangsmöglichkeit dazu, herauszufinden, was Klienten brauchen (Biermann-Ratjen et al. 1979, 141 ff.).

5.2.3. Bewertung der Indikationsklärung

Die Gegenüberstellung der damaligen Indikations»klärung« (5.2.1.) und der theoriegeleiteten Indikationsklärung (5.2.2.) sollte zeigen, wo und inwiefern durch ein theoriegeleitetes Handeln Verbesserungen bei der Partnertherapie von Frau und Herrn K. möglich gewesen wären. Es wurde deutlich, daß die Supervisionsteilnehmerinnen auch im Stadium »theorielosen« Handelns Fragen der Indikation *diskutierten;* eine Indikations*klärung* kam aber nicht zustande, weil die Supervisionsgruppe bis zuletzt entscheidungsunfähig war.

Die Probleme der Supervisionsteilnehmerinnen in Zusammenhang mit der Indikationsklärung nur auf das Fehlen von Indikationskriterien zurückzuführen, wäre zu einfach. Die damaligen Supervisionsausschnitte machen ein grundsätzliches Problem klientenzentrierter Therapie mit Paaren deutlich; dieses Problem entsteht dadurch und besteht darin, daß die empathische Akzeptanz der Klienten durch den Therapeuten verschiedene Ebenen umfaßt und bei inkohärenten Bedürfnissen der Klienten auf diesen Ebenen sich empathische Verstehensprozesse des Therapeuten gegenseitig behindern können. Konkret am vorliegenden Beispiel: Die Therapeutin hat den Auftrag der Klienten – d. h. den Wunsch der Klienten nach einer *Partner*therapie – angenommen, und fühlt sich verpflichtet, *diesen* Auftrag *auf alle Fälle* zu erfüllen. Gerade das aber hindert die Therapeutin, ihren *therapeutischen* Auftrag zu erfüllen; um eine Partnertherapie mit Frau und Herrn K. durchführen zu können, muß sie manches sehen, was gar nicht da ist, manches übersehen, was deutlich vorhanden ist. So wird z. B. Herrn K. zugeschrieben, daß er seine Inkongruenzen vielleicht doch erfährt, daß er sich vielleicht doch ändern will, und sobald er mehr redet, wird das bereits interpretiert als »Jetzt ist er in der Therapie«; damit läßt sich die Durchführung einer Partnertherapie rechtfertigen. Und daß Frau K. auf das Beziehungsangebot der Therapeutin nur selten mit einer Zunahme ihrer Selbstexploration reagiert, wird vorwiegend als privates Problem von Frau K. und in Zusammenhang mit der Beziehung zwischen Frau K. und der Therapeutin gesehen, nur am Rande in Zusammenhang mit der Anwesenheit ihres Mannes; die »Entscheidung« für die Durchführung einer Partnertherapie wird also auch dadurch nicht gefährdet.

Der Anspruch, dem Wunsch der Klientin zu entsprechen, hat demnach mitunter recht fragwürdige Konsequenzen: Die Therapeutin konnte Frau und Herrn K. *nicht* einfühlend verstehen (weil sie ja die Durchführung der Partnertherapie nicht in Frage stellen »durfte«), sie konnte die beiden Klienten *nicht* bedingungslos wertschätzen. So war dann auch die ganze Supervisionsgruppe unzufrieden damit, daß Frau K. sich »zu wenig« auf den therapeutischen Prozeß einließ, daß Herr K. sich nicht therapiebedürftig fühlte; Frau K. wurde überfordert, für Herrn K. wurden pädagogische Ziele formuliert. Gerade *weil* der Wunsch der Klienten nach einer Partnertherapie respektiert wurde, war diese »Therapie« eben *nicht* »klientenzentriert«.

Natürlich hätte die Therapeutin durch ein stärkeres Bemühen um Kongruenz, bedingungslose Wertschätzung und Empathie gegenüber den Klienten auch damals begreifen müssen, was die Klienten eigentlich gebraucht hätten; vor allem hätte sie den Wunsch nach einer Partnertherapie von vornherein nicht so wörtlich verstehen dürfen. Das Bemühen um die drei »Kernbedingungen« kann aber durch die Forderung nach einer Konzentration auf ganz bestimmte Bezugsrahmen als Ermöglichungsgrund empathischen Verstehens *erleichtert* werden. Die »Theorie« der klientenzentrierten Psychotherapie mit Paaren sagt dem Therapeuten, worin er – *zumindest!* – die Klienten verstehen muß. Sie strukturiert sein Bemühen um Kongruenz, bedingungslose Wertschätzung und Empathie gewissermaßen vor, indem sie Punkte benennt, auf die er – *zumindest!* – achten muß. So hätte die Therapeutin durch eine Orientierung an den aus der »Theorie« abgeleiteten Indikationskriterien verstehen können, was Frau und Herr K. eigentlich gebraucht hätten, und wäre damit auch entscheidungsfähig geworden. Die theoriegeleitete Indikationsklärung hätte für den Beispielfall der Therapie von Frau und Herrn K. folgendes realitätsangemesseneres Bild ermöglicht:

– Herr K. ist nur seiner Frau zuliebe in Therapie (vgl. 1. Indikationskriterium).
– Frau K. ist noch nicht bereit, ihren Mann besser zu verstehen und zu akzeptieren und sich von ihrem Mann besser verstehen und akzeptieren zu lassen (vgl. 2. Indikationskriterium).
– Bei Frau K. sind die Diskrepanzen zwischen Erfahrung und Selbst so sehr im Vordergrund, daß die Bereitschaft zu einer anderen Art der Mitteilung noch gar nicht vorhanden ist (vgl. 3. Indikationskriterium).
– Herr K. erfährt seine Inkongruenzen nicht bzw. kaum (vgl. 4. Indikationskriterium).
– Weder Frau K. noch Herr K. reagieren auf das therapeutische Beziehungsangebot (dessen Vorhandensein im Sinne der »Theorie« außerdem fraglich ist) eindeutig mit zunehmender Selbstexploration; bei Frau K. allerdings ist die »Ansprechbarkeit« zumindest partiell gegeben (vgl. 5. Indikationskriterium).
– Weder bei Frau K. noch bei Herrn K. ist eine Partnertherapie das angemessenste Hilfsangebot (vgl. 6. Indikationskriterium).

Eine klientenzentrierte Partnertherapie ist also bei Frau und Herrn K. kontraindiziert. Die Explikation der klientenzentrierten Partnertherapie als »Therapie mit Partnern« eröffnet dem Therapeuten allerdings trotz dieser Kontraindikation in einem Fall wie dem vorliegenden (bei der »Therapiefähigkeit« zumindest eines Klienten) flexiblere Gestaltungsmöglichkeiten. Da in der klientenzentrierten Partnertherapie ja die Beziehung explizit *nicht* Gegenstand der Therapie ist und das Beziehungsangebot für jeden Klienten einzeln gefordert wird, ist es zumindest theoretisch denkbar, das Setting und die eigentliche therapeutische Substanz voneinander unabhängig zu handhaben, d. h. z. B. eine Therapie mit *einem* Klienten in einem Setting durchzuführen, das von der rein formalen sozialpsychologischen Struktur her dem der Partnertherapie vergleichbar ist (und daher von den Klienten auch als partnertherapeutisches wahrgenommen wird). Dadurch wird der Therapeut trotz Kontraindikation einer Partnertherapie nicht gezwungen, sich über den Wunsch der Klienten nach einem partnertherapeutischen Setting hinwegzusetzen. Er kann das *Setting* einer Partnertherapie beibehalten, wenn er verstanden hat, daß es für beide Klienten wichtig ist, gemeinsam »etwas für die Beziehung zu tun«, und daß darin der erste Schritt zur Lösung ihrer Probleme liegt. Er muß sich aber bewußt machen, was in diesem Setting tatsächlich geschieht.

Bei Frau und Herrn K. hätte die Therapeutin das Setting einer Partnertherapie beibehalten können. Aufgrund der theoriegeleiteten Indikationsklärung hätte sie aber gewußt, daß klientenzentrierte Psychotherapie nur für Frau K. indiziert war. Sie hätte verstehen können, daß bei Herrn K. der therapeutische Prozeß gar nicht in Gang gesetzt werden konnte, da bei ihm weder die Bedingungen für den Prozeß einer klientenzentrierten *Partner*therapie noch jene für den Prozeß einer klientenzentrierten Psychotherapie im allgemeinen gegeben waren. Sie hätte auch verstehen können, daß bei Frau K. – aufgrund der partnertherapeutischen Situation – der therapeutische Prozeß nur in bestimmtem Ausmaß in Gang gesetzt werden konnte. Sie hätte sich dann auch nicht dadurch entmutigen lassen müssen, daß Herr K. zuwenig Änderungsbereitschaft zeigte und daß ihr Beziehungsangebot von Frau K. nur partiell bzw. sporadisch angenommen werden konnte.

Wenn im *Setting* einer Partnertherapie keine Partnertherapie im Sinne der »Theorie« durchgeführt wird, muß das trotzdem keine Verletzung der »Kernbedingungen« den Klienten gegenüber sein. Denn dem »therapiefähigen« Klienten gegenüber ist der Therapeut sowieso um das therapeutische Beziehungsangebot bemüht. Von dem Klienten aber, der nach den Indikationskriterien als »nicht therapiefähig« anzusehen ist und sich ja dementsprechend auch als »nicht therapiebedürftig« erlebt, wird es sicherlich nicht abgelehnt, wenn der Therapeut mit ihm »nur« spricht und ihn nicht »richtig« therapiert. Diesem Klienten gegenüber führt gerade ein empathisches Beziehungsangebot zum Verstehen, daß klientenzentrierte *Gespräche* angemessener sind als eine klientenzentrierte *Psychotherapie*; beiden gegenüber bedeutet das die Möglichkeit, zu verstehen und zu akzeptieren, daß ihnen die gemeinsame Anwesenheit beim Therapeuten wichtig ist. So muß der Therapeut an seinem Beziehungsangebot nichts ändern, wird aber weniger enttäuscht oder verärgert darüber sein, daß sein Beziehungsangebot von dem einen Partner (noch) nicht (vollständig) angenommen wird.

Wie eine solche Therapie gegenüber den Klienten genannt wird, kann aus den angeführten Gründen völlig problemlos ins Ermessen des Therapeuten gestellt werden. Er sollte sich dabei allerdings bewußt werden, daß hier von der therapeutischen Substanz her eine Einzeltherapie in einem partnertherapeutischen Setting vorliegt. Für die wissenschaftliche Konzeptualisierung ist daran festzuhalten, daß für eine klientenzentrierte Partnertherapie eine »Therapiefähigkeit« beider Klienten, eine Gleichzeitigkeit des therapeutischen Beziehungsangebots an beide und die Annahme dieses Beziehungsangebots durch beide etc. notwendig sind. Ob die explizierte mögliche Variante einer Einzeltherapie im partnertherapeutischen Setting nicht nur theoretisch denkbar ist, sondern auch therapie-praktisch brauchbar und sinnvoll, wird erst nach konkreten Erfahrungen mit diesem Konzept in der therapeutischen Praxis zu beurteilen sein.

Diese Demonstration der Brauchbarkeit des theoretischen Modells der klientenzentrierten Partnertherapie in der therapeutischen Praxis (am Problem der Indikationsklärung) sollte auch (noch einmal) die positiven Funktionen der »Theorie« für die Praktiker verdeutlichen. Denn bei diesen ist häufig ein intuitiver Widerstand bzw. zumindest ein Mißtrauen gegen theoretische Reflexion und aus ihr hergeleitetem Handeln anzutreffen (R. Krause 1976, 209 f.). Das manifestiert sich vor allem in der Befürchtung, daß solche »Theorie«reflexion das intuitive therapeutische Gespür behindere oder »verderbe«. Das besprochene Fallbeispiel macht nachvollziehbar, daß und warum diese Befürchtung unberechtigt ist, und kann so helfen, den Praktiker von den positiven Funktionen der Theoriegeleitetheit therapeutischen Handelns zu überzeugen. Denn zunächst einmal wird ja durch die theoretische Explikation nichts Neues oder anderes an die Stelle von Empathie, bedingungslose Wertschätzung und Kongruenz gesetzt, sondern diese Konzepte werden nur differenzierter und konkreter mit den unvermeidbaren Problemen wie der Indikationsfeststellung etc. in Verbindung gebracht. Diese explizite Verbindung kann helfen, empathischer zu werden, zumindest in der Art, daß die notwendige Zeit zur Erreichung eines therapeutischen Beziehungsangebots in der jeweiligen Therapierelation verringert wird. Und auf dem Hintergrund der derzeitigen psychosozialen Versorgung ist Zeitersparnis sicherlich kein negativer, abzulehnender Effekt. Das gilt natürlich nur, wenn dadurch nicht der Therapeut in der konkreten Therapiesituation unter Druck gerät (wie es z. B. durch die Festlegung auf Kurzzeittherapie geschieht; Binder et al. 1979). Gerade für die konkrete Handlungssituation soll durch (vorherige) Theoriereflexion der Orientierungs- bzw. Entscheidungsdruck für den Therapeuten vermindert werden. Auch bisher wird ja durchaus theoretisiert, allerdings zumeist implizit in Supervisionsgruppen. Die explizite Strukturierung dieses Theoretisierens stellt dem Praktiker einerseits konkrete Entscheidungshilfen zur Verfügung und macht zum anderen zugleich die Grenzen dessen deutlich, was die »Theorie« leisten kann, eröffnet also dem Therapeuten auch Entscheidungsfreiräume.

5.3. *Erreichte Veränderungen vs. erreichbare Veränderungen: Zur Evaluation klientenzentrierter Psychotherapie mit Paaren*

Da bei der Partnertherapie von Frau und Herrn K. nicht alle »Bedingungen für den Prozeß der klientenzentrierten Psychotherapie mit Paaren« gegeben waren, also auch der Prozeß der klientenzentrierten Psychotherapie mit Paaren nicht in Gang gesetzt werden konnte, ist zu erwarten, daß auch die von der »Theorie« der klientenzentrierten Partnertherapie her wünschenswerten Auswirkungen auf die Beziehung der beiden Klienten zueinander nicht erzielt werden konnten. Zu welchem Ergebnis der Kontakt der beiden Klienten zur Therapeutin wirklich führte, soll anhand des Tonbandprotokolls der letzten (= 13.) Therapiesitzung überprüft werden.

Zusätzlich werden – als Beispiel für eine eindeutig abgeschlossene und erfolgreiche Partnertherapie – die Tonbandtranskripte der letzten drei Therapiesitzungen von Frau und Herrn A. (14., 15., 16. Gespräch) auf Veränderungsaussagen hin durchsucht. Bei beiden Partnertherapien werden die (von den Klienten und/oder der Therapeutin) festgestellten Veränderungen *bewertet,* indem versucht wird, sie den Teilen B und C der »Theorie« der klientenzentrierten Psychotherapie mit Paaren zuzuordnen; erst durch den Bezug zu den Zielen einer Therapie läßt sich der »Erfolg« einer Therapie feststellen (Orlinsky & Howard 1978, 320 f.). Das Vorhandensein der »Theorie« der klientenzentrierten Psy-

chotherapie mit Paaren ist also *Bedingung* für die Evaluation klientenzentrierter Partnertherapien.
Sowohl bei der Partnertherapie von Frau und Herrn K. als auch bei der Partnertherapie von Frau und Herrn A. fehlen Supervisionsprotokolle zu den für die Evaluation herangezogenen Sitzungen. Eine Gegenüberstellung »theorieloser« und theoriegeleiteter Praxis des Feststellens von Veränderungen analog zur Gegenüberstellung »theorieloser« und theoriegeleiteter Indikationsklärung ist also nicht möglich. Der Beitrag zur »Theorie« der klientenzentrierten Partnertherapie zur Praxisverbesserung wird aber durch den Versuch einer Zuordnung der gewonnenen Daten zu dieser »Theorie« deutlich. Diese Zuordnung erfolgt bei der Partnertherapie von Frau und Herrn K. im *Anschluß* an die Darstellung der Daten, bei der Partnertherapie von Frau und Herrn A. *parallel* zur Darstellung der Daten.

5.3.1. Evaluation der Partnertherapie von Frau und Herrn K.

Die Daten

Der 13. Therapiekontakt sollte das *vorläufig* letzte Gespräch vor einer längeren Sommerpause sein. Bei einem Telefongespräch einige Monate später teilte mir Frau K. mit, daß sie und ihr Mann im Moment keine Veranlassung sähen, die Therapie fortzusetzen; es gehe ihnen derzeit recht gut. Das 13. Therapiegespräch wurde damit zum tatsächlich letzten Gespräch. Es wird im folgenden gekürzt wiedergegeben; die Kürzungen betreffen allerdings vor allem organisatorische Themen und Wiederholungen.

Therapieausschnitt Nr. 6 (aus dem 13. Therapiekontakt):

M 144: – bei dir – es ist halt anders. Ich denk' mir dann: Na ja, es ist eh wieder – eigentlich nicht so arg. Aber es ist halt doch vieles, was – was bei dir – was dir noch – irgendwo wichtig ist – und das heißt aber nicht – ich meine, wenn wir so wollen, über das reden, daß du das (unverständlich). Das ist dir schon wichtig, das heißt nicht: es ist so – dafür ist jetzt alles negativ. Ich hab' das, meine ich, immer zu momentan oder zu – auf die momentane Situation bezogen. Wenn's momentan eh nicht so schlimm war, dann hab' ich mich gewundert, wieso du dich doch über manches aufregst, was irgendwann vielleicht schon länger her einmal war. Weil du dir sagst, ja momentan, das kann sein oder ist vielleicht nur vorübergehend, das ist nicht – du hast ja keine Sicherheit, daß das jetzt fix ist oder daß das bleibt, und man sollte das einfach beseitigen, was – halt – immer wieder sein kann, weil's eben oft war.

F 184: (unverständlich) sofort beseitigt und (M: Ja. Ja, ja, sicher.) oder einfach darüber – redet oder das eben nicht gleich weiß Gott was für ein Todesurteil sein muß und – für – weder für dich noch für die Beziehung noch – sondern einfach: daß man da halt oder ich meine –

Th 117: Und daß Sie sich jetzt eigentlich beide so ein bißchen beruhigen und sich sagen: Na ja, so schlimm ist es eh gar nicht (F seufzt), jetzt haben wir eigentlich gesehen, daß wir – an und für sich eh so halbwegs zurechtkommen.

M 145: Mir kommt schon vor, ich glaube schon. Es ist nur jetzt – ich hab' das halt so – ich meine – so – so direkt bezogen jetzt, wenn irgendwas war, was dich geärgert hat, dann hab' ich gemeint, das ist jetzt wieder genau –

F 185: Jetzt ist alles *aus.*

M 146: Ich hab' das viel zu kraß gesehen alles – ja, so in der Richtung. Das ist aber doch eh nicht so. (Lacht.)

F 186: (lacht ebenfalls) (unverständlich) dann wären wir ja nicht schon zehn Jahre beieinander, oder?

Th 118: (zu M) Das ist für Sie jetzt nicht mehr so bedrohlich, wenn Sie so was hören, daß Ihrer Frau im Moment was nicht paßt.

M 147: Nein. Ist es nicht. Das war's schon eigentlich. Und deswegen hab' ich vielleicht auch gar nicht so richtig – das mehr (unverständlich) hab' ich's halt einfach zu übertrieben oder zu – tragisch genommen. (Pause.) Kommt mir vor. Ich hab's – ich hab's alles zu – kraß gesehen, glaub' ich.

F 187: (irgendwie nachsichtig lachend) Wie du das jetzt so sagst, klingt das so: So war's, aber jetzt seh' ich's nicht mehr so kraß ...

F 194: Irgendwo wundert mich jetzt ja schon ein bißchen – ich meine – ich bin – (lacht) freudig überrascht, wenn du das so sagst – ah – ja, du hast das also früher – die letzten Wochen oder die letzten Jahre oder einfach die Zeit immer zu kraß gesehen, und jetzt kommt dir das nicht mehr so vor – also du glaubst, daß – das – für dich also nicht mehr so – arg – oder so bedrohlich ist – also, ich meine, das wäre – wäre ich sehr *froh* – ja.

M 163: Mir ist halt oft – oder eigentlich – ja – eigentlich bis vor kurzem, so vorgekommen, ich hab' das nicht so richtig vielleicht – ich hab' das Negative viel mehr gesehen –

F 204: Ja, eben, das –

M 164: – und dann hab' ich mir gedacht: Ja, ja, gut, es ist eh – wenn du nicht (unverständlich; beide lachen) – da hab' ich das halt besonders – oder *nur* das gesehen, aber nicht – oder das zu wenig, kommt mir vor – das zu wenig gesehen, daß ja trotzdem noch irgendwie du – das ja nicht *nur* ist, daß du dich ärgerst oder daß du auch irgendwie auch oft–

F 205: Ja, ich finde, das ist ja einfach – ja –

M 165: Ja. Folglich ist mir vorgekommen, wenn das so ist, dann kann eh nichts mehr anderes sein. (Th sagt etwas – unverständlich –, aber M redet weiter.) Ist eh alles – weil so könntest du ja nie so tun – oder irgendwie – ja – das ist mir eigentlich immer, und hab' aber nicht – vielleicht hab' ich das gar nicht gesehen, daß dir trotzdem danach ist –

F 206: (lacht) Daß mir noch etwas an dir liegt, oder was?

M 166: Ja.

Th 126: (zu M) So dann eher das Gefühl, total abgelehnt zu werden, während Sie jetzt sagen: Ja, bestimmte Punkte passen ihr halt nicht so, aber – es gibt ja genug andere Sachen – wo wir uns gut verstehen.

M 167: Ja, ich glaub' – ja, und daß sie – wenn ich das – nein, früher hab' ich gemeint, das ist sowieso nichts oder es kann eh nichts mehr Positives sein. Und jetzt kommt mir halt vor, daß – es ist – sicher – etliches, was eben nicht – wo wir nicht – so – harmonisieren (F: Ja.) oder wo viele Sachen sind, die – aber im Grund – die Grund – die Grundtendenz oder so ist eben – nicht negativ, sondern positiv. Und das hab' ich oft nicht – das ist mir einfach nicht – ja, das hab' ich eben gemeint – das hab' ich geglaubt, nein, das ist – das ist nicht so, wie's – und jetzt kommt mir vor, es ist schon so.

Th 127: Und auf der Grundlage schaffen Sie dann so kleinere Auseinandersetzungen leichter.

M 168: Ja, das hoffe ich schon, das weiß ich auch nicht. Ich glaube schon, das glaube ich sicher.

F 207: Mir kommt vor, das müßte – (M: Ja.) – ich meine auf *der* Grundlage schon gehen, nicht. (M: Ja.) Wenn wir beide – wir können uns doch nicht einbilden, das wird – es *kann* nur positiv oder alles kann uns voneinander gegenseitig gefallen oder *jede* Lebenssituation, *jedes* Thema – Hand in Hand – gegenüber und – und – das ist ja – das ist so Realität, jedenfalls halt einmal für uns zwei. Vielleicht gibt's es irgendwo, ja – wird's es besser geben auch – aber das ist ja *gleich,* ich meine – so, wie wir halt sind, nicht.

M 169: Ja, ja.

F 208: (räuspert sich) Werden wir's auch – *könnten* wir's auch schaukeln, oder – kommt mir vor.

Th 128: Und jetzt auch nicht so der Wunsch: Ja, es müßte ganz anders sein, wir müßten – in viel mehr Dingen noch übereinstimmen?

M 170: Nein, es ist so: Wir stimmen ja eh in vielen Dingen überein. Sagen wir, was wesentlich ist oder so – ich meine, ich glaube, es gibt viele – Differenzen zwischen – ich meine, für's Ehepaar, das sich im großen und ganzen besser versteht und die nie so Schwierigkeiten haben, die aber mehr Differenzen haben über wesentliche Sachen. So – sagen wir: so weltanschauliche Sachen oder Kindererziehung oder so Sachen. Da sind wir uns in den meisten Sachen sehr einig.

F 209: Ja. (Lacht.) Für mich ist's andere schon auch wesentlich. – Ich weiß jetzt nicht, was man wesentlicher bezeichnen soll – (M: Ja, ja, gut.) – aber – ich von meiner Person – aber das – vielleicht sollen wir da auch nicht so viel daran herummachen – eben, ich weiß nicht.

M 171: Aber es ist gerade – ja, vielleicht ist das eine – das ist eben der große Unterschied – vielleicht ist da eben gerade das, was dir so wichtig ist (F: Ja, ja.) – mir nicht so – ich hab' nicht so – ich weiß auch nicht – nicht so – (unverständlich) oder – das natürlich, das ist mir schon wichtig, das ist klar, nicht – (unverständlich). Wir verstehen uns eh auch sonst, aber – es ist eins – ich glaub', es sind nicht so sehr viele Sachen, kleinere Sachen, sondern das eine, und das ist eben wesentlich. Und das – beeinflußt alles andere ...

M 173: – daß es mehrere Sachen sind, das macht nicht so viel, es *sind* gar nicht mehrere Sachen. Es ist eh fast nur das eine, aber das ist (unverständlich) gravierender als mehrere kleine Dinge, die man – wo man sich nicht so versteht ...

M 177: ... ich weiß nicht, wie ich sagen soll – es ist nicht alles negativ von dir aus, deine ganze Einstellung mir gegenüber.

F 214: Nein.

M 178: Nein. Das hab' ich aber gemeint. Und dann hab' ich eben gesehen: Na ja, es ist zwar so gewesen, aber trotzdem ist ja noch nicht alles negativ, und dann ist das ja auch gar nicht so – so wichtig, nicht. Weil sonst, wenn das – das Zeichen ist, daß irgendwie nichts mehr da ist, dann ist das – dann heißt's na – ja, gut, ich meine – was wollen wir eigentlich noch? Aber wenn das halt nur – ich weiß auch nicht, wieso ich so – ich mich in das hineinsteigere, wie das das letzte Mal war, aber trotzdem ist noch manches da, was eh – positiv ist, dann ist das auch nicht so tragisch ...

F 219: ... ich hab' mir auch einmal gedacht – ah – daß – ah – es mir ja immer – darum gegangen ist – oder ich deshalb eben wieder gekränkt oder – weil halt so unbedingt *ich* eben hundertprozentig verstanden werden will von dir, nicht. *Ich* will verstanden werden von dir. Aber ich mein' – es muß ja auch nicht sein. Soweit wir uns eben gegenseitig verstehen, also ich mein', das ist *mir* in den letzten Tagen einmal so irgendwie vorgekommen. Ich mein' – ja, soweit's eben geht, soweit's eben leicht geht. Aber nicht mit so viel – ah – Aufwand, daß es einen dann eh – daß einen dieses Ziel ja dann sowieso nicht mehr freuen kann, weil man ja so kaputt ist, daß man's ja eh nicht mehr genießen kann oder sich dran freuen kann. Da ist es ja netter, man tut das Ziel ein bißchen herunter oder – oder einfach gar nicht so genau da- oder dorthin, sondern wo's eben auf eine – auf eine leichte und eine lockere und unverkrampfte Art geht, ist's fein.

Th 131: Daß Sie für sich selber gemerkt haben, das wird mir eigentlich zu anstrengend, wenn ich so diese Ansprüche stelle.

F 220: Ja. Ja. Wird uns *beiden* zu anstrengend. Ich meine, ich – das wirkt sich ja auf uns *beide* aus, daß das so eine Atmosphäre ist und eine – ich weiß nicht –

Th 132: Wo einer eigentlich immer nur enttäuscht sein kann und der andere eigentlich nur – ja: versagen kann.

F 221: Ja. – Na eben, und dann hab' ich – hab' *ich* gemeint, ja, also da müßten wir jetzt eben einen – einen anderen – zu *Plan* und zu dem bin ich nur gekommen, weil mir vorgekommen ist, in der Richtung einfach so geredet ohne viel Struktur hab' ich – hab' ich schon oft darüber, ja – muß ja nicht das sein. Schauen wir halt, wie wir sonst irgendwie – wo wir uns eben *schon* verstehen, also unterstreichen wir diese positiven Sachen – und dann ist mir immer vorgekommen, du verstehst mich nicht oder du – und das geht nicht – also gut, dann müssen wir halt irgendetwas planen, sonst bin ich nicht unbedingt die, die einen starren Plan oder was haben will. Und das war dann so irgendwie –

auch der Antrieb, daherzugehen. Ich glaub', das war – ja, wenn's überhaupt nicht mehr anders geht, ja, dann probieren wir halt mit – mit genaueren Punkten oder jemand, der uns da noch – von der Theorie her oder ich weiß nicht – noch was – unterstützen kann oder so. Ich glaub' – ich glaub', daß sich das bei mir halt dann so zugespitzt hat. Aber das eben – wo das alles dann so – unter einen Druck – oder – es ist – das ertragen wir beide nicht richtig, nicht ...

F 226: Ich glaub', man kann ja auch positiv an ein negatives (M: Ja, sowieso.) Vorkommnis herangehen. (Pause.) Wenn wir das zusammenbrächten, ich meine, dann brauchen wir nicht mehr viel ein anderes Konzept oder dann –

M 187: Ja. (Pause.) Ich hab' halt – ich hab' immer mehr das Negative gesehen. Mir ist halt auch so vorgekommen bei dem, was du mir gesagt hast: »Ja, gut, streichen wir das.« – das heißt: Es ist irgendwie – so ein Beginn – ein Beginn von einer Trennung oder so irgendwie in der Richtung hab' ich das – so ist mir das immer vorgekommen. Dabei hast du aber immer gemeint, einfach als Erleichterung. (F: Ja.) Ja, ich mein' (beide reden gleichzeitig) – und ich hab' aber gemeint, das ist der erste Schritt, und dann streichen wir noch was und dann noch was und dann – und so. Das hat mich – da war ich immer irgendwo dagegen, weil ich mir gedacht hab', wenn wir das jetzt machen, dann heißt das: Na ja, gut – ich hab' das als – mir ist das nicht klar gewesen, ich hab' das nicht kapiert – was du genau meinst – und drum war ich eben immer eher dagegen – oder jedenfalls nicht dafür ...

F 228: Aber damit, daß du mir eigentlich das nicht gesagt hast, daß das für dich Angst vor einer Trennung oder so, in der Richtung was ist, sondern nur: dagegen, dagegen warst in verschiedenen Arten einfach – ist ja gleich, aber abweisend – ich merk' nur das Abweisende. (Schnell:) Aha, ich werde schon abgewiesen, abgewiesen, ab – nicht. Das hört sich für mich auch anders an – ja, wenn ich – weiß, warum oder was du dir dahinter denkst. Ich wär' so froh, wenn ich mehr von deinen Gedanken wüßte. Ja, gut, jetzt komm' ich schon wieder: Ich wär' so froh, ich möcht' so gern – ja, und das hab' ich mir eben gedacht, das möcht' ich eigentlich nimmer sagen: Ich möcht' mehr von deinen Gedanken, mehr von deinen Gefühlen erfahren oder wissen, dann kenn' ich mich besser aus. Da wird – ah (Pause. Bestimmt:) Ich tät' mich leichter, ja oder wenn –

Th 136: Aber Sie gestehen es sich nicht mehr zu, das jetzt so zu verlangen.

F 229: Nein, ich möcht' es nicht verlangen. Ich möcht' es – (seufzt) – kann's auch nicht verlangen. Es geht halt vielleicht so auch. Ja – würd' ich halt hoffen. (Seufzt). – Ja, wenn ich sage: hoffe ich halt, das ist ja schon wieder – eben, das ist schon auch etwas, wo ich mir – so – eben vorher überleg': Darf ich das jetzt sagen oder nicht? Nein, ich sag's lieber nicht. Oder wie kann jetzt das wieder ausgelegt werden; so wie's jetzt grad momentan ist: Das möchte ich schon, das würde ich mir schon erhoffen. Ja, was hab' ich jetzt schon wieder alles gesagt? Alles, was schon wieder Erwartungen sind und wo du dir schon ›Jessas, nein!‹ vielleicht denkst ...

M 192: Ja, es ist – bei mir ist es oft so, und mir ist vorgekommen, mir geht's da auch nicht anders als dir, weil ich tu' – es war auch da überhaupt nichts, ich hab' dich kaum – wenn ich was sag', was dich irgendwie ärgert oder wo du meinst, ich bin – ich sag' das in einer negativen Art, hab' ich – ich glaub' – vielleicht wirklich ganz selten wirklich eine Absicht, daß ich das so sagen möchte. Wahrscheinlich denk' ich zu wenig oder – ich weiß auch nicht.

Th 141: Aber irgendwie, daß Sie sich gegenseitig da böse Absicht unterstellen.

M 193: Ja. Ich hab' die böse Absicht *nicht* und ich möchte nicht unfreundlich sein, wenn – mein Ton für dich unfreundlich klingt und wahrscheinlich auch für jeden anderen, das – weiß ich nicht. Und ich hab' ja meistens bis jetzt gedacht: Ja, ich hab' ja jetzt eh nichts wollen, was hab' ich denn schon getan, ich hab' ja eh nichts gesagt, aber – wahrscheinlich hab' ich's halt schon – jedenfalls so gesagt, daß du das irgendwie unfreundlich oder eben negativ aufgefaßt hast. – Ich meine, das hab' ich so – mir kommt halt vor, wenn ich das jetzt so sag' (seufzt) und ich möchte das nicht, dann kann ich dir das ja sagen oder *muß* ich dir das ja sagen – daß ich das ja gar nicht *wollte,* daß es einfach – es kann ja sein, daß ich (seufzt) – es tut mir leid, daß ich so eine Art hab', daß ich so oft irgendwas sag', das – negativ oder unfreundlich oder grantig wirkt. Weil ich mich oft gar nicht so *fühl',* aber eigentlich trotzdem so tu'...

F 240: ... aber wenn man das sich gegenseitig sagt, ist das, glaube ich – »Aha, ja, du kannst mich jetzt nicht verstehen.« Ich glaube, wenn man über das *reden* kann – dann ist das Nicht-Verstehen schon halb so wild nur noch. »Siehst du, das kann ich jetzt einfach nicht mitvollziehen.« – »Klar, das glaub' ich dir schon, soundsoviel kannst du eben *nicht* bei mir mitvollziehen, und ich bei dir nicht.« Aber – das muß ja nicht – das müssen wir uns ja nicht gegenseitig *dauernd* zum Vorwurf machen oder – dadurch schon *alles* wieder so negativ hinstellen. *Das* kommt mir vor.

M 199: Ja, ja.

Th 144: Daß Sie jetzt eigentlich beide merken: Ja, das schaffen wir auch gar nicht, wenn wir jetzt immer auf dem Negativen herumreiten und uns an dem so festklammern. Wir brauchen das jetzt wieder, daß wir – das Positive von unserer Beziehung sehen.

M 200: Ja, schon. Mir kommt es schon so vor. Weil das Negative ist eigentlich nicht so – (seufzt) – ich glaub', daß wir das eben viel zu – stark – gesehen haben. Das ist ja in Wirklichkeit nicht so. Wenn wir's so sehen würden, wie's wirklich ist, dann wär's eh schon viel positiver. Kommt mir vor, nicht. Ich glaub' auch wieder – ich mein': Sicher, es sind klar Sachen, die sind halt – wo man sich nicht so versteht oder (unverständlich) – mir kommt das jetzt vor, ich hab' das früher nie gedacht, daß das – daß ich das übertreibe oder daß ich da – daß ich's zu – ich hab' mir gedacht, so ist es irgendwie, ist's eben negativ. Aber ich glaub' halt – ja, klar ist etwas – wenn ich was sag' und du verstehst es nicht oder du fühlst dich da beleidigt oder du meinst, ich hab' (seufzt) dir jetzt was – zu Fleiß getan oder was weiß ich – ja, das ist natürlich schon etwas Negatives, aber – ja, wenn man da weiter darüber reden würde, dann käme man bald darauf, daß das vielleicht eh nicht so arg ist.

F 241: Ja, ja. Aber eben – ja – in einer lockeren Atmosphäre weiterreden. (M: Ja.) Weil ich mein', wir haben ja – wir *haben* ja oft sogar stundenlang über so was weiter- – ich meine, Worte sind ja hin- und hergegangen, aber das war ja eigentlich kein Weiterreden, um sich besser zu verstehen.

M 201: Ja, vielleicht ist es eben das – wenn man weiß, wenn ich mit Absicht jetzt irgendwas tu', bewußt etwas mach', dann kann ich – dann weiß ich genau, das hab' ich jetzt aus dem und dem Grund gemacht, und auch, wenn's etwas Negatives ist. Aber wenn ich überhaupt keine negative Absicht hab' oder mir jedenfalls keiner negativen Absicht bewußt bin, und dann wird's trotzdem so ausgelegt, dann ist es halt für mich – dann reagiere ich eben so, daß ich – daß ich dann – (unverständlich).

F 242: Ja. Aber ich meine – gibt ja nicht nur die eine Reaktion. (M: Nein. – F unverständlich.) Es war ja genauso – irgendwo ein Überraschtsein: Ach, *so* hat das auf dich gewirkt. Oder gerade, wär' mir eben vorgekommen: Ja, wenn du mich schon magst, dann müßte dir das eigentlich leid tun, wenn das auf mich – wenn mich das kränkt oder mir das weh tut. Nachdem – *weil* du's ja nicht wolltest, also damit hättest du für mich am meisten deine – Absicht – ah – kundgetan, daß du mir ja *nicht* weh tun wolltest. Nicht, so irgendwie, das wär – oder – es ist für mich eher eine Reaktion, die ich dann akzeptieren kann, als wenn du dich nur du – *dich* verteidigst. (Pause.) Wo ich dir ja völlig egal bin, nicht, so bin ich mir vorgekommen. Es geht dir ja nur um dich, ob du jetzt gut oder schlecht dastehst, aber – mir geht's ja nicht darum, ob du gut oder schlecht dastehst oder ich gut oder schlecht, sondern – ob – es – in dem Bereich, der uns beide angeht, ob's da halt – ob's da einmal feiner oder netter oder so irgendwie, ich weiß nicht – gelöster – ...

Für beide Klienten soll im folgenden nicht nur festgestellt werden, ob die Partnertherapie »etwas gebracht« hat, sondern: *was* sie »gebracht« hat und inwieweit sich die Ergebnisse der Therapie mit den in Teil B und Teil C der »Theorie« der klientenzentrierten Partnertherapie beschriebenen Veränderungen decken. Das Feststellen von Veränderungen verlangt auch einen Rückgriff auf frühere Daten; es werden also auch Daten aus früheren Phasen der Therapie herangezogen, z. B. Daten, die in Zusammenhang mit der Indikationsklärung erhoben wurden.

Der Effekt der Partnertherapie für Frau K.

Frau K. zeigt sich in der letzten Therapiestunde optimistischer als im früheren Verlauf der Therapie: Das »Todesurteil« über die Beziehung sei noch nicht gesprochen, auf der jetzigen Basis müßte es möglich sein, es miteinander zu schaffen. Das »Miteinander« ist für sie jetzt überhaupt wieder stärker. Statt sich gegen ihren Mann zu verteidigen, mit ihm zu kämpfen, sich von ihm abzugrenzen, verbündet sie sich jetzt eher mit ihm. Damit gelingt es ihr auch, Probleme, die sich in früheren Therapiephasen als ihre individuellen Probleme erwiesen haben, als *gemeinsame* Probleme hinzustellen. Möglicherweise braucht sie das als Basis dafür, sich mit für sie bedrohlichen Erfahrungen auseinanderzusetzen und von starren Lösungsvorstellungen abzurücken. Sie kann jetzt auf die Entwicklung eines eigenen Konzepts zur Bewältigung der Beziehungsprobleme verzichten und ist dabei, ihren Wunsch nach einer in jeder Hinsicht optimalen Beziehung und nach hundertprozentigem Verstandenwerden zu relativieren. Das sind übrigens jene Punkte, die noch *am ehesten* Indikatoren dafür sein könnten, daß der therapeutische Prozeß bei Frau K. wenigstens ansatzweise in Gang gesetzt wurde; der Gedanke daran, zu ihrem Mann eine Beziehung zu haben, die hinter ihren Vorstellungen von einer idealen Beziehung z. T. weit zurücksteht, ist für sie im Moment nicht mehr so bedrohlich, und sie traut sich zu, einfach das genießen zu können, was in der derzeitigen Beziehung möglich ist.

Allerdings spricht einiges dafür, daß Frau K. sich sogar in *Gegenrichtung* zum therapeutischen Prozeß verändert hat. Die Daten aus den Supervisionsprotokollen zu den früheren Therapiesitzungen zeigen, daß Frau K. ihren Mann so, wie er ist, nicht akzeptieren kann, daß sie ihn ganz anders haben möchte, als er ist, und daß es ihr schwer fallen würde, in ihren Beziehungswünschen Abstriche zu machen. In der 12. Stunde hat sie deutlicher als je zuvor gesagt, daß sie so nicht mehr weitermachen will. Wenn sie sich jetzt mit dem begnügt, was in der Beziehung zu ihrem Mann möglich ist, muß das nicht unbedingt ein Abrücken von starren (Beziehungs-)Konzepten bedeuten; es kann auch Ausdruck dessen sein, daß sie ihre Gefühle und Wünsche noch mehr leugnet als zuvor. Denn über ihre in der 12. Stunde geäußerten Trennungswünsche ist sie selbst erschrocken. Außerdem sind ihre Wünsche nun auch deshalb noch bedrohlicher geworden, weil sich inzwischen das Verhalten ihres Mannes geändert hat:

Herr K. hat inzwischen sein Schweigen gebrochen, und er läßt nun einen neuen Konsens über die Art des Miteinander-Redens zu. Da Frau K. von ihrem Mann *direkt* immer nur gefordert hat, daß er sich anders mitteilen möge, wären weitere Wünsche an ihn jetzt noch bedrohlicher als zu Beginn der Therapie; Frau K. müßte sich fragen, ob sie ihren Mann mehr ablehnt als nur in Hinblick auf ein bestimmtes Kommunikationsverhalten. Deshalb kann sie sich ihre Wünsche an ihn noch schwerer zugestehen als früher, obwohl sie weitere Wünsche *hat.* Es müssen ihr aber auch Zweifel daran bleiben, ob ihr Mann nun wirklich bei ihren Vorstellungen mitziehen wird.

Kein einziges Kriterium von Teil B und C der »Theorie« der klientenzentrierten Partnertherapie ist mit Sicherheit gegeben. Frau K symbolisiert ihre Erfahrungen *nicht* genauer als zu Beginn der Therapie, ihre Gefühle muß sie nun eher noch mehr leugnen als früher, es ist unsicher, ob das Abrücken von ihren ursprünglichen Beziehungsvorstellungen Ausdruck einer Reorganisation des Selbstkonzepts und des Verzichten-Könnens auf starre Werthaltungen ist oder eher sogar umgekehrt Ausdruck vermehrter Verleugnung von Gefühlen und verstärkter Orientierung an Werthaltungen (»Die Beziehung muß auf alle Fälle bestehen bleiben.«). Es gibt bei Frau K. keine Anzeichen für zunehmende Selbstwertschätzung, für klarere Kommunikation, sie ist nicht weniger verletzbar als zu Beginn der Therapie, nimmt Herrn K. nicht genauer wahr, versteht und akzeptiert ihn also auch nicht besser bzw. mehr als früher, fühlt sich auch von ihm nicht besser verstanden und mehr akzeptiert. Es scheint Frau K. nur deutlicher bewußt geworden zu sein, daß sie dann, wenn sie die Beziehung zu ihrem Mann aufrechterhalten will, ihre Vorstellungen von einer guten Beziehung aufgeben muß.

Der Effekt der Partnertherapie für Herrn K.

Daß Herr K. sich in der 13. Stunde seiner Frau gegenüber anders verhält als sonst, ist auf dem Hintergrund der vorhergegangenen Therapiesitzung zu sehen. In der 12. Stunde hat Frau K. so deutlich wie noch nie zuvor zu verstehen gegeben, daß sie so nicht mehr weitermachen will; sie läßt ihren Mann »hängen«, indem sie selbst schweigt und ihn damit unter einen für ihn ungewohnten Druck setzt. Was sie ihm sonst immer angedroht hat, beweist sie ihm in der 12. Stunde durch seine eigene Hilflosigkeit in diesen Schweigephasen: Sie *kann* sich von ihm nichts erwarten. Damit ist aber Herr K. an der einzigen Stelle getroffen, wo er sich wirklich bedroht fühlt; daß Frau K. ihre Erwartungen zurückschraubt, gibt ihm das Gefühl, versagt zu haben, und erscheint ihm als erster Schritt in Richtung auf eine Trennung.
Die Bedrohung in der 12. Stunde scheint für Herrn K. so groß gewesen zu sein, daß er seine sonst übliche Verteidigungsreaktion aufgibt und statt dessen aktiv wird. Damit aber macht er genau das, was Frau K. sich von ihm immer gewünscht hat, und indem er das *macht,* kann er sogar bei seiner ursprünglichen Haltung bleiben, ohne daß Frau K. ihm das übelnimmt. Die ganze 13. Stunde verwendet er im Grunde dazu, sich und seine Frau davon zu überzeugen, daß ihre Beziehung zueinander doch ohnehin ganz in Ordnung sei. Während für ihn früher jede negative Äußerung seiner Frau das Ende der Beziehung ankündigte, hat er jetzt gemerkt, daß seine Frau ihn trotzdem nicht grundsätzlich ablehnt. Er versucht, sich dieser grundsätzlich positiven Haltung seiner Frau ihm gegenüber zu vergewissern, und er betont seine Bereitschaft

zu einer anderen Form der Kommunikation. Weiter scheint seine Änderungsbereitschaft allerdings nicht zu gehen.
Es fragt sich, ob die Veränderungen von Herrn K., die auf die *Verhaltens*ebene eingegrenzt zu sein scheinen, auf das Konto der pädagogischen Beeinflussung gehen, der er in der Situation der Partnertherapie ausgesetzt war. Während er zu Beginn der Therapie kaum Zeichen von Verletzbarkeit zeigte, erlebte er im späteren Verlauf der Therapie Angst und Bedrohung. Möglicherweise hängt das damit zusammen, daß er sich früher vor bedrohlichen Äußerungen seiner Frau abschirmen konnte, im Verlauf der Therapie aber immer stärker damit konfrontiert wurde, daß die Unzufriedenheit seiner Frau mit der Beziehung auch für ihn unerwünschte Konsequenzen haben könnte; er hätte dann vielleicht nur gelernt, wie er seine Frau beruhigen kann. Vielleicht aber ist das Erleben von Angst und Bedrohung Zeichen dafür, daß er inzwischen seine Inkongruenzen erfährt, daß also *jetzt* der therapeutische Prozeß beginnen könnte.
Auch bei Herrn K. ist kein einziges der Kriterien aus Teil B und C der »Theorie« der klientenzentrierten Partnertherapie gegeben. Es wurde also in dieser Partner»therapie« bei den Klienten weder der therapeutische Prozeß in Gang gesetzt, noch kam es zu Verbesserungen der Beziehung im Sinne der »Theorie«. Auf dem Hintergrund der »Theorie« der klientenzentrierten Partnertherapie sind aber die Ergebnisse der »Therapie« für Herrn K. immerhin positiver zu beurteilen als für Frau K. Herr K. ist möglicherweise am Ende der »Therapie« bis zu dem Punkt gekommen, wo der eigentlich therapeutische Prozeß hätte einsetzen können; er erfährt möglicherweise seine Inkongruenzen jetzt besser als zu Beginn der Therapie. Die Veränderungen bei Herrn K. waren zwar nicht ausreichend, um von einem Zustandekommen des therapeutischen Prozesses sprechen zu können, er hat sich aber auf den therapeutischen Prozeß hin zubewegt. (Im Gegensatz zu Frau K., die zwar auf einem »höheren« Niveau beginnt, sich dann aber vom therapeutischen Prozeß wegbewegt.)

Kritik und mögliche Verbesserung des Therapieverlaufs aufgrund theoriegeleiteter Evaluation

Die »Theorie« der klientenzentrierten Psychotherapie mit Paaren erlaubt nun auch eine bessere Einschätzung dessen, was in der 13. Stunde abgelaufen ist: Frau K. muß die Beziehung zu ihrem Mann jetzt deshalb optimistischer beurteilen, weil sie weiß, daß sie die Beziehung nicht aufgeben möchte und weil sie spürt, daß sie dabei die ständige Konfrontation mit dem Negativen in der Beziehung nicht aushalten würde. Herr K. kann jetzt positiver über die Beziehung reden, weil seine Angst vor einer Trennung ihn aus seiner ursprünglich eher gleichgültigen Haltung herausgerissen hat. So wird in der letzten Therapiestunde der Eindruck einer harmonisierten Beziehung vermittelt, und beide Partner wirken zuversichtlich. Der einzige Konsens, zu dem sie gekommen sind, besteht aber in einer anderen *Form* der Kommunikation – die deshalb keine »klare« Kommunikation im Sinne der »Theorie« der klientenzentrierten Partnertherapie ist, weil auch diese geänderte Kommunikation Ausdruck von Diskrepanzen zwischen Erfahrung, Symbolisierung der Erfahrung im Bewußtsein und Mitteilung ist. Die »Therapie« ist als »nicht erfolgreich« einzustufen.

»Prozeßevaluation« soll aber nicht nur die Frage beantworten, ob eine Therapie »erfolgreich« war oder nicht, sie soll auch Änderungen und Verbesserungen möglich machen. Daher soll abschließend diskutiert werden, welche »Fehler« bei dieser Therapie hätten vermieden werden können, ob ein anderer Verlauf möglich gewesen wäre, wenn Therapeutin und Supervisionsgruppe sich schon damals an die »Theorie« der klientenzentrierten Partnertherapie hätten anlehnen können. Der Definition von *Prozeß*evaluation entsprechend, können Ansatzpunkte für mögliche Verbesserungen nicht nur aus der letzten Therapiestunde, sondern auch aus früheren Sitzungen stammen.

Ein solcher Ansatzpunkt wurde bereits in Zusammenhang mit der Indikationsklärung sichtbar: Bei Herrn K. war nach den Indikationskriterien keine »Therapiefähigkeit« anzusetzen, bei Frau K. schon eher, d. h. relativ sicher für Einzeltherapie; unsicher allerdings blieb, ob auch eine Partnertherapie für sie geeignet war. Zugleich hatte aber Frau K. das recht intensive Bedürfnis nach einer solchen Partnertherapie, Herr K. schloß sich diesem Wunsch zumindest verbal an. Nach der konzeptuellen Ausdifferenzierung des klientenzentrierten Modells legen diese Ausgangsbedingungen am ehesten eine Einzeltherapie mit Frau K. in einem partnertherapeutischen Setting nahe. In bezug auf Herrn K. hätte man bei einer solchen Konzeption von Anfang an weniger eine pädagogische Absicht verfolgen sollen als eben ein Beziehungsangebot zum klientenzentrierten Gespräch – mit dem möglichen Fernziel einer Entwicklung seiner Selbstempathie bis hin zur Wahrnehmung seiner Inkongruenzen zumindest so weit, daß die Voraussetzungen für eine Einzeltherapie erfüllt worden wären. Dann wäre die Erreichung dieser »Therapiefähigkeit« (die z. T. trotz der Abweichungen der Therapeutin vom therapeutischen Beziehungsangebot erreicht wurde) nicht folgenlos geblieben. Allerdings hätte die theoriegeleitete Evaluation hinsichtlich der Entwicklung von Frau K. überhaupt einen gänzlich anderen Therapieverlauf zur Folge gehabt, denn hier zeigt sich schon unter den B-Kriterien (zum Therapieprozeß), daß sich Frau K. im Laufe der Therapie immer mehr aus dem therapeutischen Prozeß herausentwickelt; und die theoriegeleitete Evaluation demonstriert, daß dies zumindest auch mit der Anwesenheit des Partners zusammenhängt. Das aber ist sicherlich der paradigmatische Fall, wo das Konzept einer Einzeltherapie im partnertherapeutischen Setting unsinnig wird: eine theoriegelei-

tete Evaluation hätte also im Fall der Therapie von Frau und Herrn K. ganz eindeutig zu der Konsequenz geführt, den Wunsch nach dem partnertherapeutischen Setting *nicht* zu erfüllen. Die durch theoriegeleitete Evaluation gestützte Empathie hätte vielmehr zu dem (kongruenteren, wertschätzenderen) Angebot einer Einzeltherapie an Frau K. geführt bzw. führen müssen. Spätestens nachdem die Verschlechterung der Annahme des therapeutischen Beziehungsangebots durch Frau K. als (über mehrere Sitzungen) stabilisiert von der Therapeutin und der Supervisionsgruppe festgestellt war, hätte diese Konsequenz gezogen werden müssen. Erst dadurch wäre überhaupt die Möglichkeit eröffnet worden, daß sich Frau K. in Richtung auf die Ziele einer klientenzentrierten Therapie hin hätte entwickeln können.
Diese Alternative eines anderen, besseren Therapieverlaufs aufgrund theoriegeleiteter Evaluation erlaubt es überdies, generelle Folgerungen für die Gewichtung der Evaluationskriterien zu ziehen. In der Analyse des Fallbeispiels sind zunächst einmal die Kriterien in bezug auf den Prozeß der Therapie sowie die Effekte der Therapie relativ gleichgewichtig angeführt worden. Dabei wurde, wie es Rogers zumindest implizit tut, davon ausgegangen, daß im Erfolgsfall im Prinzip alle Kriterien erfüllt sind. Hier lassen sich nun anhand des analysierten Beispiels Differenzierungen vorschlagen: Zunächst einmal sind natürlich die Kriterien des Prozesses vorgeordnet; das sieht auf den ersten Blick trivial aus, ist es aber nicht, wenn man es unter dem Aspekt betrachtet, ob für eine erfolgreiche Therapie alle Kriterien ausnahmslos erfüllt sein müssen oder nicht. Bei den Prozeßkriterien sind schon in der Explikation der klientenzentrierten Partnertherapie jene sechs zentralen (nach Rogers notwendigen) ausgewählt worden, die so stark vernetzt konzipiert und formuliert sind, daß sie bei einem erfolgreichen Therapieverlauf in der Tat alle als gegeben angesetzt werden müssen. Zumindest kann man sagen, daß, solange nicht alle Prozeßkriterien erfüllt sind, kaum von einem stabilen, positiven Therapieverlauf auszugehen ist – und nur ein solcher kann ja letztlich zu einer Verbesserung z. B. der Beziehungs*fähigkeit* des Klienten führen. Ohne die Erfüllung aller B-Kriterien ist daher nicht von einer erfolgreichen Therapie zu sprechen und d. h. vor allem: der therapeutische Prozeß nicht als erfolgreich zu beenden. Anders verhält es sich mit den nachgeordneten C-Kriterien: Hier ist zu berücksichtigen, daß Partnertherapie ja explizit Einschränkungen der Gegenstandsbereiche (der Kommunikation) zuläßt, so daß manche Kriterien u. U. in der Therapie nicht mehr ohne Probleme feststellbar sind; außerdem ist ja klientenzentrierte Psychotherapie darauf ausgerichtet, die *Bedingungen* der Möglichkeit für selbstempathische Realitätsverarbeitung, Beziehungskompetenz etc. herzustellen – dies ist sicherlich zentral durch die (B-)Kriterien des therapeutischen Prozesses gesichert; die *Effekte* sind Konsequenzen davon, die evtl. nicht in allen konkreten Situationen auftreten (so, wie ja auch

dem Therapeuten Empathie, Kongruenz, bedingungslose Wertschätzung nicht immer möglich sind). Auf der Grundlage dieser beiden Aspekte schlage ich daher vor, für die Bewertung einer Therapie als »erfolgreich« nicht die Erfüllung aller C-Kriterien vorauszusetzen, d. h. sich, wenn es situationsangemessen erscheint, mit der Überprüfung bzw. Erfüllung nur einiger dieser Krieterien zufriedenzugeben; Voraussetzung dafür aber ist immer die Erfüllung aller (B-)Kriterien des erfolgreichen therapeutischen Prozesses.

5.3.2. Evaluation der Partnertherapie von Frau und Herrn A.

Da in Zusammenhang mit der Partnertherapie von Frau und Herrn K. der Eindruck entstehen konnte, daß die in der »Theorie« der klientenzentrierten Psychotherapie mit Paaren festgehaltenen Ziele an den Interessen der Klienten vorbeigehen, soll abschließend noch das Beispiel einer Partnertherapie gebracht werden, bei der die Klienten in den von der »Theorie« her zu erwartenden Veränderungen die zentralen Veränderungen sahen. Damit soll auch darauf hingewiesen werden, daß die Bedürfnisse »der« Klienten nicht durch eine Einheitstherapie abgedeckt werden können (Grawe 1976; Plog 1976; Plog & Grawe 1976; Strupp & Bergin 1969, 45).
Aus Raumgründen muß auf einen ausführlichen Kommentar zu den Veränderungen verzichtet werden. Sowohl die Therapieausschnitte als auch die Antworten auf den Strupp-Fragebogen (Strupp et al. 1964; vgl. Anhang) werden aber nach Möglichkeit der »Theorie« der klientenzentrierten Psychotherapie mit Paaren zugeordnet (Anmerkungen am rechten Rand). Die Zuordnung bedeutet, daß die in den betreffenden Sätzen ausgedrückten Veränderungen als *gegeben* gelten können – wenn auch nicht immer mit Sicherheit.

Die Daten

1. *Partnertherapie von Frau und Herrn A., 14. Therapiekontakt*

	Zuordnung zur »Theorie« der kl.z. Partner-therapie
Therapieausschnitt Nr. 7	
Kontext: Das 14. Gespräch beginnen die Klienten mit einem Bericht vom vorhergegangenen Wochenende: Zum ersten Mal seit langem hatten sie wieder Spaß daran, miteinander zu schlafen. Beide betonen, wie schön es diesmal miteinander war:	

M:	... es hat kaum einmal einen Geschlechtsverkehr gegeben, der so war ... Ich müßte jetzt direkt lang nachdenken, wann's einmal so gegangen ist ... Es war so fröhlich entspannt und – da war eine bestimmte Stelle, wo sonst immer Schluß war – die haben wir da überschritten... ich müßte jetzt echt nachdenken, wann das schon einmal so gewesen ist – ist ja egal, es war schön.	
F:	... ich war richtig entspannt ... sonst bin ich immer ganz verkrampft.	

Therapieausschnitt Nr. 8		Zuordnung zur »Theorie« der kl.z. Partner-therapie
Kontext:	Die beiden Klienten rätseln herum, worauf die positiven Veränderungen im sexuellen Bereich zurückzuführen sein könnten.	
F:	Weißt du, was mir vorkommt: Daß wir uns gegenseitig in letzter Zeit mehr Wohlwollen entgegenbringen. (Pause.) Das ist es nämlich.	C5, C6
M:	Ich finde aber, das war sonst auch oft da. (Pause.)	
F:	Ich finde das so ein ruhiges, sicheres Gefühl. (Pause.) Der andere ist mir nicht böse, wenn ich mich so verhalte, wie ich's tue. – Ich habe jedenfalls das Gefühl, daß du mich in letzter Zeit mehr akzeptierst. – Ja, ich glaube, »Wohlwollen« ist das richtige Wort. (Pause.)	C5, C6
M:	Daß ich nicht mehr so viel an dir herumnörgle?	
F:	Ja. (Pause.)	
M:	Aber – na ja, das – ich glaube eher, daß wir durch die Gespräche hier – da haben wir uns so ein bißchen – da sind wir draufgekommen, eigentlich mögen wir uns eh irgendwie – oder sogar recht – gern. Und daß wir uns das gesagt haben wieder einmal, war recht fein. Das gibt dir so eine Sicherheit, nicht. Also: Da, können wir sagen, mögen wir uns. Da haben wir jetzt ganz genau umrissen: Da ist unser Problem, nicht. Und gut: Mit dem müssen wir leben, oder –	B2?, C6?
Th:	Aber nicht so, daß alles verfahren ist, sondern –	
M:	Eben, ja, ja.	
Th:	– die Grundhaltung stimmt noch.	
M:	Ja.	
F:	Nein, aber das haben wir doch vorher nicht gehabt – da haben wir uns doch eher ins Bockshorn jagen lassen – haben wir gesagt, es ist überhaupt nichts	

mehr drin oder: »Trennen wir uns – tun wir's nicht?« oder so – verstehst du –

Wieder Gespräch darüber, wie schön es an dem betreffenden Sonntag war, miteinander zu schlafen.

Nach einer Pause:

Th: (zu F) Für Sie so insgesamt jetzt einfach mehr das Gefühl, angenommen zu sein, aufgehoben zu sein.

F: Ja. Und nicht – nicht unter Bedingungen. C6

Einige Minuten später:

F: Nein, das ist aber komisch. Trotzdem war die – war die Sicherheit – nein, sie war nie so groß wie momentan. So komisch das klingt – verstehst du (lacht): Auch, wenn du mir jetzt sagen würdest – ja, ich – ich gehe in der nächsten Zeit – ich fühle mich trotzdem irrsinnig *sicher*. – Obwohl du das – sagen wir einmal: die ersten vier Jahre – überhaupt nicht erwähnt hast – daß für dich eine Trennung in Frage käme. B6?

M: Du bist dir sogar viel zu sicher gewesen anscheinend.

Th: Daß das für Sie gar nicht so positiv wäre, wenn Sie jetzt hören: Ja, ich fühl' mich sicher.

M: Nein, also ich freue mich schon, daß du dich – äh – aber ich denk' mir jetzt nur: Wahrscheinlich war dann die Sicherheit in den ersten Jahren nicht ideal. (F: Ich hab' sie da –) Das war so – waren äußere Bande, nicht, also –

F: Ich hab's auch nicht so als sicher gefühlt. – Verstehst du, obwohl du vielleicht wirklich nichts gesagt hast, ich weiß das nicht mehr.

Th: Gefühlsmäßig ist die Sicherheit jetzt erst da.

F: Ja.

M: Ja, wir haben auch schon lang nicht mehr so intensiv geredet miteinander. C2?

Etwas später:

M: Ja – so direkt mit »die Gefühle äußern« – ich bin mir schon bewußt, daß es noch nicht *so* hinhaut. – Weil ich kann's auch immer erst so im nachhinein immer alles sagen – aber es –

F: Aber es fällt uns zunehmend leichter. C1

M: Ja.

2. Partnertherapie von Frau und Herrn A., 15. Therapiekontakt

Therapieausschnitt Nr. 9	Zuordnung zur »Theorie« der kl.z. Partnertherapie
Kontext: Die Stunde beginnt mit Überlegungen hinsichtlich einer Beendigung der Therapie. Die Klienten begründen das:	
F: Es gibt momentan keine Probleme.	
M: Keine ist übertrieben, aber –	
F: Ja –	
M: Wir haben's so ausgedrückt, daß wir eigentlich – ja – sozusagen wieder unser Fundament besser ausbetoniert haben, so (Th: Mhm.) – und wir können schließlich nicht das ganze Haus – unser Ehegebäude wieder (unverständlich). Wir wissen zwar noch nicht, wie's ausschauen soll –	B6?
Th: Aber jedenfalls momentan so die Zuversicht, da können wir jetzt schon ganz –	
M: Ja, jetzt haben wir wieder eine Basis, wo wir weitermachen.	
F: Wie man einen Pfusch weitermacht. (Beide lachen.)	
F: Daß das jetzt – daß das jetzt klappen müßte. Theoretisch. (Th: Mhm.) – Ich könnte mir vorstellen – daß wir jetzt einmal längere Zeit selber wirtschaften und werken und daß wir Sie vielleicht in einiger Zeit wieder aufsuchen dürfen. (Th: Mhm.) Sozusagen zur Berichterstattung. (Lacht.)	
Etwas später:	
M: ... an sich hab' ich ganz ein gutes Gefühl füreinander – und wir wissen, daß in unserer Beziehung etwas sehr Stabiles da ist ... Du hast gesagt, dir ist das vorher nicht so vorgekommen – und ich hab' gesagt, nein, mir ist vorgekommen, so war's eigentlich immer. – Also daß (F: Wie? Was?) – für dich war's früher nicht so stabil.	
F: Ach so – ja.	
M: Das, was du vorher offensichtlich nicht gewußt hast oder – was ich dir nicht mitgeteilt habe – weil – weil so das Negative immer im Vordergrund war, glaube ich. – Das war für mich aber trotzdem vorhanden.	C1?
F: Dann sind wir also beide jetzt sehr zuversichtlich.	
M: (lachend) Ja.	

F: (lacht auch) – Oder ist schon wieder – ist schon wieder das Wort zu –

M: Nein, nein. – Hm. –

F: – zu – zu stabil.

M: Ja, aber es – hm – es ist – ich will nicht jetzt den Eindruck erwecken, als ob wir alles (unverständlich), was – jetzt schaut's in Ordnung aus (einige Worte unverständlich). Wir müssen schauen, daß wir weiterkommen – selber jetzt weiterwurschteln.

3. Partnertherapie von Frau und Herrn A., 16. Therapiekontakt

Therapieausschnitt Nr. 10	Zuordnung zur »Theorie« der kl.z. Partnertherapie
Kontext: Das Ende der Therapie macht den beiden Klienten irgendwie Angst, obwohl sie im Moment keinen ausreichenden Grund mehr sehen, die Therapie fortzusetzen:	
M: ... ja, es ist eigentlich an sich irgendwo überflüssig geworden. Aber ich glaub' nicht, daß es überflüssig ist, drüber zu reden. – Aber – was anfänglich eigentlich die handgreiflichsten Probleme waren – das hab' ich das letzte Mal gesagt, also – über Sex haben wir überhaupt nie geredet oder fast nie – und da werden wir sicher noch öfter einmal reden, nicht – und da werden wir – verstehst du, das haben wir eigentlich noch gar nicht gelernt – daß ich da – (F: Ich glaube –) so ohne Vorwurf rede und du – weil bei dem Thema ist noch viel, viel mehr die Gefahr als bei allen anderen, daß du abhaust, dich entziehst in irgendeiner Form.	
F: Ja, die Gefahr ist – ist sicher immer über uns zwei. – Ganz egal – wann. Aber ich glaube, daß die – die breite – Basis schon so gut ist, daß wir's auch schaffen werden, über Sex zu reden.	C2?
M: Es ist momentan so toll – ich trau' dem ganzen Frieden nicht so. – Es ist so witzig. Ich genieße es, und es ist schön. – Wir haben sogar daran gedacht – wir haben zur N. gesagt: »Wenn ihr ein Kind kriegt, dann kriegen wir auch eines.« – und so – und das heißt ja doch, daß wir uns wieder sehr stark füreinander entschieden haben.	

M: Es ist einfach – dadurch, daß wir hier so viel geredet haben ..., ist wieder so eine herzliche Atmosphäre entstanden. C4?

M: ... plötzlich denke ich mir: da, das ist meine alte Sprechweise – und hier haben wir eigentlich was Neues ausprobiert, das hat sich ja viel besser bewährt. – Und – da –

F: Das mit dem Feedback – äh – das haben wir hier gelernt. – »Du meinst also« oder »Hab' ich dich richtig verstanden?« – also Sätze, die so anfangen, die haben wir früher zwar theoretisch gewußt, daß es fein wäre, wenn man sie gebrauchen würde, aber – aber angewandt haben wir sie hier. – Und – und – natürlich auch daheim immer mehr.

M: Der andere weiß jetzt, wie ich mich fühle, nicht (Th: Mhm.), und das war schon sehr angenehm. C5

Etwas später setzen sich die beiden Klienten wieder mit dem Problem auseinander, es nun ohne Therapie weiterzuprobieren:

M: Aber es ist auch irgendwie interessant ... Nicht etwa ein unangenehmes Kribbeln, sondern – nein, nein, es ist – es ist – jetzt haben wir's endlich ein bißchen vorbei, das – ... wir haben eine Lösung gefunden, wie wir fürs erste einmal leben miteinander und – B6?

F: Ich *weiß* nicht, woran es gelegen ist. Ich meine – vor nicht allzu langer Zeit, da war's ja noch ganz schlecht um uns gestellt, und – da wolltest du, glaub' ich, sogar abbrechen oder aufhören, hast keinen Sinn mehr drin gesehen – und dann ist es dann praktisch von einem Tag auf den anderen – ah – hat sich *irgend*etwas geändert, aber ich weiß nicht, was.

Etwas später berichtet Herr A. noch einmal, was sich für ihn in der Therapie getan hat:

M: ... Vorher hab' ich so in der Theorie gewußt: Na freilich werde ich auch meine Fehler haben, nicht. Aber so mit bestem Wissen und Gewissen hab' ich nicht sagen können, was der Fehler von *mir* ist. (Th: Mhm.) Zwar schon so ein paar Kleinigkeiten, aber an sich – wenn's nicht hinhaut, das liegt eindeutig an ihr, nicht. (Th: Mhm.) Und plötzlich bin ich draufgekommen: Na, ich hab' mich aber schon auch wahnsinnig blöd verhalten, nicht. So – oder – ich kann einfach einiges nicht und mach' da irre Fehler, nicht, so. (Pause.) Daß ich – daß ich so ein Gefühl einfach nicht sagen kann. Entweder es kommt da so mit Verzögerung (Th: Mhm.) – oder ich hab' Hemmungen, es direkt zu sagen – das merke ich z. B., nicht. – Und – oder *wenn* ich's dann sage, dann kommt das so mit – mit so viel Vorwurf drin (Th: Mhm.). Und das muß ich

	mir unbedingt abgewöhnen. Und ich kann schon verstehen, daß einer – das weiß ich, das ist – eine fatale Veranlagung (lachend), die ich von meiner Mutter her habe. Das ist ihre Redeweise.	B3, B4
Th:	Und von daher auch, jetzt muß –	
M:	(gleichzeitig): Immer dem anderen einen Vorwurf machen: Du bist schuld, daß ich mich jetzt negativ – irgendwie anders fühle (Th: Ja.) – nicht optimal.	

4. »Follow up«

Sieben Monate nach Abschluß der Therapie brachte mir Frau A. die inzwischen ausgefüllten Strupp-Fragebögen (vgl. Anhang, S. 179) in die Beratungsstelle. Herr A. hatte den Fragebogen drei Monate, Frau A. sieben Monate nach Abschluß der Therapie ausgefüllt:

Nachträgliche Einschätzung der Therapie durch Frau A.

Frau A. ist sehr zufrieden mit dem Ergebnis der Therapie, hat überhaupt kein Bedürfnis nach weiteren psychotherapeutischen Gesprächen, meint, sie hätte sich durch die Psychotherapie etwas verändert, findet Gespräche von der Art, wie sie selbst sie in der Therapie erlebt hat, für sich und andere sehr wichtig und hilfreich und glaubt, daß ausschließlich die Therapie zur Verminderung ihrer Schwierigkeiten beigetragen hat. Zu einigen Items nimmt sie in einem dem Fragebogen beigelegten Brief näher Stellung:

Antworten auf den Strupp-Fragebogen (vgl. Anhang)		Zuordnung zur »Theorie« der kl.z. Partnertherapie
zu 4.	Dieser Punkt bereitet mir schon Schwierigkeiten. Ich soll alle Schwierigkeiten und Probleme aufzählen und wie sie sich aufgrund der Gespräche verändert haben. Mir fällt auf, daß ich gar nicht mehr weiß, wegen welcher Probleme genau wir bei Ihnen waren. Ich will es mit ein paar Stichworten versuchen: *D* (= eine Freundin von Herrn A.): Der Anlaß unseres Kommens stellte sich ja schon während der Gespräche als nicht mehr so wichtig heraus. Diesbezüglich gibt es überhaupt keine Probleme mehr. *Sex:* Dieses Thema wurde eigentlich sehr selten angeschnitten, obwohl es ein Hauptproblem von uns war. Und trotzdem hat sich dieses Problem für mich stark gebessert. Irgendwie haben sich unsere Sexprobleme ganz automatisch mit den anderen Problemen gebessert. Je harmonischer unsere übrige Beziehung wurde, desto harmonischer wurde auch	

unsere sexuelle Beziehung. Obwohl ich damit nicht sagen will, daß es in bezug auf Sex überhaupt keine Probleme mehr gibt. Aber ich bin recht zuversichtlich und der Meinung, daß wir mit den auftretenden Problemen selbst fertig werden können.

Getrennte Zimmer: Am Anfang habe ich in getrennten Zimmern den Untergang einer Ehe gesehen und mich sehr dagegen gesträubt. Inzwischen bin ich aber sehr froh darüber, daß wir in der Regel getrennt die Nacht verbringen. Ich habe es z. B. sehr schätzen gelernt, so lange zu lesen, wie ich will. Außerdem glaube ich, daß es für Abend- und Morgenmenschen die idealste Lösung ist, miteinander auszukommen. B6

Trennung überhaupt: Mein Leben mit C. nach den Gesprächen bei Ihnen hat mir gezeigt, daß es sehr schade gewesen wäre, wenn wir uns getrennt hätten. Nachdem wir bei den Gesprächen mit Ihnen beide Dreck weggekratzt hatten, kamen die guten Seiten des anderen zum Vorschein und ich merkte, wie gern ich C. doch hatte und wieviel er mir bedeutet. Etwas Kostbares wirft man nicht weg, nur weil es dreckig geworden ist. Ich konnte es reinigen. B2

Nichts Gemeinsames mehr: Die Entdeckung, daß ich meinen Mann immer noch mag und daß er mich ja auch mag, ist wohl das Wichtigste. Diese Erkenntnis macht es uns möglich, wieder gemeinsam etwas zu machen. C5

Kopf in den Sand stecken: Ich bin mir bewußt, daß ich mir dieses Verhalten wahrscheinlich nicht so schnell abgewöhnen werde. Ich versuche aber dieses Verhalten immer seltener zu praktizieren.

zu 5. Ich bin ruhiger, ausgeglichener. Verzweifelt geheult habe ich seit den Gesprächen mit Ihnen nicht mehr. Ich fühle mich imstande, mit allem fertig zu werden. B5?

zu 6. Ich fühlte mich voll verstanden. Aus Gesprächen mit C. kann ich entnehmen, daß es diesem gleich ging, das heißt, daß Sie neutral waren und trotzdem hatte jeder von uns das Gefühl, verstanden zu werden. Erst aus späteren Konfliktgesprächen mit anderen Leuten merkte ich, wie schwer es ist, sich mit niemandem zu solidarisieren.

zu 7. Ich kann nichts Negatives sagen.

zu 8. Ich hatte schon vorher Bücher mit Gesprächsregeln und Verhaltensweisen gelesen und auch versucht, sie anzuwenden. Gelernt habe ich es aber erst bei den Gesprächen mit Ihnen. Außerdem war es für mich sehr wichtig, einen Fixpunkt in der Woche zu haben, wo spätestens dort angefallene Probleme zur Sprache gebracht werden konnten.

zu 9.	Am Anfang hat mich das Tonband gestört, was sich aber bald gelegt hat. Manchmal störte mich auch der wackelige Stuhl.	

Nachträgliche Einschätzung der Therapie durch Herrn A.

Herr A. ist mit dem Ergebnis der Therapie ebenfalls sehr zufrieden, hat ebenfalls (im Augenblick) überhaupt kein Bedürfnis nach weiteren psychotherapeutischen Gesprächen (wenn, dann höchstens bei derselben Therapeutin), fühlt sich durch die Therapie stark verändert, hält derartige Gespräche für sehr wichtig und hilfreich, und führt an, daß zusätzlich zur Therapie auch die Teilnahme an einer Selbsterfahrungsruppe und Gespräche mit Freunden zur Verminderung seiner Schwierigkeiten beigetragen hätten – er wisse allerdings nicht, ob sie *wesentlich* dazu beigetragen hätten. An ursprünglichen Schwierigkeiten nennt er drei:
– Wünsche, Bedürfnisse, Aggressionen deutlich zu äußern – hier sei eine starke Besserung eingetreten;
– »Groll« gegen den Partner – gebessert;
– Gefühl, daß in der Beziehung nichts mehr drin ist – stark gebessert.

Zusätzlich führt er aus:

	Antworten auf den Strupp-Fragebogen (vgl. Anhang)	Zuordnung zur »Theorie« der kl.z. Partnertherapie
zu 5.	Ich habe erstmals wirklich eigene Fehler erkannt; ich bin weniger »drängend« und fordernd (setze den Partner nicht mehr so unter Druck).	B3
zu 6.	Sie war sympathisch, nicht fordernd, *unparteiisch.*	
zu 7.	Eigentlich hat mir alles gefallen; obwohl mir im nachhinein auffällt, daß ich in einer (vielleicht aber gar nicht sinnvollen) Erwartung enttäuscht wurde: Ich hätte mir mehr Unterstützung erwartet bei meinem Bestreben, dem Bereich Sexualität im Gespräch mehr Raum zu verschaffen. Aber dafür muß ich wohl selbst sorgen.	
zu 8.	Durch die Gespräche habe ich meine Partnerin wieder besser kennengelernt, wir sind uns »näher« gekommen, das hat auch meine Einstellung zu ihr geändert und eine neue, bessere Beziehung bewirkt. Ich warte nicht mehr so sehr darauf, ob aus uns etwas »wird« (ob wir zusammenpassen), sondern weiß, daß wir eine gute Beziehung haben, wenn wir selbst etwas tun (Gespräche führen).	C4?

Die Veränderungen, die entscheidend dafür sind, daß Frau und Herr A. mit der Therapie »sehr zufrieden« sind, decken sich mit den Veränderungszielen der »Theorie« der klientenzentrierten Psychotherapie mit Paaren. Am wichtigsten ist den beiden Klienten,

- daß sie sich mehr Wohlwollen entgegenbringen, daß sie einander bedingungslos akzeptieren;
- daß sie entdeckt haben: »Wir mögen uns«;
- daß sie sich nun in den anderen einfühlen können;
- daß sie sich einander mehr und anders mitteilen.

Das aber sind Punkte, die sich in Teil C der »Theorie« der klientenzentrierten Partnertherapie wiederfinden lassen. Gleichzeitig wird deutlich, daß diese Verbesserungen in der Beziehung zueinander Auswirkungen einer veränderten Beziehung jedes der beiden Klienten zu sich selbst sind (vgl. die B-Kriterien).

Die Partnertherapie von Frau und Herrn A. ist auch Beleg dafür, daß eine klientenzentrierte Partnertherapie auf der Verhaltensebene tatsächlich zu Ergebnissen führen kann, wie sie in anderen partnertherapeutischen Ansätzen explizit angezielt werden: Frau und Herr A. haben eine bestimmte Art der Kommunikation miteinander gelernt, und ihre sexuelle Beziehung hat sich verbessert. Das sind aber nur Äußerungsformen dessen, daß sich ihre Beziehung zu sich selbst und zueinander geändert hat.

5.3.3. Reformulierung des Evaluationsproblems: Ein Fazit

Die Demonstration der Brauchbarkeit theoriegeleiteter Evaluation an den zwei Fallbeispielen hat in so vielen Aspekten zu Konkretisierungen und Spezifizierungen geführt, daß jetzt abschließend eine differenziertere Strukturierung des Evaluationsproblems möglich ist, als sie vom allgemeinen theoretischen Rahmen des klientenzentrierten Ansatzes aus gegeben werden konnte. Die im folgenden vorgelegte Reformulierung geht damit zumindest z. T. auch über den Differenziertheits-und Explizitheitsgrad hinaus, den die bisherige Forschung innerhalb des klientenzentrierten Ansatzes hinsichtlich der theoretischen und methodologischen Explikation des Evaluationsproblems erreicht hat.

Für theoriegeleitete Evaluation ist als Ausgangspunkt wie beim Indikationsproblem festzuhalten, daß sie die dem klientenzentrierten Ansatz inhärenten und zentralen Ziele als Vergleichsgrößen (Wertstandards) zur Bewertung des Therapieerfolgs ansehen muß. Sie darf sich nicht in einer falsch verstandenen, weil zu kurz greifenden und dadurch *nicht* optimal empathischen Akzeptierung des Klienten von dessen explizit geäußerten Zielsetzungen abhängig machen; denn diese können, wie das Fallbeispiel der Therapie von Frau K. nachdrücklich zeigt, auch nur Manifestationen einer nicht-selbstempathischen, inkongruenten psychischen Zuständlichkeit sein. Eine substantiell klientenzentrierte Haltung kann auch hinsichtlich der Ziele – und damit der Festlegung der konkreten Bewertungsstandards für die Evaluation einer Therapie –

nicht in einer oberflächlichen Anpassung an den Klienten bestehen; sie erfordert vielmehr, daß an den regulativen Zielideen des klientenzentrierten Modells (Kongruenz, Selbstempathie, bedingungslose Selbstwertschätzung) festgehalten wird – natürlich in der Form, daß die konkrete Realisation dieser generellen Ziele für den individuellen Klienten in empathischer, kongruenter und bedingungslos wertschätzender Haltung mit ihm zusammen festgelegt wird. Die Ausrichtung auf die Verbesserung z. B. der Beziehungsfähigkeit in der durch die genannten Ziele des klientenzentrierten Ansatzes vorgegebenen Qualität aber bleibt bei der Evaluation des Erfolgs einer klientenzentrierten Partnertherapie unverzichtbar.

In Verbindung mit den übrigen Aspekten und Strukturen des Evaluationsproblems ergeben sich aus dieser Festlegung allerdings weitreichende Konsequenzen: Der klientenzentrierte Ansatz geht davon aus, daß Klient und Therapeut den Therapieerfolg im Optimalfall gemeinsam (konsensual) feststellen; das ist die methodologische Zielidee der Evaluation (des Therapieerfolgs) durch Konsens zwischen Therapeut und Klient. Für den Optimalfall einer erfolgreichen Therapie ist das auch ohne Probleme durchführbar; denn der Klient hat sich ja in Richtung auf die klientenzentrierten Therapieziele entwickelt: Er hat mehr Selbstempathie entwickelt und ist dadurch in der Lage, sich selbst kongruenter und realitätsadäquater wahrzunehmen. Damit ist seine Haltung sich selbst gegenüber von vergleichbarer Qualität wie die des Therapeuten ihm gegenüber (immer natürlich als Annäherungswert gesehen). So ist zu erwarten, daß beide zu übereinstimmenden Aussagen hinsichtlich seines psychischen Zustandes, der relevanten Realitätsausschnitte etc. kommen; durch die kongruente Realitätsverarbeitung ist außerdem so weit als möglich gesichert, daß diese Aussagen realitätsadäquat (»extensional«; Rogers 1959, 206 f.) sind. Im positiven Fall einer erfolgreichen Therapie wirft die konsensuale Evaluation von Therapeut und Klient auf dem Hintergrund der theoretischen Postulate des klientenzentrierten Modells also keine methodologischen Probleme auf.

Nun ist der Optimalfall natürlich immer methodologisch am unproblematischsten. Die Leistungsfähigkeit einer Konzeption zeigt sich an den nichtoptimalen Fällen, hier also bei Unsicherheit hinsichtlich des Therapieerfolgs bzw. bei Nicht-Konsens zwischen Therapeut und Klient. Aber gerade hier bietet die theoriegeleitete Evaluation konzeptuelle Strukturierungsmöglichkeiten:

Sowohl die theoretische Explikation des Optimalfalls als auch das Fallbeispiel der Frau K. machen deutlich, daß die Voraussetzung für das konsensuale Gewicht des Klienten dessen Kongruenz mit sich selbst ist. Wenn diese Selbstkongruenz nicht vorliegt, dann ist seine Therapiebewertung weniger extensional (realitätsadäquat) als die des Therapeuten (soweit diesem das therapeutische Beziehungsangebot gelungen ist, das ja per definitionem Empathie, Kongruenz und bedingungslose Wertschätzung gegenüber dem Klienten realisieren muß). Nun ist es aber eine permanente Aufgabe des Therapeuten im Lauf der Therapie, festzustellen, *ob* der Klient kongruent, selbstempathisch und selbstwertschätzend ist. Damit wird deutlich, daß im methodologisch komplizierten Fall eines Nicht-Konsenses zwischen Therapeut und Klient der Therapeut letztlich das ausschlaggebende Gewicht erhalten muß. Denn für ihn wird im klientenzentrierten Modell von Anfang an eine empathische, kongruente, bedingungslos wertschätzende Beziehung dem Klienten gegenüber angesetzt; nur er kann also aufgrund dieser Beziehung unabhängig vom Verlauf der Therapie die Selbstwertschätzung, Selbstempathie und Kongruenz des Klienten als Voraussetzung für die Qualität von dessen Evaluationsaussagen valide beurteilen. Das demonstriert auch die Reanalyse der Therapie von Frau K. unter der Perspektive der theoriegeleiteten Evaluation: Frau K. sieht ihre Therapieziele erfüllt – das aber gerade, weil sie sich *nicht* aus ihren Inkongruenzen hat lösen können, ja diese vielleicht noch stärker ausgebildet hat. Gerade durch die Feststellung, daß sich Frau K. eher aus dem therapeutischen Prozeß herausentwickelt, wird für die Therapeutin (und die Supervisionsgruppe) deutlich, daß Frau K. sowohl ihre Ziele inkongruenten Bewertungsstandards angleicht als auch ihre Erfahrungen verzerrt verarbeitet und so auch diese den aufgestellten Bewertungsstandards anpaßt. Das empathische Verstehen des Therapeuten muß hier gerade dazu führen, die mangelnden Voraussetzungen von Frau K. für eine valide Therapieevalutaion festzustellen und ihr daher bei der positiven Einschätzung des Therapieerfolgs *nicht* zu folgen. Das Beispiel verdeutlicht außerdem nicht nur die Notwendigkeit, dem Therapeuten im Nicht-Konsens-Fall bei der Evaluation das ausschlaggebende Gewicht zuzusprechen, sondern auch die vom klientenzentrierten Ansatz her zu erwartende Richtung des Dissenses. Es handelt sich bei dem Beispiel ja um einen »Scheinerfolg«, wo der Klient gerade *wegen* seiner Inkongruenz den Erfolg unbedingt will und ihn sich daher »einredet«. Der formal entgegengesetzte Fall eines möglichen Dissenses wäre der »Scheinmißerfolg«, d. h. daß der Klient den Erfolg negiert, obwohl er nach den (valideren) Einschätzungen des Therapeuten vorliegt. Durchdenkt man diesen Fall, so wird deutlich, daß er ausgehend von den Postulaten der klientenzentrierten Therapie nicht rekonstruierbar ist, denn eine erfolgreiche Therapie besteht in der Steigerung der Selbstakzeptanz des Klienten und damit auch der Validität seiner Evaluationsaussagen. Es ist daher psychologisch nicht verständlich, wie und warum der Klient bei einem vorliegenden Therapieerfolg diesen nicht bemerken sollte. Auf der Grundlage des Konzepts einer theoriegeleiteten Evaluation ist also überhaupt nur der Fall des »Scheinerfolgs« postulierbar und elaborierbar. Ich halte das durchaus für eine Manifestation des selbstkritischen Grundansatzes der klientenzentrierten Psychotherapie. Außerdem dürfte diese methodologische Asymme-

trie alle jene klientenzentrierten Therapeuten versöhnen, die sich intuitiv gegen ein methodologisches Übergewicht des Therapeuten gegenüber dem Klienten sträuben. Dieses Übergewicht kann nämlich nach der explizierten Struktur der theoriegeleiteten Evaluation letztlich nur zu einer Selbstkritik des Therapeuten hinsichtlich des Therapieerfolgs führen und damit dazu, daß er das therapeutische Beziehungsangebot dem Klienten gegenüber aufrechterhält, unabhängig davon, ob dieser es aktuell aufgrund seiner Bewertung wünscht oder nicht – und diese Unabhängigkeit vom Klienten ist ohnehin eines der Kernstücke klientenzentrierter Psychotherapie.
Der selbstkritische Ansatz des klientenzentrierten Modells ist aber in der Struktur des Evaluationsproblems methodologisch noch weitergehend zu verankern und auszuarbeiten. Obwohl das methodologische Übergewicht des Therapeuten praktisch nur gegen ihn selbst ausschlagen kann, bleibt er trotzdem nicht unkontrolliert: Wie schon oben mehrfach erwähnt, wird das Gelingen seines Bemühens um Empathie gegenüber dem Klienten ja von einer Supervisionsgruppe überprüft und unterstützt. Damit bleibt auch die Feststellung eines »Scheinerfolgs« gegen die Einschätzung des Klienten nicht unüberprüft; man darf sicherlich fordern, daß eine solche Evaluation erst als zureichend berechtigt angesehen werden darf, wenn sie von der Supervisionsgruppe geteilt wird. Die mögliche Hauptfunktion der Supervisionsgruppe dürfte aber in einer kritischen Funktion gegenüber positiven (natürlich: unberechtigt positiven) Evaluationsaussagen vor allem des Therapeuten liegen. Über die Supervisionsgruppe ist methodologisch das Problem des »Scheinkonsenses« zu lösen. Auch dafür bietet das Fallbeispiel der Therapie von Frau K. den Ansatzpunkt: Eine nichterfolgreiche Therapie ist nach den Postulaten des klientenzentrierten Ansatzes vor allem durch ein nicht zureichend gelungenes Beziehungsangebot des Therapeuten bedingt. Es ist durchaus möglich, daß die mangelnde Empathie, Wertschätzung und Kongruenz des Therapeuten auch dazu führt, daß er inkongruenten Evaluationsaussagen des Klienten ebenfalls zustimmt. Genau das war der Fall bei der nichttheoriegeleiteten Evaluation der Therapie von Frau und Herrn K.; sie wurde in gemeinsamem Konsens (wenn auch mit Restzweifeln der Therapeutin) für relativ erfolgreich beendet erklärt, d. h. es lag zumindest teilweise ein »Scheinkonsens« vor. Wie die Reanalyse unter der Perspektive theoriegeleiteter Evaluation gezeigt hat, ist dieser »Scheinkonsens« bei expliziter Prüfung der B- und C-Kriterien spätestens in der Supervisionsgruppe aufzuheben. Die Supervisionsgruppe überprüft also nicht nur die Berechtigung von Erfolgs- sowie »Scheinerfolgs«-Evaluationen, sondern sie entlarvt darüberhinaus auch mögliche »Scheinkonsense« als die verborgenste und damit auch am schwierigsten zu kontrollierende Form des »Scheinerfolgs«. Überdies macht diese Konzeptualisierung deutlich, daß theoriegeleitete Evaluation zu

bedeutsamen praktischen Konsequenzen führt: Denn damit ist eine Struktur des Evaluationsproblems erreicht, die es erlaubt, mit der Evaluation innerhalb der Therapie zu bleiben und trotzdem die wichtigsten Irrtumsmöglichkeiten auszuschalten (Auckenthaler 1980 b). Da wissenschaftliche Wahrheitsfindung nicht mehr als Irrtumselimination leisten kann (Popper 1969), halte ich diese »Evaluation innerhalb« auch im Rahmen wissenschaftlicher Untersuchungen für völlig ausreichend.

Für die Ausschaltung von Irrtumsmöglichkeiten stand naturgemäß das Beispiel der nicht-gelungenen Partnertherapie im Vordergrund. Aber auch aus der gelungenen Therapie sind in Verbindung mit den Explikationen, die an der nicht-gelungenen ansetzen, weitere Spezifikationen möglich. Das methodologische Übergewicht des Therapeuten wurde oben vor allem hinsichtlich der Einschätzung der Selbstempathie, Selbstwertschätzung und Kongruenz des Klienten eingeführt. Dieser Evaluationsaspekt ist nun eindeutig am vollständigsten über den Verlauf des therapeutischen Prozesses zu entscheiden, d. h. er wird von den B-Kriterien abgedeckt. Daraus folgt, daß der Therapeut im Rahmen seiner Evaluationsbemühungen vor allem die B-Kriterien zu überprüfen hat, und zwar alle insgesamt. Es erscheint auch sinnvoll, sein methodologisches Übergewicht auf diese Voraussetzungs-Kriterien zu konzentrieren. Damit ergibt sich als komplementäre Möglichkeit, den Klienten ein Übergewicht bei den C-Kriterien einzuräumen. Das war oben schon hinsichtlich der Quantität geschehen, indem nicht die Überprüfung bzw. Erfüllung *aller* C-Kriterien zur Bewertung einer Therapie als erfolgreich gefordert wurde. Man kann dieses Argument jetzt noch erweitern: Vor allem in Partnertherapien gibt es eine Fülle von Manifestationsbereichen von Kommunikation und Interaktion, die sich einer direkten Überprüfung entziehen. Hier erscheint es sinnvoller, bei Überprüfung und Erfüllung der B-Kriterien (eines erfolgreichen Therapieprozesses) durchaus programmatisch vorzusehen, daß bei den C-Kriterien die evaluative Einschätzung des Klienten prävalent ist, d. h. nicht mehr in Frage gestellt und überprüft werden muß. Das ist auch bei der theoriegeleiteten Evaluation der Partnertherapie von Frau und Herrn A. zum größten Teil geschehen. Diese methodologische Maxime berücksichtigt auch das Argument, daß in bezug auf internale Prozesse ohnehin keine positive Validierung von außen möglich ist, sondern sich jeder Validierungsversuch in paradoxen Aporien verstrickt, indem er an irgendeiner Stelle die Gültigkeit des Berichts des Individuums über das nur ihm gegebene »Interne« voraussetzen muß (Scheele 1981, 66 ff.).

Die hiermit explizierte Struktur der theoriegeleiteten Therapieevaluation ermöglicht m. E. durchaus eine zufriedenstellende Lösung aller in der Praxis anfallenden Evaluationsprobleme. Sie bietet auch Richtlinien für die Verarbeitung des Evaluationsergebnisses durch den Therapeuten: welche Konsequenzen er zieht, ziehen sollte, welche nicht etc.

Auch hier stellt der Optimalfall einer erfolgreichen Therapie überhaupt kein Problem dar. Bei den problematischen Fällen des »Scheinkonsenses« und des »Scheinerfolgs« sind die Konsequenzen im Prinzip oben schon implizit enthalten: Der Therapeut kann und sollte sich bemühen, einen Konsens mit dem Klienten herzustellen, was in der Regel eine Fortführung der Therapie bedeutet, evtl. aber in veränderten Settings (vgl. das Beispiel der Therapie von Frau K.). Am schwierigsten ist es sicherlich, wenn sich als Evaluationsresultat die Feststellung eines Therapiemißerfolgs ergibt. Der klientenzentrierte Therapeut hat es gelernt und auch weitgehend automatisiert, in solchen Fällen als erstes selbstkritisch zu fragen: Habe ich genug Kongruenz, Empathie und bedingungslose Wertschätzung dem Klienten gegenüber entwickelt? Die damit verbundene erneute Bemühung um die therapeutischen »Kernbedingungen« – und d. h. die Aufrechterhaltung des therapeutischen Beziehungsangebots – ist sicherlich in vielen konkreten Situationen sinnvoll und nützlich. Bei der generellen Evaluation einer ganzen Therapie ist aber hier auch Vorsicht geboten; unterstellt doch dieses Bemühen, daß, wenn nur genügend Kongruenz, Empathie und bedingungslose Wertschätzung geäußert werden, dann unvermeidlich Veränderungen beim Klienten eintreten werden. Man kann jedoch Selbstkritik auch als Immunisierung gegen Scheitern einsetzen, als eine implizite, permanent aufrechterhaltene Omnipotenzbehauptung, die ein »Nicht-Funktionieren« der klientenzentrierten Therapie, eine Falsifikation nie zugeben muß. Der klientenzentrierte Therapeut sollte deshalb die selbstkritische Frage nach genügend realisierter Kongruenz, Empathie und Wertschätzung nicht so generell und so lange aufrechterhalten, daß sie zu einer Immunisierungsstrategie wird. Diese Frage ist unbedingt zu stellen im konkreten Kontext einzelner Therapiesitzungen und nicht zu langer Therapiephasen. Ab bestimmten größeren Zeiträumen aber kann – bei negativem Evaluationsresultat – die Frage nur noch lauten, ob in der betreffenden Therapie vom Therapeuten insgesamt weniger Kongruenz, Empathie und bedingungslose Wertschätzung realisiert worden sind als in anderen vergleichbaren (erfolgreichen) Therapien; bei Bejahung dieser Frage muß dann auch ein therapeutisches Scheitern explizit akzeptiert werden. Die Bestimmung, was ein solcher »größerer Zeitraum« sei, ist derzeit noch (und vielleicht sogar überhaupt nicht) generell angehbar; sie hängt stark von den jeweiligen Therapiebedingungen ab (vgl. auch Binder et al. 1979). Wie häufig im klientenzentrierten Ansatz scheint aber eine solche explizite Festlegung auch gar nicht nötig und sinnvoll. Ein entsprechendes Problembewußtsein des Praktikers, daß die selbstkritische Frage nach dem verwirklichten Ausmaß an Kongruenz, Empathie und bedingungsloser Wertschätzung auch in eine Immunisierungsstrategie umschlagen kann, dürfte ausreichen, auch das Scheitern einer Therapie sich und dem Klienten in einem für diesen humanen Zeitraum zuzugeben.

6. Ausblick

In Zusammenhang mit der Reformulierung des Evaluationsproblems wurde das Prinzip, externe Kritik an der »Theorie« der klientenzentrierten (Partner-)Therapie zunächst beiseite zu lassen, schon teilweise aufgegeben: Mit dem Hinweis auf Omnipotenzbehauptungen und auf die Verwendung von Immunisierungsstrategien sind zentrale Kritikpunkte an der »Theorie« der klientenzentrierten Psychotherapie benannt.

Nun kann es hier nicht darum gehen, eine möglichst vollständige Kritik an der klientenzentrierten Therapie-»Theorie« vorzulegen; Ansatzpunkte für eine kritische Auseinandersetzung gibt es inzwischen in einer ganzen Reihe von Veröffentlichungen (Bommert 1977, 46 ff.; Brauns 1979; Gilles 1980; Grunwald 1976, 101 ff.; van Quekelberghe 1979, 258 ff.; Rokita 1978; R. Scholz 1980; Vogel 1979; Wexler 1974; Zimring 1974). Es soll aber auch nicht der Eindruck erweckt werden, als ob mit der theoretischen Modellierung der klientenzentrierten Psychotherapie mit Paaren die Probleme der Praktiker ein für allemal gelöst wären. Denn obwohl durch die Ausrichtung praktischen Handelns an der »Theorie« der klientenzentrierten Partnertherapie zumindest ein Anfang für die Überwindung des technischen Eklektizismus und damit auch der Anfang für eine Praxisverbesserung gesetzt sein sollte, wäre zu großer Optimismus hinsichtlich einer Verbesserung therapeutischer Praxis durch die Orientierung an dieser »Theorie« sicher ungünstig. Das liegt vor allem an der vom wissenschaftstheoretischen Standort aus festzustellenden »Dürftigkeit« von Rogers' Theoriebildung (Köhler-Weisker & Horn 1981, 301); da die theoretische Modellierung der klientenzentrierten Psychotherapie mit Paaren aufbaut auf Rogers' »Theorie der Therapie« und seiner »Theorie der interpersonellen Beziehungen«, wurden die Mängel der Rogers'schen »Theorien« auch für die »Theorie« der klientenzentrierten Partnertherapie mitübernommen.

Die folgenden Ausführungen sollen einige dieser Aspekte konkreter benennen und gehen damit über das ursprüngliche Anliegen dieses Buches etwas hinaus: Aufgezeigt werden sollte, daß der klientenzentrierte Ansatz auch Möglichkeiten für die Ziele von Partnertherapie und das Setting der »eigentlichen« Partnertherapie enthält. Das gelang sowohl hinsichtlich der theoretischen Ableitung (Kapitel 3.) als auch hinsichtlich der Veranschaulichung der Brauchbarkeit des theoretischen Modells anhand konkreter Fragen (Kapitel 4.) und anhand von Fallbeispielen (Kapitel 5.). Einige Unbestimmtheitsstellen in der »Theorie« der klientenzentrierten Partnertherapie konnten als Freiräume für den Therapeuten interpretiert werden, die für eine »Beziehungstherapie«

unverzichtbar seien. Es klang zwar an, daß das Nützen dieser Freiräume dem Therapeuten einiges abverlangt; solange man innerhalb des klientenzentrierten Modells bleibt, sind jedoch die damit verbundenen hohen Anforderungen an den Therapeuten nicht nur in Kauf zu nehmen, sondern geradezu wünschenswert.

Nun gibt es allerdings auch Unbestimmtheitsstellen, die Lücken oder Unklarheiten der klientenzentrierten »Theorie« darstellen. Solche Lücken und Vagheiten eröffnen natürlich keine Freiräume für den Praktiker, sondern müssen ihn im Gegenteil überfordern. Wenn im folgenden versucht werden soll, Unvollständigkeiten der »Theorie« des klientenzentrierten Ansatzes aufzuzeigen, so erfüllt das daher auch wieder eine doppelte, Theorie und Praxis integrierende Funktion: Zum einen werden Notwendigkeiten zur Weiterentwicklung der Theorie so konkret wie möglich aufgewiesen; zum anderen aber soll damit der Praktiker von dem übermäßigen Druck entlastet werden, daß er es sei, der alle verbleibenden offenen Aspekte als Freiräume modellkohärent ausfüllen müsse. Dafür, daß darin eine Überforderung zu sehen ist, stellt ja der kritisierte technische Eklektizismus auch ein Signal dar; daß die Praktiker vom klientenzentrierten Ansatz häufig nur die »Selbstaktualisierungstendenz« des Individuums als Hintergrundwissen zur Verfügung haben (vgl. Kapitel 1.), gewinnt durch die in den letzten drei Kapiteln gemachten Erfahrungen mit der »Theorie« der klientenzentrierten (Partner-)Therapie neue Bedeutung. Die Reduzierung der »Theorie« des klientenzentrierten Ansatzes auf die Selbstaktualisierungstendenz des Individuums ist möglicherweise Ausdruck dessen, daß die Praktiker eine der wesentlichsten Schwächen von Rogers' »Theorie der Therapie« erleben: ihre mangelnde Erklärungskraft.

Die Art des Umgangs der Praktiker mit dem klientenzentrierten Ansatz macht es schwer, Rogers' Zufriedenheit darüber, daß er in seiner »Theorie der Therapie« auf Erklärungen verzichtet, nachzuvollziehen. Auch er gibt zu, daß er »natürlich« Vermutungen darüber hat, *warum* es zu den konstruktiven Persönlichkeitsänderungen kommt (Rogers 1959, 217), er ist sich jedoch nicht sicher, ob seine Vermutungen stimmen – und sagt sie erst gar nicht. Implizit aber verwendet er seine Persönlichkeitstheorie als Erklärungsansatz, und das (nach Rogers 1959, 196) einzige Postulat dieser »Theorie« – die Aktualisierungstendenz des Individuums – ist dann auch weitgehend die einzige theoretische Aussage aus dem klientenzentrierten Ansatz, die das Handeln der Praktiker leitet.

D. h.: Die Praktiker scheinen mit der – deskriptiven – »Theorie der Therapie« nicht das Auslangen zu finden; sie suchen Erklärungen dafür, *warum* es zu Veränderungen durch Therapie kommt. *Innerhalb* ihres eigenen Ansatzes finden sie dabei nicht mehr als den »Glaubenssatz« (das Axiom) von der Selbstsaktualisierungstendenz des Individuums. Das Ausweichen in fremde Ansätze ist damit unvermeidlich; es ist nicht nur, vielleicht sogar zum geringeren Teil den Praktikern, sondern eher der »Theorie« anzulasten. Wenn sich aber die Probleme der Praktiker weitgehend als Probleme der »Theorie« erweisen, sollte der nächste Schritt bei der Entwicklung der klientenzentrierten (Partner-) Therapie nicht von den Praktikern erwartet werden (die man auffordert, sich eben um noch mehr Empathie, bedingungslose Wertschätzung und Kongruenz zu bemühen); er ist vielmehr auch und gerade Aufgabe der Theoretiker.

Für diese Aufgabe ist die mangelnde Erklärungskraft der klientenzentrierten Therapie-Theorie ein wichtiger Ansatzpunkt. In Verbindung mit wissenschaftstheoretisch-methodologischen Zielkriterien muß sich der Theoretiker allerdings noch einem hinter diesem Mangel stehenden Problem stellen: Man kann durchaus argwöhnen, daß Rogers mit der mangelnden Erklärungskraft seines Ansatzes deshalb so zufrieden ist, weil dadurch die Falsifikationsgefahr eingeschränkt wird. Dann aber wäre die »bewußte Beschränkung« in der Explikation der klientenzentrierten Therapie-»Theorie« zumindest z. T. auch als Immunisierungsstrategie anzusehen. Jene Lücken und Unklarheiten in der »Theorie«, die evtl. auch – oder sogar vor allem – Immunisierungsfunktionen erfüllen, sollten in der Weiterentwicklung der Theorie der klientenzentrierten Psychotherapie daher als nächstes bearbeitet und überwunden werden.

Ich möchte im folgenden in Form eines Ausblicks fünf Ansatzpunkte zur theoretischen Weiterentwicklung des klientenzentrierten Modells und damit der Überwindung potentieller Immunisierungsfunktionen benennen; »Ausblick« deshalb, weil hier nur die Richtungen solcher Weiterentwicklung aufzuzeigen sind, die Lösung der theoretischen Probleme selbst natürlich noch nicht geleistet werden kann. Die folgende Kritik betrifft die »Theorie« der klientenzentrierten Psychotherapie *im allgemeinen,* insofern selbstverständlich *auch* die »Theorie« der klientenzentrierten Partnertherapie:

1. Es sollten die Erklärungskonzepte der »Theorie der Therapie« herausgearbeitet werden. Bisher bleibt z. B. weitgehend unklar, wieso etwa ein Klient, der von einem kongruenten Therapeuten Empathie und bedingungslose Wertschätzung erfahren hat, nicht nur mit sich selbst, sondern auch anderen gegenüber empathisch und bedingungslos wertschätzend sein kann, wie durch eine Beeinflussung innerpsychischer Prozesse und die Konzentration auf das individuelle Wahrnehmungsfeld des einzelnen Klienten auch Änderungen in der »objektiven Realität« möglich werden sollen. Obwohl im Therapieprozeß selbst nur die (intensionale) *Bedeutung* der Realität für den Klienten zählt, werden auch extensionale Veränderungen des Klienten angestrebt (und anscheinend auch erreicht), z. B. auch Verhaltensweisen als reale Basis, auf die sich das (restrukturierte) Selbstkonzept bezieht. Rogers trennt zwar zwischen extensionalen und intensionalen Selbstkonzeptaspekten, expliziert aber nirgends, wie der Übergang zu diesen extensionalen Ver-

änderungen zustandekommt. Es wird hier also implizit ein nicht näher spezifizierter, aber äußerst dynamischer Generalisierungsprozeß unterstellt. Auch die postulierte Wirkung der bedingungslosen Wertschätzung unterstellt einen Abstraktions- und Generalisierungsprozeß: Der Therapeut vertraut darauf, daß der Klient die bedingungslose Wertschätzung weder inhaltlich noch persönlich auffaßt; der Klient soll weder selbstgefällig werden (indem er die bedingungslose Wertschätzung so interpretiert, als ob der Therapeut alle seine Handlungen, Wünsche etc. »gut« findet) noch soll er die bedingungslose Wertschätzung des Therapeuten zu sehr auf seine Person beziehen (er soll unabhängig von der bedingungslosen Wertschätzung des Therapeuten werden und eine »gute Beziehung« zu anderen, nicht nur zum Therapeuten herstellen können). Ob, warum und wie die bedingungslose Wertschätzung des Therapeuten tatsächlich als formaler Mechanismus wirkt, wird von Rogers nirgends beantwortet. Eine Beantwortung dieser Frage aber könnte weitere Lösungsansätze für das Indikationsproblem und vor allem auch für die vom Therapeuten zu erfüllenden Anforderungen eröffnen.

Indem die Erklärungshypothesen, die in der »Theorie der Therapie« enthalten sind, implizit bleiben, wird diese »Theorie« vor Kritik abgeschirmt[25] – was gleichzeitig ihre mögliche Weiterentwicklung verhindert. Man scheint sich inzwischen bereits damit abgefunden zu haben, daß die Erklärungslücken mit Rogers' Persönlichkeitstheorie aufzufüllen sind, muß damit aber zwangsläufig auch den Wert der »Theorie der Therapie« anzweifeln, da die Persönlichkeitstheorie auf manchmal peinsame Art »messianistisch« anmutet (Grunwald 1976, 102). Daß die Persönlichkeitstheorie dem klientenzentrierten Ansatz erst nachträglich »übergestülpt« wurde, läßt sich allerdings auch als Chance für die Entwicklung einer (anderen) Theorie der klientenzentrierten Therapie interpretieren; ich sehe darin eine Möglichkeit, von so zweifelhaften Konzepten wie der Annahme einer angeborenen Akutalisierungstendenz des Individuums (Groeben & Scheele 1977, 175; van Quekelberghe 1979, 268 f.; Rokita 1978; Wexler 1974, 50 ff.) wegzukommen.

2. Die Immunisierungsstrategien in Rogers' »Theorie der Therapie« bestehen aber nicht nur im Versäumen der Explikation von (implizit doch unterstellten) Erklärungshypothesen, sondern auch in der Verwendung ungenauer Formulierungen und vager Begriffe (van Quekelberghe 1979, 261 f.); auch hier stehen die Theoretiker vor einer Reihe von Aufgaben.

Die Unklarheiten der Rogers'schen »Theorie« wurden in diesem Buch vor allem auf der konkreten Ebene des 5. Kapitels deutlich. Während die Ableitung eines praktischen Handlungsrahmens aus der »Theorie« der klientenzentrierten Partnertherapie auf einem mittleren Abstraktionsniveau (im 4. Kapitel) relativ problemlos möglich war, tauchten bei der Analyse der Fallbeispiele immer wieder Zuordnungsprobleme auf, die teils mit einzelnen Begriffen und Konzepten der Rogers'schen »Theorie«, teils mit einer (zu?) engen Definition von Psychotherapie zu tun haben. Dabei erscheint es mir noch weniger schwierig, die »Theorie der Therapie« von so fragwürdigen Begriffen wie jenem des »organismischen Bewertungsprozesses« zu »reinigen« – würde die Rogers'sche Persönlichkeitstheorie durch einen anderen Erklärungsansatz ersetzt, könnte man auch auf die Vorstellung eines »organismischen Bewertungsprozesses« verzichten[26]. Problematischer ist es schon, die Balance zu finden zwischen sprachlicher und denkerischer Präzision einerseits sowie der vom Charakter der therapeutischen Situation her geforderten Offenheit andererseits. Denn nicht die »fertige« (»klassische«) Persönlichkeit ist Therapieziel, sondern die »voll sich entfaltende« (»veränderungsorientierte«) Person (Binder & Binder 1979); ein solches prozeßhaftes Therapieziel läßt Festlegungen kaum zu. Es stellt sich aber die Frage, ob die Vernetzungen und Überschneidungen der sechs – nach Rogers notwendigen – Prozeßelemente der »Theorie der Therapie« nicht als Ausdruck dafür gewertet werden könnten, daß der therapeutische Prozeß sich mit weniger Sätzen und weniger Begriffen – also doch: präziser – beschreiben ließe (M. S. Krause 1964). Versuche der Entwirrung und Präzisierung sollten nicht nur deshalb unternommen werden, weil die einzelnen Prozeßelemente nur schwer voneinander abgrenzbar sind, sondern auch deshalb, weil die Relationen dieser Elemente untereinander z. T. unplausibel sind. Das wieder hängt zusammen mit den begrifflichen Unklarheiten bei Rogers. So ist etwa bei einer alltagssprachlichen Verwendung des Begriffs der bedingungslosen Selbstwertschätzung kaum einsichtig, warum ein Klient dann, wenn er auch die für ihn bedrohlichen Erfahrungen zuläßt, sich mehr akzeptieren sollte als vorher, warum diese Zunahme an Selbstwertschätzung ihn überhaupt noch zu Veränderungen motivieren sollte, wie bedingungslose Selbstwertschätzung zu einem selbstkritischer rekonstruierten Selbstkonzept führen kann. Da auch die von Rogers vorgelegte Definition der bedingungslosen (Selbst-)Wertschätzung Mißverständnisse nicht völlig ausräumen kann, wäre hier der Ausweg evtl. weniger in einer anderen Definition als in einem anderen (neuen) Begriff zu suchen.

3. Als weitere Strategie, seine »Theorie der Therapie« gegen Falsifizierungen zu immunisieren, verwendet Rogers eine derart enge Definition von »Psychotherapie«, daß es im Zweifelsfall immer möglich ist, ein Nicht-Funktionieren in die außer-therapeutischen Phasen zu verlegen. Der therapeutische Prozeß wird nur dann in Gang gesetzt, wenn alle »notwendigen und hinreichenden Bedingungen« gegeben sind. Die Bedingungen auf seiten des Therapeuten sind aber nur schwer herstellbar; der Therapeut bemüht sich zwar während des ganzen Therapieverlaufs um die Realisierung dieser Bedingungen, er ist dabei jedoch nur zeitweise erfolgreich. Kommt es in einer Therapie nicht zu »konstruktiven Persönlichkeitsveränderungen« des Klienten, so läßt sich das leicht

als Mangel an Empathie, bedingungsloser Wertschätzung und Kongruenz des Therapeuten interpretieren; sein Scheitern in diesem Bereich zumindest in einzelnen Phasen der Therapie ist ja bereits von der »Theorie der Therapie« her vorgesehen. Bei anhaltendem Scheitern wird nicht der Ansatz in Frage gestellt, sondern der Therapeut.
Gerade unter diesem Aspekt würde eine Konkretisierung und Präzisierung von Umfang und Qualität des als notwendig anzusetzenden therapeutischen Beziehungsangebots den Therapeuten auch erheblich entlasten können: insofern, als dann auch Fälle feststellbar würden, wo der Therapeut ein von Dauer und Art her zureichendes Beziehungsangebot realisiert hat, aber das klientenzentrierte Therapiemodell eben nicht »greift« (im Sinne von »doesn't work«).
Die zu enge Definition von »Psychotherapie« müßte auch deshalb neu diskutiert werden, weil selbst dort, wo die Indikationskriterien für eine klientenzentrierte Psychotherapie gegeben sind, Klienten sich im Verlauf einer Therapie nicht unbedingt ständig mit ihren Inkongruenzen auseinandersetzen (wollen). Im Regelfall passiert in einer Therapie auch noch anderes als das, was Rogers im »Prozeß der Therapie« beschreibt; es gibt Phasen, in denen nicht entschieden werden kann, ob sich der Klient in Richtung auf die »konstruktiven Persönlichkeitsveränderungen« zubewegt, Phasen, in denen der Klient das therapeutische Beziehungsangebot nicht einmal *wahr*nehmen, geschweige denn *an*nehmen kann – und trotzdem wird die »Therapie« fortgesetzt. Auch das ist von der »Theorie der Therapie« her vorgesehen: Der Kontakt zwischen Therapeut und Klient muß u. U. »längere Zeit« andauern, bevor der therapeutische Prozeß beginnen kann (Rogers 1959, 213). Möglicherweise werden »Therapien« dann bereits im Vorstadium des therapeutischen Prozesses beendet – was bei der derzeitigen psychosozialen Versorgung schon deshalb nicht unwahrscheinlich ist, weil Klienten manchmal nur eine bestimmte Anzahl von (Gratis-)Stunden in Anspruch nehmen können. Auf jeden Fall liegt im Hinweis auf die Möglichkeit solcher Vorstadien nicht nur die – wichtige! – Aufforderung, dem Klienten Zeit zu lassen, ihn nicht zu drängen, sondern auch eine weitere Abschirmung gegenüber Kritik: Wenn in einer Therapie »konstruktive Persönlichkeitsveränderungen« ausgeblieben sind, kann das ja auch darauf zurückgeführt werden, daß der eigentliche therapeutische Prozeß überhaupt noch nicht in Gang gesetzt wurde.
4. Die zu enge Definition von Psychotherapie bzw. die zu unpräzise Explikation der therapeutischen Prozeßmerkmale ermöglichen so in einem quasi paradoxen Umschlagen zu weite Wirksamkeitsbehauptungen, nämlich den impliziten (und z. T. auch expliziten) Anspruch, daß die klientenzentrierte Psychotherapie immer und überall, d. h. universell anwendbar sei; ein Anspruch, der letztlich ebenfalls nur mit Hilfe von Immunisierungsversuchen aufrechterhalten werden kann. Schon die Beobachtung, daß der therapeutische Prozeß keineswegs bei allen

Klienten leicht und sofort in Gang gesetzt werden kann (bei manchen vielleicht gar nicht), sollte eigentlich dazu geeignet sein, von Omnipotenzansprüchen der klientenzentrierten Psychotherapie wegzuführen. Für die Zukunft bietet sich eine weitere Ausarbeitung der Indikationskriterien für klientenzentrierte Psychotherapie an. Das Kriterium des *Erfahrens* der Inkongruenzen und das Kriterium der Angemessenheit stellen insofern schon einen Fortschritt gegenüber der »universellen Indikation« von Rogers dar, als damit deutlich ausgedrückt wird, daß klientenzentrierte Psychotherapie nicht immer und überall sinnvoll ist, was bei einer Indikation allein über das *Vorliegen* von Inkongruenzen zumindest implizit behauptet wird (weil ja niemand völlig kongruent sei, klientenzentrierte Psychotherapie also jedem zumindest »guttun« müsse).[27]

5. Der letzte Vorschlag für die (Weiter-)Entwicklung einer Theorie der klientenzentrierten Psychotherapie betrifft nicht die »Theorie der Therapie« selbst, sondern den Umgang mit dieser »Theorie«. Ich meine damit weniger die eher skeptische bis ablehnende Haltung klientenzentrierter Therapeuten gegenüber einer Beschäftigung mit theoretischen Fragen als bestimmte Nachlässigkeiten und Glättungsversuche bei der Wiedergabe der »Theorien« von Rogers. Begriffe bzw. Sätze, bei denen Rogers (bewußt?) mehrere Interpretationen zuläßt (vgl. z. B. Satz 12 aus den »Ergebnissen in Persönlichkeit und Verhalten«, Rogers 1959, 218; s. Anm. 12) werden so übersetzt, daß Klarheit vorgetäuscht wird, wo keine vorhanden ist; Widersprüche oder komplizierte Passagen werden weggelassen, aus der »bedingunglosen Selbstwertschätzung« wird bei Bedarf eine – weniger angreifbare – »Selbstwertschätzung« etc. Dabei gehen nicht nur deshalb Möglichkeiten der Weiterentwicklung klientenzentrierter Theorie verloren, weil Rogers' »Theorien« auf diese Weise nur unvollständig kritisiert werden können, sondern auch deshalb, weil die Bedeutung bestimmter Begriffe zu wenig herausgearbeitet wird. So wird z. B. der Begriff der »Extensionalität« meist mit »Offenheit gegenüber Erfahrungen« übersetzt; das »ermöglicht« zwar einerseits, im innerpsychischen Bereich zu bleiben und damit bestimmte Fragen gar nicht erst aufkommen zu lassen; es führt aber andererseits auch dazu, daß klientenzentrierte Psychotherapie mehr als vielleicht nötig festgelegt wird auf eine ausschließliche Beeinflussung innerpsychischer Prozesse. Nicht das Glätten oder das »Vergessen« von Rogers' Theorien kann zur Überwindung der Schwächen des klientenzentrierten Ansatzes beitragen, sondern die kritische(re) Auseinandersetzung mit diesen »Theorien« – als Basis für eine mögliche Weiterentwicklung.

Die in dieser Arbeit vorgelegte theoretische Modellierung der klientenzentrierten Partnertherapie sollte einen ersten Schritt dieser anderen Auseinandersetzung mit dem klientenzentrierten Ansatz darstellen. Die enge Anlehnung an Rogers' »Theorie der Therapie« und seine »Theorie der interpersonellen Beziehungen« machte es möglich, die Kritik an der »Theorie« der klientenzentrierten Partnertherpie auf die »Theorie« der klientenzentrierten Psychotherapie generell auszudehnen. Vor allem die Demonstration der Brauchbarkeit dieser »Theorie« an konkreten Fallbeispielen hat (neuerlich) auf die theoretischen Mängel des klientenzentrierten Ansatzes aufmerksam gemacht.

Durch die theoretische Modellierung der klientenzentrierten Psychotherapie mit Paaren sind aber auch konstruktiv die Inhalte der unmittelbar anstehenden Erweiterungsnotwendigkeiten des klientenzentrierten Ansatzes in Umrissen sichtbar geworden: Die theoretische Diskussion der klientenzentrierten Psychotherapie wird in Zukunft mehr als bisher die Frage behandeln müssen, wie und warum es durch Einwirkungen auf innerpsychische Zustände auch zu Änderungen im Verhalten von Klienten kommen kann (Gleiss 1978; 1980) und inwieweit auch »objektive Realität« Thema von Psychotherapie sein kann. Denn die Verbesserung der Beziehung von zwei Partnern zueinander drückt sich eben auch auf der Verhaltensebene aus (wenn sie sich auch nicht darin erschöpft), und das Setting der Partnertherapie erlaubt es dem Therapeuten von vornherein weniger, sich mit dem Klienten (ausschließlich) in dessen subjektiver Welt einzurichten.

Die »externe Kritik« dieses Kapitels sollte keine Distanzierung von den Möglichkeiten einer klientenzentrierten Partnertherapie darstellen. Eine modellimmanente Ausdifferenzierung und Weiterentwicklung muß notgedrungen irgendwann an so grundlegende Dimensionen gelangen, daß auch bei positiv-konstruktiver Kritik eine Modifizierung des theoretischen Modells (im Sinne einer Weiterentwicklung) ins Blickfeld rückt. Beide Entwicklungsperspektiven (die interne und die externe) kommen nicht zuletzt auch dem Praktiker zugute: Die immanente Ausdifferenzierung und Konkretisierung des Therapiemodells soll ihm direkt praxisrelevante (theoriegeleitete, konkrete) Entscheidungs- und Handlungsmöglichkeiten bieten; die externe Kritik zur Weiterentwicklung des Modells kann ihm (indirekt) Entlastung verschaffen, indem sie ihn von der Anforderung entbindet, für alle verbleibenden Lücken und Unklarheiten des therapeutischen Modells und ihrer Auswirkungen in der Praxis sich selbst die Verantwortung zuzuschreiben. So soll letztlich auch die »externe« Modellkritik dieses Ausblicks in Verbindung mit den herausgearbeiteten modellinternen Weiterentwicklungen dem Praktiker noch einmal die Einschätzung begründen, daß theoriegeleitetes Handeln die therapeutische Praxis nicht erschwert, sondern erleichtert – auch auf der Grundlage des klientenzentrierten Therapiemodells. Denn beim allgemeinen Stand der Theorienbildung im Bereich der (Partner-)Therapie ist die »Theorie« des klientenzentrierten Ansatzes noch immer als eine der am besten elaborierten anzusehen (Patterson 1973, 412).

Anmerkungen

1 Zur Definition der in Anführungszeichen gesetzten Begriffe und zu den Relationen dieser Begriffe untereinander vgl. Rogers 1959.

2 Unter dem Bemühen des Therapeuten um Kongruenz, bedingungslose Wertschätzung und Empahtie ist hier und im folgenden mehr gemeint als nur das Bemühen selbst; es ist davon auszugehen, daß dieses Bemühen – zumindest manchmal – auch *gelingen* muß.

3 Diese Beschreibung trifft zu auf die sogenannte »Prozeßevaluation« oder »formative Evaluation«. (Zur Unterscheidung von »Prozeßevaluation« und »Produktevaluation« vgl. Bloom et al. 1971; Köck & Ott 1976; Krüger 1979; Wortman 1975).

4 Einblick in Probleme und Methoden der Veränderungsmessung bzw. der »Erfolgsforschung« geben z. B. Bastine 1975; Beckmann et al. 1978; Bereiter 1963; Frohburg et al. 1977; Garfield & Bergin 1978; Hartig 1975; Meltzoff & Kornreich 1970; Mintz et al. 1971; Petermann 1977; 1978; Wutke 1980).

5 Nicht immer allerdings scheint man eine Selektion von Klienten vermeiden zu wollen: Drei Praktiker geben an, daß sie nur gegengeschlechtliche Paare in Partnertherapie aufnehmen, ein Teilnehmer übrigens nur solche gegengeschlechtliche Paare, die zusammen leben oder verheiratet sind.

6 Vgl. die Aussage einer Workshopteilnehmerin: ›... also, ich mach' dann auch Kommunikationstherapie, und GT-Selbsterfahrungseinheiten sind da auch drin in dem, was da so läuft in der Stunde. Also, ich fühl' mich dabei nicht so sehr wohl, weil ich selbst so genau nicht mehr weiß, was das eigentlich ist, was ich mache. Ich sag' dann einfach (lachend): Das ist halt ein integrativer Ansatz ...‹

7 Diesem Ansatz stehen auch die strategische Therapie von Haley (1977), der integrative Ansatz von Mandel et al. (1971; 1975) und die eklektische Kommunikationstherapie von Satir (1978) nahe.

8 Individuumszentrierte Partnertherapeuten müssen sich u. U. vorwerfen lassen, eine konservative Auffassung von Psychotherapie zu vertreten, da sie das Umdenken in Richtung auf eine »systemische« Betrachtungsweise nicht mitvollzogen haben, Systemtheorie aber häufig als das fortschrittlichere Denken gilt. Andererseits ist allerdings auch die Kritik gegenüber einem Denken in Beziehungen und Systemen nicht (mehr) zu überhören: Das systemische Denken sei oberflächlich (Lemaire 1980, 141), es lasse übersehen, daß ein System nicht aufgrund von irgendwelchen Systemerfordernissen funktioniere, sondern deshalb, weil einzelne Personen etwas tun (Blumer 1973, 99f.), und es beinhalte die Gefahr, daß die Eigenexistenz des Individuums mißachtet wird und die Unverständlichkeit individuellen Verhaltens auf die Unverständlichkeit einer Beziehung erweitert wird (Duss-von Werdt 1976, 41f.; Laing & Esterson 1975, 22).

9 Vgl. die Ausführungen zu einem differentiellen Vorgehen in der Psychotherapie bei Bommert 1977, 157; Tscheulin 1982a; 1982b.

10 Vgl. dazu auch die Ausführungen von Bovet zur Person des Eheberaters: ›Er muß sowohl über eine genügende Einfühlungsgabe als auch über eine genügende Festigkeit im Urteil verfügen ...‹ – Zwar muß er nicht unbedingt verheiratet sein, auch nicht unbedingt *glücklich* verheiratet. ›Nie darf aber der Eheberater am Unglück seiner Ehe selbst schuld sein ...‹ Eine unglückliche Ehe scheint sogar besondere Chancen zu beinhalten, denn wahrscheinlich ›kann derjenige, der eine schwere Ehe mutig trägt und freu-

dig bejaht, der aus einer unabänderlichen Situation das Beste zu ziehen versteht, ein besonders begnadeter Eheberater werden ‹ (Bovet 1959, 568).

11 In der Praxis werden dann auch die meisten Partner- und Familientherapien nur von *einem* Therapeuten durchgeführt, wie Gurman & Kniskern bei einer Analyse von 77 Studien zur Partner- und Familientherapie feststellen konnten (Gurman & Kniskern 1978 a, 822).

12 Rogers' Formulierung ›he experiences more acceptance of others‹ (Satz 12 aus den »Ergebnissen in Persönlichkeit und Verhalten«) könnte auch heißen ›er erlebt mehr Akzeptierung durch andere‹ (vgl. Bommert 1977, 29); die Ambiguität zwischen Genetivus subjectivus und Genetivus objectivus ist in diesem Zusammenhang nicht eindeutig entscheidbar. Würde man mit »Erleben der Akzeptierung durch andere« übersetzen, wäre hier das Zustandekommen dieser Akzeptierung praktisch schon vorausgesetzt. Die von mir gewählte Übersetzung ist die für die theoretische Explikation schwierigere, weil sie es nötig macht, das Zustandekommen der Akzeptierung durch andere zu erklären.

13 Rogers selbst begünstigt durch seine neueren Veröffentlichungen Vorstellungen von einer Ausdehnung dessen, was für die therapeutische Beziehung gilt, auf alle Formen zwischenmenschlicher Beziehungen; selbst Politik wird therapeutisch »bewältigt« (vgl. z. B. Rogers 1981; 1982).

14 An dieser Stelle wird durch das, was Rogers schreibt, deutlich, daß bedingungslose Wertschätzung nicht das positive Bewerten von allem und jedem ist, sondern daß es darum geht, zunächst einmal Realität am anderen nicht zu verleugnen, sondern unabhängig davon, wie man sie bewertet, als gegeben zu konstatieren. Bedingungslose Wertschätzung wird als eine Zielidee eingeführt, die in einer vollständigen, umfassenden Form, wie es der Begriff benennt, gar nicht erreichbar ist, die aber durch die Überforderung Mittel ist zur Erreichung dessen, was zumindest erreicht werden soll: das Existenzrecht der Realität wieder einzusetzen.

15 Diese – geradezu paradoxe – Beschränkung der bedingungslosen Wertschätzung auf den von den Klienten determinierten Kommunikationsbereich ist hier und im folgenden immer mitzudenken.

16 Allerdings wird der therapeutische Prozeß leichter in Gang kommen, wenn sich die Inkongruenz bereits der Symbolisierung im Bewußtsein nähert, wenn also der Betreffende eher ängstlich ist als nur verletzbar (Rogers 1959, 213). Die Erreichbarkeit eines nur verletzbaren Klienten durch Einzeltherapie wird auch auf praktische Grenzen stoßen. So halten Biermann-Ratjen et al. auch eine klientenzentrierte Einzeltherapie erst dann für indiziert, wenn der Klient seine Inkongruenz zumindest in Ansätzen erfährt (1979, 119).

17 Auch wenn Fremdempathie und Fremdwertschätzung Auswirkungen von Selbstempathie und Selbstwertschätzung sind, wäre es vereinfacht, von einem Phasenmodell der Art auszugehen, daß zuerst alle Punkte aus Teil B der »Theorie« der klientenzentrierten Partnertherapie gegeben sein müssen, bevor dann – in zeitlichem Abstand – die Auswirkungen von Teil C beobachtbar werden. (Zum Zusammenhang zwischen Selbstempathie und Selbstwertschätzung einerseits, Fremdempathie und Fremdwertschätzung andererseits vgl. auch Sheerer 1949).

18 Hier und im folgenden sind mit dem Terminus »Paar« natürlich nicht mehr eher formelle, funktionale Relationen (wie Anwalt-Klient, Lehrer-Schüler etc.) gemeint.

19 Vgl. die Ausführungen in der »Partnerschule«, wonach eine Partnerschaft dann »reicher und besser wird, wenn jeder Partner in zunehmendem Maße er selbst wird« (Rogers 1975, 175).

20 Trotz einer Reihe von Vorbehalten gegenüber der Verwendung von Klien-

tenaussagen für die Veränderungsmessung (vgl. z. B. Garfield et al. 1971, 307; Hartig 1975, 43f.), wird dem Klientenurteil – ähnlich wie dem Therapeutenurteil – meist zumindest eine gewisse Augenscheingültigkeit zuerkannt (vgl. Luborsky et al. 1971, 158). Eher selten aber wird auf den besonderen Wert der Eigenberichte von Klienten hingewiesen (vgl. z. B. Bordin 1974, 58; Mischel 1972, 323; Sargent 1961, 94).

21 Daß die »schlechte« Kommunikation beliebter »Aufhänger« für eine Partnertherapie ist, hat sicher mehrere Gründe: Erstens ist hier die Verhaltensebene betroffen – die Probleme sind hier leichter faßbar und benennbar –, zweitens sind Kommunikationsprobleme inzwischen so etwas wie »sozial anerkannte« Probleme.

22 Die Vorstellung einer Datengewinnung mit Hilfe von Empathie macht häufig wegen eines falsch verstandenen Empathie-Begriffs Schwierigkeiten. Wichtig ist, daß Empathie nach Rogers zwei Elemente enthält: Fühlen *und* Wahrnehmen (Rogers 1957; 1959, 210f.; 1976b; vgl. auch Shlien 1970). Wichtig ist weiters, daß damit »nicht allein emotionale Gehalte, sondern auch kognitive und situative Aspekte« erfaßt werden sollen (Pfeiffer 1975, 76). Der Therapeut, der sich um Empathie bemüht, hat sich nicht nur darauf zu konzentrieren, wie der Klient zu seinen Gefühlen Stellung nimmt, sondern auch darauf, wie er zu allen seinen anderen Erfahrungen Stellung nimmt, was ihm diese Erfahrungen ausmachen, wie sehr er sie wahrhaben kann, wie er sie bewertet (nur *u. a.* gefühlsmäßig bewertet).

23 Die Auswahl für die Supervision wurde bestimmt von der »subjektiven Bedeutsamkeit« dieser Sitzungen für die Therapeutin.

24 Vgl. Rogers 1959, 213: »Often it is necessary for the contact or the relationship to be of some duration before the therapeutic process begins.«

25 So bleibt z. B. auch die Zielexplikation der klientenzentrierten Psychotherapie unvollständig, solange der dahinterliegende Erklärungsansatz nicht offengelegt wird.

26 Gerade das Konzept des »organismischen Bewertungsprozesses« macht deutlich, auf welch naiven (biologistischen) Grundannahmen über die »Natur des Menschen« Rogers' »Theorien« aufbauen. Mensch-Sein wird weitgehend reduziert auf Organismus-Sein (vgl. auch R. Scholz 1980), und »freie Entfaltung« ist dann möglich, wenn der Mensch der Weisheit seines Organismus folgt, Bewertung also »naturhaft« vornimmt.

27 Ein begründetes Aufgeben universeller Wirkungsbehauptungen kann die empirische Mächtigkeit und Brauchbarkeit der klientenzentrierten Psychotherapie nur steigern. Wegen der unmittelbaren Praxisrelevanz einer solchen Präzisierung sind in der vorliegenden Arbeit mit den Strukturierungsvorschlägen zum Indikations- und Evaluationsproblem nicht nur Richtlinien notwendiger Weiterentwicklung angegeben, sondern auch möglichst weitgehende, konkrete Lösungsvorschläge. Es ist zu hoffen, daß damit – indirekt auch für das Modell der klientenzentrierten Psychotherapie generell – zumindest ein kleiner Schritt zur Verbesserung der Therapiewirksamkeit getan ist.

Anhang: STRUPP-Fragebogen
(Strupp et al. 1964; nach Tausch 1973, 193)

»Anfangs- und Endbuchstaben Ihres Nachnamens (Code) .... Datum ....

Bitte beantworten Sie die folgenden Fragen so gründlich und offen wie möglich. Kreuzen Sie bitte das jeweils Zutreffende an.

1. Wenn Sie alles erwägen, wie zufrieden sind Sie mit dem Ergebnis Ihrer psychotherapeutischen Gespräche?
   Sehr unzufrieden / unzufrieden / etwas unzufrieden / etwas zufrieden / zufrieden / sehr zufrieden
2. Hatten Sie nach der Psychotherapie das Bedürfnis nach weiteren psychotherapeutischen Gesprächen bei einem anderen Psychotherapeuten?
   überhaupt nicht / sehr wenig / etwas / stark / sehr stark
3. Wie stark haben Sie sich Ihrer Meinung nach durch die Psychotherapie verändert?
   überhaupt nicht / sehr wenig / etwas / stark / sehr stark
4. Bitte schreiben Sie im folgenden alle Ihre Schwierigkeiten/Probleme auf, und beurteilen Sie für jede Schwierigkeit, inwieweit eine Besserung oder eine Verschlechterung durch die psychotherapeutischen Gespräche eingetreten ist.

Schwierigkeit	stark gebessert	gebessert	leicht gebessert	weder noch	leicht verbessert	verschlechtert	stark verschlechtert

5. Welche Veränderungen, die durch die psychotherapeutischen Gespräche eingetreten sind, haben Sie sonst an sich feststellen können? (Bitte in freier Form beantworten.)
6. Was hat Ihnen gut gefallen bei den Gesprächen mit Herrn/Frau ......?
7. Was hat Ihnen nicht gefallen bei den Gesprächen mit Herrn/Frau ...?
8. Halten Sie Gespräche dieser Art für sich und andere für wichtig und hilfreich?
   ja sehr / ja / ja etwas / nein
   Warum? (Bitte begründen Sie Ihre Antwort.)
9. Bitte führen Sie alles auf, was Sie deutlich gestört oder beeinträchtigt hat (z. B. Tonband, Testsitzung, Räume usw.). – Welche Verbesserungsvorschläge würden Sie uns machen?
10. Haben außer den psychotherapeutischen Gesprächen noch andere Möglichkeiten oder Ereignisse wesentlich zur Verminderung Ihrer seelischen Schwierigkeiten beigetragen?
    Ja .... Nein ....
    Falls »Ja«, könnten Sie diese Möglichkeiten oder Ereignisse bitte näher aufführen?

Vielen Dank!«

Literatur

Ackerman, N. W. 1973: Der wachsende Anwendungsbereich der Familientherapie. In: Sager, C. J. & Singer-Kaplan, H. (eds.), Handbuch der Ehe-, Familien- und Gruppentherapie. München, 545–567

Anneken, R., Echelmeyer, L., Kaluza, K., Klein, H., Klockgeter, A. & Zimmer, D. 1977: Kommunikationstraining für Paare. Materalien der DGVT, Nr. 2, Tübingen

Anton, J. L. 1978: Studying Individual Change. In: Goldman, L. (ed.), Research Methods for Counselors: Practical Approaches in Field Settings. New York/Santa Barbara/Chichester/Brisbane/Toronto, 117–153

Arend, B. & Ludwig, G. 1980: Zur Problematik von Therapiezielen. In: Schulz, W. & Hautzinger, M. (eds.), Klinische Psychologie und Psychotherapie, Bd. 2. Tübingen/Köln, 41–54

Auckenthaler, A. 1980 a: Klientenzentrierte Partnertherapie: Überlegungen zur Gültigkeit des klientenzentrierten Konzepts für die Psychotherapie mit Paaren. In: Hautzinger, M. & Schulz, W. (eds.), Klinische Psychologie und Psychotherapie, Bd. 4. Tübingen/Köln, 173–185

Auckenthaler, A. 1980 b: Möglichkeiten der Evaluation von klientenzentrierter Gesprächspsychotherapie in der Praxis. In: Schulz, W. & Hautzinger, M. (eds.), Klinische Psychologie und Psychotherapie, Bd. 2. Tübingen/Köln, 311–321

Auckenthaler, A. 1981: »Integrations«-Verweigerung: Gegen den Einsatz von klientenzentrierter Psychotherapie als Hilfsmethode der Verhaltenstherapie. GwG-info 42, 12–26

Auckenthaler, A. 1982 a: Beziehungsvorstellungen in der Partnertherapie. Über den konservativen Gehalt eines »fortschrittlichen« Therapieansatzes. Partnerberatung 19, 2, 57–68

Auckenthaler, A. 1982 b: Klientenzentrierte Partnertherapie vs. klientenzentrierte Einzeltherapie. Ein Beitrag zur Diskussion um eine differentielle Gesprächspsychotherapie. Referat, 2. Kongreß für Klinische Psychologie und Psychotherapie, Berlin, Februar

Auckenthaler, A. 1983 a: Das Risiko der klientenzentrierten Psychotherapie oder: Die unsichere Welt der Nacheffekte. In: Lücke, G. & Pfister, H. (eds.), Festschrift für Ivo Kohler. Veröffentlichungen der Universität Innsbruck, Nr. 137 (im Druck)

Auckenthaler, A. 1983 b: Psychotherapie ohne Strategien. Eine andere Sicht von differentieller Gesprächspsychotherapie und ihre Konsequenzen für den Therapeuten am Beispiel der klientenzentrierten Partnertherapie. In: Tscheulin, D. (ed.), Beziehung und Technik in der klientenzentrierten Therapie. Zur Diskussion um eine Differentielle Gesprächspsychotherapie. Weinheim (im Druck).

Bailis, S. & Adler, G. 1974: Cotherapy Issues in a Collaborative Setting. American Journal of Psychotherapy 28, 4, 599–606

Balaban, R. M. 1978: Participant Observation – Rediscovering a Research Method. In: Goldman, L. (ed.): Research Methods for Counselors: Practical Approaches in Field Settings. New York/Santa Barbara/Chichester/Brisbane/Toronto, 155–175

Bastine, R. 1975: Methoden der Psychotherapieforschung. In: Schraml, W. & Baumann, U. (eds.), Klinische Psychologie, Bd. 1. 3. Auflage. Bern, 664–701

Bastine, R. 1981: Adaptive Indikationen in der zielorientierten Psychotherapie.

In: Baumann, U. (ed.): Indikation in der Psychotherapie. München/Wien/Baltimore, 158–168
Baumann, E., Jughard-Pohl, V. & Bastine, R. 1978: Auswirkungen eines verhaltenstherapeutischen Kommunikationstrainings auf Partnerschaften. Partnerberatung 15, 10–24
Baumann, U. & Wedel B. von 1981: Stellenwert der Indikationsfrage im Psychotherapiebereich. In: Baumann, U. (ed.): Indikation zur Psychotherapie. München/Wien/Baltimore, 1–36
Bauriedl, Th. 1980: Beziehungsanalyse. Frankfurt am Main
Beck, A. 1974: Phases in the Development of Structure in Therapy and Encounter Groups. In: Wexler, D. A. & Rice, L. (eds.), Innovations in Client-Centered Therapy. New York/London/Sydney/Toronto, 421–463
Becker, B. J. 1978: Holistic, Analytic Approaches to Marital Therapy. American Journal of Psychoanalysis 38, 2, 129–142
Beckmann, D., Scheer, W. & Zenz, H. 1978: Methodenprobleme in der Psychotherapieforschung. In: Pongratz, L. J. (ed.), Hdb. der Psychologie, Bd. 8, 2, Klinische Psychologie. Göttingen, 1085–1124
Bellville, T. P., Raths, O. N., Bellville, C. J. 1969: Conjoint Therapy with a Husband and Wife Team. American Journal of Orthopsychiatry 39, 473–483
Bereiter, C. 1963: Some Persisting Dilemmas in the Measurement of Change. In: Harris, C. W. (ed.), Problems in Measuring Change. Madison/Milwaukee/London, 3–20
Berman, E. M. & Lief, H. 1976: Ehetherapie in der amerikanischen Psychiatrie: ein Überblick. Familiendynamik 3, 238–266
Biermann-Ratjen, E.-M., Eckert, J. & Schwartz, H.-J. 1979: Gesprächspsychotherapie. Verändern durch Verstehen. Stuttgart
Biermann-Ratjen, E.-M., Eckert, J. & Schwartz, H.-J. 1980: Eine Stellungnahme zu den Diskussionsbemerkungen von W. Pfeiffer. GwG-info 40, 14–18
Biermann-Ratjen, E.-M., Eckert, J. & Schwartz, H.-J. 1981: Zum Empathiebegriff in der Gesprächspsychotherapie – Fortsetzung der Diskussion mit Wolfgang Pfeiffer. GwG-info 43, 42–48
Binder, H.-J., Binder, U., Kratzsch, S. & Schmalzriedt, L. 1979: Behandlungsdauer bei klientenzentrierter Psychotherapie. GwG-info 36, 1–21
Binder, U. & Binder, H.-J. 1979: Klientenzentrierte Psychotherapie bei schweren psychischen Störungen. Frankfurt am Main
Blaser, A. 1977: Der Urteilsprozeß bei der Indikationsstellung zur Psychotherapie. Bern
Bloom, B., Hastings, J. & Madaus, G. 1971: Handbook of Formative and Summative Evaluation of Student Learning. New York
Blumer, H. 1973: Der methodologische Standort des Symbolischen Interaktionismus. In: Arbeitsgruppe Bielefelder Soziologen (ed.), Alltagswissen, Interaktion und gesellschaftliche Wirklichkeit. Reinbek bei Hamburg, 80–146
Bommert, H. 1977: Grundlagen der Gesprächspsychotherapie. Stuttgart
Bordin, E. S. 1974: Research Strategies in Psychotherapy. New York
Bovet, Th. 1959: Eheberatung. In: Handbuch der Neurosenlehre und Psychotherapie, Bd. 4. München/Berlin, 558–568
Bowen, M. 1969: The Use of Family Theory in Clinical Practice. In: Ard, B. & Ard, C. C. (eds.), Handbook of Marriage Counseling. Palo Alto/Calif., 139–168
Braun, F. & Vogel, M. 1979: Indikation. In: Grunwald, W. (ed.), Kritische Stichwörter zur Gesprächspsychotherapie. München, 149–157
Brauns, H.-P. 1979: Persönlichkeitstheorie von Rogers. In: Grunwald, W. (ed.), Kritische Stichwörter zur Gesprächspsychotherapie. München, 196–213
Briggs, J. P. & Briggs, M. A. 1979: Treating the Marital Crisis with the Two-Marriage Equation. Journal of Sex and Marital Therapy 5, 1, 28–40

Buchholz, M. B. 1981: Psychoanalyse – Familientherapie – Systemtheorie: Kritische Bemerkungen zur These vom Paradigmawechsel. Praxis der Kinderpsychologie 30, 2, 48–56
Buddeberg, Ch. 1981: Familien- und Partnertherapie. In: Möller, H.-J. (ed.), Kritische Stichwörter zur Psychotherapie. München, 101–106

Carkhuff, R. R. & Berenson, B. G. 1967: Beyond Counseling and Therapy. New York
Clanton, G. & Smith, L. G. 1977: Eifersucht – Die Angst, den Partner zu verlieren. Psychologie heute 4, 11, 14–19
Couch, E. H. 1969: Joint and Family Interviews in the Treatment of Marital Problems. New York
Cramer, M. 1981: »Hilfe!« Die psychosoziale Versorgung in der Bundesrepublik (Teil I), Psychologie heute 8, 2, 37–43
Crowe, M. J., Gillan, P. & Golombok, S. 1981: Form and Content in the Conjoint Treatment of Sexual Dysfunction: A Controlled Study. Behaviour Research and Therapy 19, 1, 47–54
Cull, J. G. & Hardy, R. E. 1974: Marital Counseling in Groups. In: Hardy, R. E. & Cull, J. G. (eds.), Group Counseling and Therapy Techniques in Special Settings. Springfield/Ill., 99–113

Deissler, K. G. 1981: Anmerkungen zur ökosystemischen Sichtweise der Psychotherapie. Familiendynamik 6, 2, 158–175
Devereux, G. 1973: Angst und Methode in den Verhaltenswissenschaften. München
Douglas, J. D. 1976: Investigative Social Research. Beverly Hills/Calif.
Duss-von Werdt, J. 1976: Familientherapie als angewandte Familiensoziologie. In: Richter, H. E. et al. (eds.), Familie und seelische Krankheit, 38–47
Duss-von Werdt, J. & Welter-Enderlin, R. 1978: Kurztherapie mit einer Paargruppe. Familiendynamik 3, 1, 86–90

Eckert, J. 1974: Prozesse der Gesprächspsychotherapie. Unveröffentlichte Dissertation. Universität Hamburg
Eckert, J., Biermann-Ratjen, E.-M., Blonski, D. & Peters, W. 1979a: Zur Prädiktion der Effekte einer Gesprächspsychotherapie anhand eines Indikations-Interviews. Zeitschrift für Klinische Psychologie und Psychotherapie 27, 22–29
Eckert, J., Bolz, W. & Pfuhlmann, K. 1979b: Überprüfung der Vorhersagbarkeit von psychotherapeutischen Effekten auf Grund der »Ansprechbarkeit« des Klienten bei Gesprächspsychotherapie und psychodynamischer Kurztherapie. Zeitschrift für Klinische Psychologie 8, 169–180
Epstein, N., Jayne-Lazarus, C. & DeGiovanni, I. S. 1979: Cotrainers as Models of Relationships: Effects of the Outcome of Couples Therapy. Journal of Marital and Family Therapy 5, 4, 53–60
Esser, P. 1979: Probleme einer Integration von Gesprächs- und Gestalttherapie in Theorie und Praxis. GwG-info 35, 8–17

Fischaleck, F. 1976: Streiten lernen. Partnerberatung 13, 30–39
Fiske, D. W., Luborsky, L., Parloff, M. B., Hunt, H. F., Orne, M. T., Reiser, M. F. & Tuma, A. H. 1977: Planung von Untersuchungen zur Wirksamkeit von Psychotherapie. In: Petermann, F. (ed.), Methodische Grundlagen Klinischer Psychologie. Weinheim und Basel, 21–40
Franke, A. 1976: Vergleich von Gesprächspsychotherapie als Einzel- und Gruppenpsychotherapie. In: Jankowski, P. et al. (eds.), Klientenzentrierte Psychotherapie heute. Göttingen, 300–307

Franke, A. 1978: Klientenzentrierte Gruppenpsychotherapie. Stuttgart
Frohburg, I., Helm, J., Mehl, J. & Kasielke, E. 1977: Zum Problem der Kriterienwahl bei der Effektivitätsbestimmung in der Psychotherapie. Zeitschrift für Klinische Psychologie 185, 34–60

Gadlin, H. & Ingle, G. 1975: Through the One-Way Mirror. The Limits of Experimental Self-Reflection. American Psychologist 30, 1003–1009
Garfield, S. L. & Bergin, A. E. (eds.) 1978: Handbook of Psychotherapy and Behavior Change: An Empirical Analysis. New York/Chichester/Brisbane/Toronto
Garfield, S. L., Prager, R. A. & Bergin, A. E. 1971: Evaluating Outcome in Psychotherapy. Journal of Consulting and Clinical Psychology 37, 307–313
Gelso, Ch. J. 1979: Research in Counseling: Methodological and Professional Issues. The Counseling Psychologist 8, 3, 7–36
Gerbis, K. E., Schroetter, R. & Hautzinger, M. 1980: Reciprocity Counseling. Eine Replikationsstudie zu einem verhaltenstherapeutischen Partnerprogramm. In: Hautzinger, M. & Schulz, W. (eds.), Klinische Psychologie und Psychotherapie, Bd. 4. Tübingen/Köln, 151–162
Gill, H. S. & Temperley, J. 1972: Treatment of the Marital Dyad in a Foursome: An Illustrative Case Study. Postgraduate Medical Journal 48, 555–560
Gill, H. S. & Temperley, J. 1974: Time-Limited Marital Treatment in a Foursome. British Journal of Medical Psychology 47, 153–161
Gilles, A. 1980: Rogers auf dem pädagogischen Prüfstand – Kritische Bemerkungen zur Theorie und Praxis der Gesprächspsychotherapie. Neue Praxis 10, 1, 66–80
Giorgi, A. 1967: The experience of the Subject as a Source of Data in a Psychological Experiment. Review of Existential Psychology and Psychiatry 7, 169–176
Glass, G. V & Ellett, F. S. 1980: Evaluation Research. Annual Review of Psychology 31, 211–228
Gleiss, I. 1978: Probleme und Perspektiven der sozialen Epidemiologie psychischer Störungen. In: Keupp, H. & Zaumseil, M. (eds.), Die gesellschaftliche Organisierung psychischen Leidens. Frankfurt, 499–538
Gleiss, I. 1980: Psychische Störungen und Lebenspraxis. Weinheim und Basel
Goldman, L. 1978: Introduction and Point of View. In: Goldman, L. (ed.), Research Methods for Counselors. New York, 3–26
Goldstein, A. P. 1971: Psychotherapeutic Attraction. New York
Goodwin, H. M. & Mudd, E. H. 1969: Marriage Counseling: Methods and Goals. In: Ard, B. J. & Ard, C. C. (eds.), Handbook of Marriage Counseling. Palo Alto/Calif., 93–105
Graupe, S.-R. 1979: Falldarstellungen in der Psychotherapie. In: Strotzka, H. (ed.), Fallstudien zur Psychotherapie. München/Wien/Baltimore, 10–24
Grawe, K. 1976: Differentielle Psychotherapie I. Bern
Grawe, K. 1978: Indikation in der Psychotherapie. In: Pongratz, L. J. (ed.), Hdb. d. Psychologie, Bd. 8, 2, Klinische Psychologie. Göttingen, 1849–1883
Grawe, K. 1980: Der gegenwärtige Stand der Indikationsfrage in der Psychotherapie. In: Schulz, W. & Hautzinger, M. (eds.), Klinische Psychologie und Psychotherapie, Bd. 2. Tübingen/Köln, 15–23
Groeben, N. & Scheele, B. 1977: Argumente für eine Psychologie des reflexiven Subjekts. Darmstadt
Groeben, N. & Westmeyer, H. 1975: Kriterien psychologischer Forschung. München
Grunwald, W. 1976: Psychotherapie und experimentelle Konfliktforschung. München
Guggenbühl-Craig, A. 1976: Die Ehe ist tot – lang lebe die Ehe. Zürich

Guntern, G. 1980: Die kopernikanische Revolution in der Psychotherapie: der Wandel vom psychoanalytischen zum systemischen Paradigma. Familiendynamik 5, 2–41
Gurman, A. S. 1973: The Effects and Effectivness of Marital Therapy: A Review of Outcome Research. Family Process 12, 145–170
Gurman, A. S. 1975 a: Emerging Trends in Research and Practice. In: Gurman, A. S. & Rice, D. G. (eds.), Couples in Conflict. New Directions in Marital Therapy. New York, 63–70
Gurman, A. S. 1975 b: Evaluating the Outcomes of Couples Groups. In: Gurman, A. S. & Rice, D. G. (eds.), Couples in Conflict. New Directions in Marital Therapy. New York, 192–206
Gurman, A. S. 1975 c: Some Therapeutic Implications of Marital Therapy Research. In: Gurman, A. S. & Rice, D. G. (eds.), Couples in Conflict. New Directions in Marital Therapy. New York, 407–429
Gurman, A. S. 1978: Contemporary Marital Therapies: A Critique and Comparative Analysis of Psychoanalytic, Behavioral and Systems Theory Approaches. In: Paolino, Th. J. & McCrady, B. S. (eds.), Marriage and Marital Therapy. Psychoanalytic, Behavioral and Systems Theory Perspectives. New York, 445–566
Gurman, A. S. 1979: Dimensions of Marital Therapy: A Comparative Analysis. Journal of Marital and Family Therapy 5, 1, 5–16
Gurman, A. S. & Kniskern, D. P. 1978 a: Research in Marital and Family Therapy: Progress, Perspective and Prospect. In: Garfield, S. L. & Bergin, A. E. (eds.), Handbook of Psychotherapy and Behavior Change. New York/Chichester/Brisbane/Toronto, 817–901
Gurman, A. S. & Kniskern, D. P. 1978 b: Deterioration in Marital and Familiy Therapy: Empirical, Clinical, and Conceptual Issues. Family Process 17, 3–20

Hahlweg, K., Schindler, L. & Revenstorf, D. 1982: Partnerschaftsprobleme: Diagnose und Therapie. Handbuch für den Therapeuten. Berlin/Heidelberg/New York
Haley, J. 1963: Marriage Therapy. Archives of General Psychiatry 8, 213–234
Haley, J. 1971: A Review of the Family Therapy Field. In: Haley, J. (ed.), Changing Families. A Family Therapy Reader. New York, 1–12
Haley, J. 1973: Familientherapie. In: Sager, C. J. & Singer-Kaplan, H. (eds.), Handbuch der Ehe-, Familien- und Gruppentherapie, Bd. 2. München, 318–328
Haley, J. 1977: Direktive Familientherapie. Strategien für die Lösung von Problemen. München
Hartig, M. 1975: Probleme und Methoden der Psychotherapieforschung. München/Berlin/Wien
Helm, J. 1978: Gesprächspsychotherapie. Berlin
Henning, H. 1981: Klientenzentrierte Paartherapie. GwG-info 43, 49–52
Hessdörfer, S. 1979: Partnertherapie. In: Baumann, U., Berbalk, H. & Seidenstücker, G. (eds.), Klinische Psychologie: Trends in Forschung und Praxis, Bd. 2. Bern, 162–194
Hobbs, N. 1951: Group-Centered Psychotherapy. In: Rogers, C. R., Client-Centered Therapy. Boston, 278–319
Houben, A. 1975: Klinisch-psychologische Beratung. München
Howe, J. 1982: Zur Problematik der Kombination von Gesprächspsychotherapie mit anderen psychotherapeutischen Verfahren. In: Howe, J. (ed.), Integratives Handeln in der Gesprächstherapie. Weinheim, 9–26
Huber, H. P. 1978: Kontrollierte Fallstudie. In: Pongratz, L. J. (ed.), Hdb. d. Psychologie, Bd. 8, 2, Klinische Psychologie. Göttingen, 1153–1199

Hurvitz, N. 1967: Marital Problems Following Psychotherapy with One Spouse. Journal of Consulting and Clinical Psychology 31, 38–47

Jacobson, N. S. 1978: A Review of the Research on the Effectiveness of Marital Therapy. In: Paolino, Th. J. & McCrady, B. S. (eds.), Marriage and Marital Therapy. Psychoanalytic, Behavioral and Systems Theory Perspectives. New York, 395–444

Jacobson, N. S. & Martin, B. 1976: Behavioral Marriage Therapy. Psychological Bulletin 83, 540–556

Jaeggi, E. 1975: Persönlichkeitstheoretische Implikationen verhaltenstherapeutischer Praxis. Das Argument 91, 423–456

Jervis, G. 1978: Kritisches Handbuch der Psychiatrie. Frankfurt am Main

Kellerhals, J. 1979: Fragen und Vorschläge zum soziologischen Studium der Krise der Familie. In: Perrez, M. (ed.), Krise der Kleinfamilie? Bern, 50–81

Kiesler, D. J. 1966: Some Myths of Psychotherapy Research and Search for a Paradigma. Psychological Bulletin 65, 110–136

Kiesler, D. J. 1969: A Grid Model for Theory and Research in the Psychotherapies. In: Eron, L. D. & Callahan, R. (eds.), The Relationship of Theory to Practice in Psychotherapy. Chicago, 115–145

Kimmel, D. & Van der Veen, F. 1974: Factors of Marital Adjustment in Locke's Marital Adjustment Test. Journal of Marriage and the Family 36, 57–63

Kisch, J. & Kroll, J. 1980: Meaningfulness versus Effectiveness: Paradoxical Implications in the Evaluation of Psychotherapy. Psychotherapy: Theory, Research and Practice 17, 4, 401–413

Köck, P. & Ott, H. (eds.) 1976: Wörterbuch für Erziehung und Unterricht. Donauwörth

Köckeis-Stangl, E. 1980: Methoden der Sozialsationsforschung. In: Hurrelmann, K. & Ulich, D. (eds.), Handbuch der Sozialisationsforschung. Weinheim, 321–370

Köhler-Weisker, A. & Horn, K. 1981: Auf der Suche nach dem wahren Selbst? – Bemerkungen zu Rogers' Gesprächspsychotherapie aus der Perspektive einer sozialwissenschaftlich aufgeklärten Psychoanalyse. Neue Praxis 11, 4, 290–307

Köhne, J. 1976: Eheberater – ein neuer Beruf. Geschichtliche Entwicklung und derzeitiges Verständnis. Partnerberatung 13, 91–105

Kohl, R. N. 1962: Pathologic Reactions of Marital Partners to Improvement of Patients. American Journal of Psychiatry 118, 1036–1041

Krappmann, L. 1976: Typisches im Individuellen. Bericht über Elterninterviews im Sozialisationsprojekt des Instituts für Bildungsforschung, Teil I. Max-Planck-Institut, Berlin

Kratochwill, T. (ed.) 1978: Single Subject Research: Strategies for Evaluating Change. New York

Krause, M. S. 1964: An Analysis of Rogers' Theory of Personality. Genetic Psychology Monographs 69, 49–99

Krause, R. 1976: Kombination therapeutischer Vorgehensweisen. In: Jankowski, P. et al. (eds.), Klientenzentrierte Psychotherapie heute. Göttingen, 208–213

Krüger, R. 1979: Selbstevaluation als Lehrertraining. Verlaufsbezogene Evaluation eines Trainingskurses. Gruppendynamik 10, 101–115

Künzel, E. & Hoffmann-zur Verth, Ch. 1978: Analytisch orientierte Co-Therapie bei Partnergruppen in einer Privatpraxis. Familiendynamik 3, 67–85

Kwiatkowski, E. 1980: Psychotherapie als subjektiver Prozeß. Für eine sozialwissenschaftliche Konzeption der Gesprächspsychotherapieforschung. Weinheim

Laing, R. D. & Esterson, A. 1975: Wahnsinn und Familie. Köln
Latka, H. F. 1976: Eheberatung. Psychologie heute 3, 9, 21–28
Laws, J. L. 1975: A Feminist View of Marital Adjustment. In: Gurman, A. S. & Rice, D. G. (eds.), Couples in Conflict. New Directions in Marital Therapy. New York, 73–123
Leichter, E. 1975: Treatment of Married Couples Groups. In: Gurman, A. S. & Rice, D. G. (eds.), Couples in Conflict. New Directions in Marital Therapy. New York, 175–191
Lemaire, J.-G. 1972: Die Ehekrise. In: Veröffentlichungen des Instituts für Ehe- und Familienwissenschaft Zürich. Tübingen, 80–97
Lemaire, J. G. 1980: Leben als Paar. Olten
Leslie, G. R. 1964: The Field of Marriage Counseling. In: Christensen, H. T. (ed.), Handbook of Marriage and the Familiy. Chicago, 912–943
Leslie, G. R. 1969: Conjoint Therapy in Marriage Counseling. In: Ard, B. J. & Ard. C. C. (eds.), Handbook of Marriage Counseling. Palo Alto/Calif., 171–180
Levant, R. F. 1978: Family Therapy: A Client-Centered Perspective. Journal of Marriage and Family Counseling 4, 35–42
Levine, M. 1974: Scientific Method and the Adversary Model. Some Preliminary Thoughts. American Psychologist 29, 9, 661–677
Liberman, R. P. 1973: Behavioristische Ansätze für die Familien- und Ehepaartherapie. In: Sager, C. J. & Singer-Kaplan, H. (eds.), Handbuch der Ehe-, Familien- und Gruppentherapie, Bd. 2. München, 398–417
Lohmann, J. 1980: Ziele und Strategien psychotherapeutischer Verfahren. In: Wittling, W. (ed.), Handbuch der Klinischen Psychologie, Bd. 2. Hamburg, 15–46
Luban-Plozza, B. 1977: Die Familie – Risiko oder Chance. Partnerberatung 4, 4, 161–171
Luborsky, L., Chandler, M., Auerbach, A., Cohen, J. & Bachrach, H. 1971: Factors Influencing the Outcome of Psychotherapy: A Review of Quantitative Research. Psychological Bulletin 75, 145–185

Mahler, E. 1972: Bemerkungen zum therapeutischen Prozeß in der analytischen Gruppenpsychotherapie mit Ehepaaren. Gruppenpsychotherapie und Gruppendynamik 6, 2, 170–192
Mainprice, J. 1974: Ehe als Beziehung zwischen Innen- und Außenwelt. EHE – Zentralblatt für Ehe- und Familienkunde 11, 1, 24–37
Mandel, A., Mandel, K. H., Stadter, E. & Zimmer, D. 1971: Einübung in Partnerschaft durch Kommunikationstherapie und Verhaltenstherapie. München
Mandel, K. H. 1976: Psychotherapeuten und Berater für Partnerkonflikte und Sexualstörungen. Lehrpläne des Instituts für Forschung und Ausbildung in Kommunikationstherapie e.V., München. Partnerberatung 13, 2, 80–90
Mandel, K. H. 1978: Ausbildung zum Ehe-, Familien- und Sexualtherapeuten am Institut für Forschung und Ausbildung in Kommunikationstherapie. Partnerberatung 15, 4, 205
Mandel, K. H., Mandel, A. & Rosenthal, H. 1975: Einübung in Liebesfähigkeit. Praxis der Kommunikationstherapie für Paare. München.
Mann, F. & Lehmden, F. v. 1976: Kurzbericht über eine klientenzentrierte Intensiv-Gruppenpsychotherapie. Konzept und erste empirische Ergebnisse. In: Jankowski, P. et al. (eds.), Klientenzentrierte Psychotherapie heute, 291–299
Manus, G. J. 1966: Marriage Counseling: A Technique in Search of a Theory. Journal of Marriage and the Family 28, 449–453
Markowitz, M. & Kadis, A. L. 1973: Die kurzfristige Gruppenbehandlung von Paaren durch ein gemischtes Therapeutenteam. In: Sager, C. J. & Singer-

Kaplan, H. (eds.), Handbuch der Ehe-, Familien- und Gruppentherapie, Bd. 2. München, 578–605
Martin, G. D. 1975: Gesprächs-Psychotherapie als Lernprozeß. Salzburg
Matter, M.-L. 1980: Familientherapie in der Schweiz – Ausbildung und Berufspolitik. Familiendynamik 5, 4, 333–343
McGee, T. & Schuman, B. 1970: The Nature of the Co-Therapy Relationship. International Journal of Group Psychotherapy 20, 25–38
Meltzoff, J. 1979: Commentary and Reflections of Research in Counseling. The Counseling Psychologist 8, 3, 36–39
Meltzoff, J. & Kornreich, M. 1970: Research in Psychotherapy. New York
Mente, A. & Spittler, H.-D. 1980: Erlebnisorientierte Gruppenpsychotherapie. Paderborn
Mertens, W. & Fuchs, G. 1978: Krise der Sozialpsychologie? München
Minsel, W.-R. 1974: Praxis der Gesprächspsychotherapie. Wien
Minsel, W.-R. 1975: Indikation und Kontraindikation der Gesprächspsychotherapie. In: GwG (ed.), Die klientenzentrierte Gesprächspsychotherapie. München, 181–194
Minsel, W.-R. 1977: Zur Frage der Theorienbildung über dyadisches psychotherapeutisches Handeln. Zeitschrift für Klinische Psychologie und Psychotherapie 25, 231–245
Minsel, W.-R. & Langer, I. 1974: Forschung in client-centered Gesprächspsychotherapie. In: Schraml, W. & Baumann, U. (eds.), Klinische Psychologie Bd. 2. Bern, 209–243
Mintz, J. 1977: The Role of the Therapist in Assessing Psychotherapy Outcome. In: Gurman, A. S. & Razin, A. M. (eds.), Effective Psychotherapy. A Handbook of Research. Oxford/New York/Toronto/Sydney/Paris/Frankfurt, 590–602
Mintz, J., Luborsky, L. & Auerbach, A. H. 1971: Dimensions of Psychotherapy: A Factor-Analytic Study of Ratings of Psychotherapy Sessions. Journal of Consulting and Clinical Psychology 36, 106–120
Mischel, W. 1972: Direct versus Indirect Personality Assessment: Evidence and Implications. Journal of Consulting and Clinical Psychology 38, 319–324
Mischel, W. 1977: On the Future of Personality Measurement. American Psychologist 32, 246–254
Mitchell, K. R. 1969: Repeated Measures and the Evaluation of Change in the Individual Client During Counseling. Journal of Counseling Psychology 16, 522–527
Mittelmann, B. 1948: The Concurrent Analysis of Marital Couples. Psychoanalytic Quarterly 17, 182–197
Moeller, M. L. & Moeller-Gambaroff, M. 1978: Veränderungen von Paarbeziehungen durch Gruppenanalyse. Eine empirische Untersuchung. Familiendynamik 3, 1, 49–66
Nadelson, C. C. 1978: Marital Therapy from a Psychoanalytic Perspective. In: Paolino, Th. J. & McCrady, B. S. (eds.), Marriage and Marital Therapy. Psychoanalytic, Behavioral and Systems Theory Perspectives. New York, 89–164

O'Connor, P. A. 1978: Ein Modell zur Beschreibung von Einfluß und Koalitionsbildung bei gemeinsamer Eheberatung bzw. Ehetherapie. In: Scholz, O. B. (ed.), Diagnostik in Ehe- und Partnerschaftskrisen. München/Wien/Baltimore, 80–93
Oetting, E. R. 1976: Evaluative Research and Orthodox Science. Personnel and Guidance Journal 55, 11–15
O'Leary, K. D. & Turkewitz, H. 1978: Marital Therapy from a Behavioral Perspective. In: Paolino, Th. J. & McCrady, B. S. (eds.), Marriage and Marital

Therapy. Psychoanalytic, Behavioral and Systems Theory Perspectives. New York, 240–297
Olson, D. H. 1970: Marital and Family Therapy: Integrative Review and Critique. Journal of Marriage and the Family 32, 501–538
Orlinsky, D. E. & Howard, K. I. 1978: The Relationship of Process to Outcome in Psychotherapy. In: Garfield, S. L. & Bergin, A. L. (eds.), Handbook of Psychotherapy and Behavior Change. New York/Chichester/Brisbane/Toronto, 283–329
Ottomeyer, K. 1977: Ökonomische Zwänge und menschliche Beziehungen. Reinbek bei Hamburg

Patterson, C. H. 1969: A Current View of Client-Centered or Relationship Therapy. The Counseling Psychologist 1, 2–25
Patterson, C. H. 1973: Theories of Counseling and Psychotherapy. 3. Auflage. New York
Paul, G. L. 1967: Strategy of Outcome Research in Psychotherapy. In: Journal of Consulting Psychology 31, 109–118
Pavel, F.-G. 1978: Die klientenzentrierte Psychotherapie. Entwicklung – gegenwärtiger Stand – Fallbeispiele. München
Pavel, F.-G. & Sander, D. 1976: Erfahrungen und Ergebnisse mit psychotherapeutischen klientenzentrierten Selbsterfahrungsgruppen (KSE-Gruppen). In: Jankowski, P. et al. (eds.), Klientenzentrierte Psychotherapie heute. Göttingen, 281–290
Petermann, F. (ed.) 1977: Methodische Grundlagen Klinischer Psychologie. Weinheim und Basel
Petermann, F. 1978: Veränderungsmessung. Stuttgart
Petermann, F. 1980: Übertragung von klinischen Forschungsansätzen in die therapeutische Praxis. In: Schulz, W. & Hautzinger, M. (eds.), Klinische Psychologie und Psychotherapie. Bd. 2. Tübingen/Köln, 287–302
Petermann, F. 1981: Möglichkeiten der Einzelfallanalyse in der Psychologie. Psychologische Rundschau 32, 1, 31–48
Petermann, F. & Hehl, F.-J. (eds.) 1979: Einzelfallanalyse. München/Wien/Baltimore
Petermann, F. & Petermann, U. 1980: Der EAS – ein Verfahren zur situationsspezifischen Erfassung aggressiven Verhaltens bei Kindern. Berichte aus dem Psychologischen Institut der Friedrich-Wilhelms-Universität 6, 1, Bonn
Pfeiffer, W. M. 1975: Zur Erfassung des therapeutischen Prozesses mit Hilfe komplexer Skalen. In: GwG (ed.), Die klientenzentrierte Gesprächspsychotherapie, München, 155–161
Pfeiffer, W. M. 1980: Diskussionsbemerkungen zu E. Biermann-Ratjen, J. Ekkert & H. J. Schwartz: »Gesprächspsychotherapie. Verändern durch Verstehen.« GwG-info 39, 21–26
Plog, U. 1975: Partner-Therapie. In: GwG (ed.), Die klientenzentrierte Gesprächspsychotherapie. München, 204–211
Plog, U. 1976: Differentielle Psychotherapie II. Bern
Plog, U. & Grawe, K. 1976: Zur differentiellen Gesprächspsychotherapie und Verhaltenstherapie bei Patienten mit schweren Phobien. In: Jankowski, P. et al. (eds.), Klientenzentrierte Psychotherapie heute. Göttingen, 225–236
Popper, K. R. 1969: Logik der Forschung. Tübingen
Preuss, H. G. 1972 a: Die Ehe im Brennpunkt der therapeutischen Gruppe. In: Preuss, H. G. (ed.), Analytische Gruppenpsychotherapie. Grundlagen und Praxis. Reinbek bei Hamburg, 125–133
Preuss, H. G. 1972 b: Neurotische Symptomatik und Interaktion in der Partnerbeziehung. Demonstration einer Ehepaargruppe. Gruppenpsychotherapie und Gruppendynamik 6, 2, 193–209

Preuss, H. G. 1972c: Zum Aspekt der Kommunikation in der analytischen Gruppenpsychotherapie mit Ehepaaren. Gruppenpsychotherapie und Gruppendynamik 6, 2, 155–169

Prim, R. & Tilmann, H. 1973: Grundlagen einer kritisch-rationalen Sozialwissenschaft. Heidelberg

Prochaska, J. & Prochaska, J. 1978: Twentieth Century Trends in Marriage and Marital Therapy. In: Paolino, Th. J. & McCrady, B. S. (eds.), Marriage and Marital Therapy. Psychoanalytic, Behavioral and Systems Theory Perspectives. New York, 1–24

Prodöhl, D. 1979: Gelingen und Scheitern ehelicher Partnerschaft. Empirische Untersuchungen chronisch gestörter und zufriedenstellender Partnerbeziehungen. Göttingen

Quekelberghe, R. van 1979: Systematik der Psychotherapie. München/Wien/Baltimore

Rappaport, A. F. & Harrel, J. E. 1975: A Behavioral Exchange Model for Marital Counseling. In: Gurman, A. S. & Rice, D. G. (eds.), Couples in Conflict. New Directions in Marital Therapy. New York, 258–277

Reiter, L. 1978: Partnerschafts- und Familientherapie. In: Schmidt, L. (ed.), Lehrbuch der Klinischen Psychologie. Stuttgart, 492–501

Reiter, L. & Steiner, E. 1981: Ist »eheliche Anpassung« ein latentes Therapieziel in der Paartherapie? Theoretische und empirische Untersuchungen zur »Dyadic Adjustment Scale« von G. B. Spanier. Partnerberatung 18, 2, 78–89

Rice, D. G., Fey, W. F. & Kepecs, J. G. 1972: Therapist Experiences and »Style« as Factors in Cotherapy. Family Process 12, 1–12

Rice, J. K. & Rice, D. G. 1975: Status und Sex Role Issues in Co-Therapy. In: Gurman, A. S. & Rice, D. G. (eds.), Couples in Conflict. New Directions in Marital Therapy. New York, 145–150

Richter, H.-E. 1972: Patient Familie. Reinbek bei Hamburg

Richter, H.-E. 1973: Zwei-Wochen-Paartherapie. Psyche 27, 10, 889–901

Richter, H.-E. & Wirth, H.-J. 1978: Sieben Jahre Erfahrung mit der analytischen Zwei-Wochen-Paartherapie. Familiendynamik 1, 20–46

Rodgers, T. C. 1965: A Specific Parameter: Concurrent Psychotherapy of the Spouse of an Analysand by the Same Analyst. International Journal of Psycho-Analysis 46, 237–243

Rogers, C. R. 1942: Counseling and Psychotherapy. Boston

Rogers, C. R. 1951/1976a: Client-Centered Therapy. Boston/Die klientenzentrierte Gesprächspsychotherapie. München

Rogers, C. R. 1957: The Necessary and Sufficient Conditions of Therapeutic Personality Change. Journal of Consulting Psychology 21, 95–103

Rogers, C. R. 1958: A Process Conception of Psychotherapy. American Psychologist 13, 142–149

Rogers, C. R. 1959: A Theory of Therapy, Personality and Interpersonal Relationships, as Developed in the Client-Centered Framework. In: Koch, S. (ed.), Psychology: A Study of a Science, Vol. 3. New York, 184–255

Rogers, C. R. 1962: The Interpersonal Relationship: The Core of Guidance. Harvard Educational Review 32, 416–429

Rogers, C. R. 1963: The Concept of the Fully Functioning Person. Psychotherapy: Theory, Research and Practice 2, 1, 17–26

Rogers, C. R. 1964: Toward a Science of the Person. In: Wann, T. W. (ed.), Behaviorism and Phenomenology. Chicago, 109–140

Rogers, C. R. 1965: The Therapeutic Relationship: Recent Theory and Research. Australian Journal of Psychology 17, 95–108

Rogers, C. R. 1970a: Carl Rogers on Encounter Groups. New York

Rogers, C. R. 1970 b: The Process Equation of Psychotherapy. In: Hart, J. T. & Tomlinson, T. M. (eds.), New Directions in Client-Centered Therapy. Boston, 190–205
Rogers, C. R. 1972/1975: Becoming Partners: Marriage and its Alternatives. New York/Partnerschule. München
Rogers, C. R. 1976 b: Eine neue Definition von Einfühlung. In: Jankowski, P. et al. (eds.), Klientenzentrierte Psychotherapie heute. Göttingen, 33–51
Rogers, C. R. 1981: Die Grundlagen des Personenzentrierten Ansatzes. Zeitschrift für Sozialpsychologie und Gruppendynamik 6, 2, 4–16
Rogers, C. R. 1982: A Psychologist Looks at Nuclear War: Its Threat, its Possible Prevention. GwG-info 47, 6–15
Rokita, W. 1978: Das Menschenbild Carl Rogers. GwG-info 32, 20–25
Roman, M. & Meltzer, B. 1977: Cotherapy: A Review of Current Literature. Journal of Sex and Marital Therapy 3, 63–77
Rosenbaum, M. 1971: Co-Therapy. In: Kaplan, H. & Sadock, B. (eds.), Comprehensive Group Psychotherapy. Baltimore, 501–514
Russell, A. & Russell, L. 1979: The Uses and Abuses of Co-Therapy. Journal of Marital and Family Therapy 5, 1. 39–46

Sager, C. J. 1966: The Development of Marriage Therapy. American Journal of Orthopsychiatry 36, 458–467
Sager, C. J. & Singer-Kaplan, H. (eds.) 1973: Handbuch der Ehe-, Familien- und Gruppen-Therapie. München
Sargent, H. 1961: Intrapsychic Change: Methodological Problems in Psychotherapy Research. Psychiatry 24, 93–108
Satir, V. M. 1978: Familienbehandlung. Kommunikation in Theorie, Erleben und Therapie. 3. Auflage. Freiburg
Schall, T. U. 1981: Ehe- und Partnerberatung in der klientenzentrierten Gesprächspsychotherapie. GwG-info 42, 1–11
Scheele, B. 1981: Selbstkontrolle als kognitive Interventionsstrategie. Weinheim
Scheele, B. 1982: Psychotherapie und ihre allgemein-psychologische Grundlegung. In: Bastine, R. et al. (eds.), Grundbegriffe der Psychotherapie. Weinheim, 143–148
Schmidbauer, W. 1977: Analytische Gruppendynamik in Prävention und Therapie von Partnerkonflikten. Partnerberatung 14, 1, 19–24
Schmidt-Relenberg, N., Luetkens, Ch. & Rupp, K.-J. 1976: Familiensoziologie: eine Kritik. Stuttgart
Scholz, O. B. 1978 a: Fragebögen und Formulare für die Eheberatung bzw. Ehetherapie. In: Scholz, O. B. (ed.), Diagnostik in Ehe- und Partnerschaftskrisen. München/Wien/Baltimore, 99–125
Scholz, O. B. 1978 b: Zur empirischen Indikationsstellung für die Modifikation gestörter ehelicher Kooperation. In: Scholz, O. B. (ed.), Diagnostik in Ehe- und Partnerschaftskrisen. München/Wien/Baltimore, 6–50
Scholz, R. 1980: Wissenschaftlicher Humanismus und humanistische Psychologie – Kritik an Rogers. Argument-Sonderband 49, 86–100
Schonbar, R. 1973: Group Cotherapists and Sex-Role Identification. American Journal of Psychotherapy 27, 539–547
Schulz, W. 1979: Datengewinnung und -verarbeitung. In: Grunwald, W. (ed.): Kritische Stichwörter zur Gesprächspsychotherapie. München, 30–46
Schwartz, H.-J. & Eckert, J. 1976: Zwei Arbeiten zur Prozeßforschung: Ergebnisse und Implikationen. In: Jankowski, P. et al. (eds.): Klientenzentrierte Psychotherapie heute. Göttingen, 110–116
Schwerdt, C. 1981: Entwicklung, Durchführung und Überprüfung eines integrativen Konzepts zur Partnertherapie auf der Basis der Verbesserung von dyadischer Interaktion. Unveröffentlichte Dissertation. Universität Münster

Sheerer, E. T. 1949: An Analysis of the Relationship between Acceptance and Respect for Self and Acceptance and Respect for Others. Journal of Consulting Psychology 13, 169–175

Shlien, J. M. 1970: Phenomenology and Personality. In: Hart, J. T. & Tomlinson, T. M. (eds.), New Directions in Client-Centered Therapy. Boston, 95–128

Sigusch, V. & Schmidt, G. 1972: Jugend und Ehe. Ergebnisse einer empirischen Untersuchung. Veröffentlichungen des Instituts für Ehe- und Familienwissenschaft Zürich. Tübingen

Skynner, A. C. R. 1978: Die Familie. Schicksal und Chance. Handbuch der Familientherapie. Olten

Sluzki, C. E. 1978: Marital Therapy from a Systems Theory Perspective. In: Paolino, Th. J. & McCrady, B. S. (eds.), Marriage and Marital Therapy. Psychoanalytic, Behavioral and Systems Theory Perspectives. New York, 366–394

Snyder, D. K. 1979: Multidimensional Assessment of Marital Satisfaction. Journal of Marriage and the Family 41, 813–823

Spanier, G. B. 1976: Measuring Dyadic Adjustment: New Scales for Assessing the Quality of Marriage and Similar Dyads. Journal of Marriage and the Family 38, 15–28

Speierer, G.-W. 1975: Der gruppentherapeutische Ansatz nach dem Konzept der Gesprächspsychotherapie. In: GwG (ed.), Die klientenzentrierte Gesprächspsychotherapie. München, 195–203

Speierer, G.-W. 1976: Dimensionen des Erlebens in klientenzentrierten Selbsterfahrungsgruppen. In: Jankowski, P. et al. (eds.), Klientenzentrierte Psychotherapie heute. Göttingen, 272–280

Sprinthall, N. A. 1975: Fantasy and Reality in Research: How to Move beyond the Unproductive Paradox. Counselor Education and Supervision 14, 310–322

Strotzka, H. (ed.) 1979: Fallstudien zur Psychotherapie. München/Wien/Baltimore

Struck, G. 1972: Methoden und Aufgaben der Eheberatung. Zielsetzung und Zukunftsperspektiven. In: Veröffentlichungen des Instituts für Ehe- und Familienwissenschaft Zürich. Tübingen, 98–111

Strupp, H. H. & Bergin, A. E. 1969: Some Empirical and Conceptual Bases for Coordinated Research in Psychotherapy. International Journal of Psychiatry 7, 2, 18–90

Strupp, H. H., Wallach, M. S. & Wogan, M. 1964: Psychotherapy Experience in Retrospect: Questionnaire Survey of Former Patients and their Therapists. Psychological Monographs 78, 11

Tack, W. H. 1980: Einzelfallstudien in der Psychotherapieforschung. In: Wittling, W. (ed.), Handbuch der Klinischen Psychologie, Bd. 6, Hamburg, 42–71

Tausch, R. 1968/1973: Gesprächspsychotherapie. 2. Auflage/5. Auflage. Göttingen

Tausch, R. & Tausch, A.-M. 1979: Gesprächspsychotherapie. 7. Auflage. Göttingen

Teuwsen, E. 1977: Methodenkombination und Komplexität psychologischer Daten. In: Wild-Missong, A. & Teuwsen, E. (eds.), Psychotherapeutische Schulen im Gespräch miteinander. Salzburg, 53–59

Toman, W. 1978: Ziele der Psychotherapie. In: Pongratz, L. J. (ed.), Hdb. d. Psychologie, Bd. 8, 2, Klinische Psychologie. Göttingen, 1820–1848

Tovey, R. 1979: Marital Group Therapy. Clinical Social Work Journal 7, 2, 147–151

Truax, C. B. & Carkhuff, R. R. 1967: Toward Effectice Counseling and Psychotherapy: Training and Practice. Chicago

Tscheulin, D. 1982a: Differentielle Gesprächspsychotherapie – Kontradiktion oder Innovation? Entwurf für einen Beitrag in: Bittner, G. (ed.), Festschrift für L. J. Pongratz. Göttingen

Tscheulin, D. 1982b: Differentielle Gesprächspsychotherapie. In: GwG und DGVT (eds.), Kongreßführer für den 2. Kongreß für Klinische Psychologie und Psychotherapie in Berlin, 126

Vogel, M. 1979: Therapieziele. In: Grunwald, W. (ed.), Kritische Stichwörter zur Gesprächspsychotherapie. München, 251–263

Watzlawick, P. 1976: Beziehungsspiele. Psychologie heute 3, 10, 59–64

Watzlawick, P. 1977: Die Möglichkeit des Andersseins. Zur Technik der therapeutischen Kommunikation. Bern

Watzlawick, P., Beavin, J. H. & Jackson, D. D. 1969: Menschliche Kommunikation. Formen, Störungen, Paradoxien. Bern

Watzlawick, P., Weakland, J. H. & Fisch, R. 1974: Lösungen. Zur Theorie und Praxis menschlichen Wandels. Bern

Weinstein, L. 1971: Guidelines on the Choice of a Co-Therapist. Psychotherapy: Theory, Research and Practice 8, 4, 301–303

Weiss, R. L. 1975: Contracts, Cognition, and Change: A Behavioral Approach to Marriage Therapy. The Counseling Psychologist 5, 3, 15–26

Weiss, R. L. 1978: The Conceptualization of Marriage from a Behavioral Perspective. In: Paolino, Th. J. & McCrady, B. S. (eds.), Marriage and Marital Therapy. Psychoanalytic, Behavioral and Systems Theory Perspectives. New Nork, 165–239

Westmeyer, H. 1977: Verhaltenstherapie: Anwendung von Verhaltenstheorien oder kontrollierte Praxis? Möglichkeiten und Probleme einer theoretischen Fundierung der Verhaltenstherapie. In: Westmeyer, H. & Hoffmann, N. (eds.), Verhaltenstherapie: Grundlegende Texte. Hamburg, 187–203

Westmeyer, H. 1978: Wissenschaftstheoretische Grundlagen Klinischer Psychologie. In: Baumann, U. et al. (eds.), Klinische Psychologie – Trends in Forschung und Praxis, Bd. 1. Bern, 108–132

Westmeyer, H. 1979: Wissenschaftstheoretische Grundlagen der Einzelfallanalyse. In: Petermann, F. & Hehl, F.-J. (eds.), Einzelfallanalyse. München/Wien/Baltimore, 17–34

Westmeyer, H. 1981: Allgemeine methodologische Probleme der Indikation in der Psychotherapie. In: Baumann, U. (ed.), Indikation zur Psychotherapie. München/Wien/Baltimore, 187–198

Wetzel, N. & Winawer-Steiner, H. 1980: Familientherapeutische Ausbildung in den USA – ein Überblick. Familiendynamik 5, 4, 344–370

Wexler, D. A. 1974: A Cognitive Theory of Experiencing, Self-Actualization, and Therapeutic Process. In: Wexler, D. A. & Rice, L. N. (eds.), Innovations in Client-Centered Therapy. New York/London/Sydney/Toronto, 49–116

Whitaker, C. A. 1975: A Family Therapist Looks at Marital Therapy. In: Gurman, A. S. & Rice, D. G. (eds.), Couples in Conflict. New Directions in Marital Therapy. New York, 165–175

Wile, D. B. 1979: An Insight Approach to Marital Therapy. Journal of Marital and Family Therapy 5, 4, 43–52

Willi, J. 1976: Die Beurteilung des Behandlungsergebnisses einer Partnertherapie. In: Richter, H.-E. et al. (eds.), Familie und seelische Krankheit. Reinbek bei Hamburg, 278–300

Willi, J. 1978: Therapie der Zweierbeziehung. Reinbek bei Hamburg

Wiltschko, J. 1981: Klientenzentrierte Körpertherapie. Zwölf Thesen und ein Protokoll mit Kommentar. GwG-info 44, 5–14
Wittmann, L. 1981: Verhaltenstherapie und Psychodynamik. Weinheim und Basel
Wortman, P. M. 1975: Evaluation Research: A Psychological Perspective. American Psychologist 30, 562–575
Wutke, J. 1980: Ziele und Probleme der Psychotherapieforschung. In: Wittling, W. (ed.), Handbuch der Klinischen Psychologie, Bd. 6. Hamburg, 16–41

Zielke, M. 1979: Indikation zur Gesprächspsychotherapie. Stuttgart
Zielke, M. 1980a: Einleitung zum Symposium: Theorien und Ergebnisse zur Indikation. In: Schulz, W. & Hautzinger, M. (eds.), Klinische Psychologie und Psychotherapie, Bd. 2. Tübingen/Köln, 25–27
Zielke, M. 1980b: Indikationsmodelle in der Psychotherapie. In: Schulz, W. & Hautzinger, M. (eds.), Klinische Psychologie und Psychotherapie, Bd. 2. Tübingen/Köln, 29–39
Zimring, F. M. 1974: Theory and Practice of Client-Centered Therapy: A Cognitive View. In: Wexler, D. A. & Rice, L. N. (eds.), Innovations in Client-Centered Therapy. New York/London/Sydney/Toronto, 117–137

Sachregister